W0294423

Strade blu

NON FICTION

Rudi Garcia

TUTTE LE STRADE PORTANO A ROMA

Il calcio e la mia vita

con Denis Chaumier

MONDADORI

Traduzione di Francesca Mazzurana e Laura Santi

www.librimondadori.it

Tutte le strade portano a Roma
di Rudi Garcia
Collezione Strade blu

ISBN 978-88-04-63981-7

© 2014 Hugo & Cie Editions
All rights reserved
© 2014 Arnoldo Mondadori Editore S.p.A., Milano
Titolo dell'opera originale
Tous les chemins mènent à Rome
I edizione marzo 2014
Anno 2014 - Ristampa 2 3 4 5 6 7

Indice

Tutte le strade portano a Roma

A Raymonde, mia madre
A Léna, Carla ed Eva, le mie figlie uniche
A Véronique, la loro mamma
A Sandrine, mia sorella
E in nome di mio padre, per sempre

Introduzione

Mettere il piede sulla palla. Nel linguaggio calcistico questa espressione ha un significato ben preciso. Il giocatore che «mette il piede sulla palla» vuole rallentare il gioco e fare una pausa. In questo modo permette ai suoi compagni di riprendere fiato – e qualche volta lucidità –, riorganizzarsi, riposizionarsi, riflettere, misurare, valutare. E prendere tempo, anche. Ah, il tempo, come fugge! Vorrei tanto che sospendesse la sua corsa. Stop, fermi tutti! Alt, che nessuno si muova. Che arrestasse la sua marcia forzata in avanti e il ritmo infernale che ci impone. Ma né per me né per nessun altro rallenterà mai il suo procedere sfrenato. Bisogna accettarlo. Quindi, ricomponiamoci...

In questo inizio 2014 compio cinquant'anni. Già mezzo secolo. Non me ne sono accorto. Ma il traguardo simbolico sarà presto superato e, come direbbe Monsieur de La Palice, la situazione non andrà migliorando. Sono forse giunto a un momento cruciale della mia esistenza in cui mettere, a mia volta, il piede sulla palla? Devo fare come il calciatore che, tenendola ferma, prima di entrare in azione dà uno sguardo a trecentosessanta gradi intorno a sé, il braccio piegato, la mano a visiera sulla fronte? L'età matura non mi offre forse l'opportunità di ripercorrere i cinque decenni divorati così velocemente? Un'occhiata nello specchietto retrovisore potrebbe essere un atto indispensabile per affrontare meglio le scadenze future. Forse. Senza dubbio. Certo.

Mi ritrovo un po' oltre la metà della mia esistenza e la mia vita professionale, anche se ha da poco intrapreso un percorso insolito, non è certo ai suoi primi vagiti. La finestra di lancio è ottimale. Da dove vengo? Dove vado? Sono queste le domande che ogni essere umano dovrebbe porsi a cinquant'anni. Domande che riguardano tutti, senza eccezioni, anche se alcuni non vogliono affrontarle. Guy Béart preferiva rispondere cantando: «E io dove vado, dove vado / nella sabbia e nella neve / nel tempo scomparso / sprofondo nella notte / attendo una risposta / non arriverà più...».* Certo non aveva trovato la chiave di tutte le risposte. Ma chi può dire di possederla?

Non avrei mai pensato di arrivare qui. Di pormi una domanda simile: «Che cosa ho fatto della mia vita? E in quale direzione devo proseguire?». Riflettere su se stessi è un'idea misteriosa, che non a tutti piace, me ne rendo conto. Nel mio caso ha un'unica pretesa, quella di raggiungere la piena consapevolezza del tempo passato. Ho deciso di dedicarvi un libro, che racconta il cammino percorso e il modo in cui l'ho affrontato.

Un libro autobiografico in cui emerga fra le righe un primo bilancio della vita. Un breve riassunto? Un'infanzia felice in una famiglia unita, fortemente influenzata dall'autorità di un padre appassionato di calcio, che ha saputo trasmettere a suo figlio l'ossessione per il pallone. È dentro di me, nel profondo del mio essere. Non mi ha mai abbandonato. Corbeil-Essonnes, Viry-Châtillon, Lille, Caen, Martigues, di nuovo Corbeil, Saint-Étienne, Dijon, Le Mans, di nuovo Lille, infine Roma: tante tappe, tante città, tante squadre,

* Guy Béart, *Où vais-je?*: «... Et moi où vais-je, où vais-je / dans le sable et la neige / dans le temps disparu / dans la nuit je m'enfonce / j'attends une réponse / elle ne viendra plus...». Tutte le note al piede sono a cura delle traduttrici.

tanti incontri umani di ogni tipo, che tracciano una via dedicata completamente alla passione che non mi ha mai abbandonato da quando avevo cinque anni. Dal giardino di casa mia in rue Marcel Cachin a Corbeil fino al campo dello stadio Olimpico di Roma, dal parco giochi alla panchina, quarantacinque anni di calcio mi guardano, parafrasando un celebre imperatore francese che, ricordo, fu proclamato anche re d'Italia. Non ho ricevuto nessun aiuto da reti di amici, né usufruito dell'influenza di una lobby particolare, per costruire la mia carriera passo dopo passo, in particolare quella di allenatore. Ho cominciato questa avventura da solo, ho camminato nella tempesta, ho sfondato delle porte, ho incontrato difficoltà, mi sono aperto delle strade, mi sono imposto, e da solo sono arrivato a destinazione, dove infine la mia presenza è stata riconosciuta. Non ho mai contato sull'attiva filiera rappresentata dalla Direzione tecnica della Federazione francese. Tanto meno mi ha sostenuto l'efficace canale dei Mondiali di Francia del 1998, né alcun altro ambiente dominante e potente, che è in grado di spingerti ovunque. Nessuno mi ha paracadutato dall'alto a Lille, a Roma o altrove. Sono un elettrone libero che, con lavoro e perseveranza, costanza nello sforzo e coraggio, determinazione, ascolto e pazienza, ha individuato il suo percorso e si è fatto strada. Non ho mai trovato la pappa pronta. Ho cercato di conquistare tutto questo con il cuore. Da solo. E provo un certo orgoglio, lo ammetto. Senza voler essere presuntuoso, ci tengo a consegnare questo messaggio alle persone che magari dubitano di se stesse. Sì, è possibile fare strada; sì, è possibile raggiungere i propri obiettivi; sì, è possibile realizzarsi. A patto di credere nelle proprie capacità. Ovunque io sia stato, ci ho creduto. Senza pensare una sola volta che i miei successi, completi o parziali, duraturi o effimeri, rappresentassero un fine in sé. Albert Camus diceva: «Quello che, alla fine, so di più certo riguardo alla morale e agli obblighi umani, lo devo allo sport». Quello che so, personalmente, è che il *succes-*

so – per quanto questo termine si possa attribuire a me – non mi ha cambiato. Da tirocinante del Lille a mister della Roma, sono rimasto me stesso. Fedele ai miei principi e ai miei valori. Alla mia linea di condotta che in nessun caso ha mai deviato. Immergetevi nella lettura di questo libro e vedrete che quanto sto dicendo rispecchia la realtà. Perché, se tutte le strade portano a Roma, nessuna mi separerà mai da questa verità fondamentale.

Rudi Garcia,
Roma, gennaio 2014

I

I venti giorni che sconvolsero la mia vita

Marrakech express

Avevo una gran voglia di trascorrere un periodo dedicato solo alle mie figlie, Léna, Carla ed Eva.

Avevo un gran bisogno di staccare e di rilassarmi, di non pensare a nulla che potesse rovinare il mio breve soggiorno a Marrakech. Avvicinandomi alla meta della mia vacanza, sabato 1° giugno, avevo un unico obiettivo: scacciare dalla mente tutto ciò che la ingombrava da diversi giorni. La fine deludente della stagione con il Lille, la disillusione dell'ultima partita contro il Saint-Étienne, l'Europa volatilizzata, l'indecisione della squadra riguardo al mio incarico, l'incertezza che incombeva sulla mia carriera, il dubbio sulla prosecuzione della mia avventura sulla panchina del Lille, lo slancio verso una nuova destinazione, la partenza per l'estero, una momentanea sospensione della mia attività... Erano talmente tante le domande che mi assillavano che tutto diventava sempre più confuso. Mi sentivo addosso una sensazione stranissima, che non mi abbandonava più. Non volevo rimanere nel mio ambiente abituale, preferivo prendere le distanze, riflettere a mente fredda e riordinare tutti questi pensieri contraddittori. Mettere il piede sulla palla, la testa perfettamente dritta, prima di entrare in azione, per usare una metafora calcistica. Non ricordo nemmeno se ebbi il tempo di disfare la valigia, tuffarmi in piscina o immergervi solo la punta dell'alluce, perché, appena arrivato a Marrakech, dovetti tornare immediatamente sui miei passi e riprendere l'aereo. Pascal Boisseau, il mio agente, aveva appena parlato al telefono con i dirigenti della Roma. Volevano incontrarmi il più presto possibile. Una settimana prima aveva già discusso con loro, in particolare con Frédéric Massara, il vice di Walter Sabatini, direttore sportivo della squadra. La Roma stava cercando un sostituto per il suo allenatore, Aurelio Andreazzoli, e si stava guardando intorno. Mirava preferibilmente a un tecnico italiano o a un grande nome straniero, ma non chiudeva la porta ad altri eventuali candidati. La lista in cui compariva anche il mio nome era quindi piuttosto lunga. Ma non si sa mai. Fino a quel momento si era fatta viva con me una sola squadra, il Málaga, i cui rappresentanti erano venuti a Parigi per intavolare un discorso. Ascoltandoli, avevo capito che si avviavano verso una politica generale di restrizioni, con la partenza di diversi giocatori importanti quali Jérémy Toulalan e Isco. Non mi vedevo a lasciare il Lille per andare in una squadra, seppur spagnola, che avrebbe avuto un budget inferiore e ambizioni più limitate. Che cosa ci avrei guadagnato? Il loro progetto non corrispondeva alle mie aspirazioni. Ringraziandoli di essere venuti a incontrarmi, avevo detto loro che probabilmente non avrei dato seguito a questo primo contatto. Scartata Málaga, potevo dedicarmi interamente a Marrakech! Per un puro caso, che spesso è ciò che dà più sapore alla vita, il mio primo giorno di ferie Massara chiamò Pascal. Gli comunicò che le prime due opzioni della Roma erano sfumate, che un allenatore straniero era sul punto di accettare, ma che gli sembrava una buona idea, comunque, andare in Italia per parlare con Sabatini. Curiosa richiesta, che Pascal mi riferì al telefono dalla Cina, dove si trovava per lavoro, con parole che faticai a decifrare.

«Rudi, ho una buona e una cattiva notizia per te. Da quale comincio?»

«Scegli tu. No, prima la buona.»

«La Roma vorrebbe vederti al più presto. Probabilmente non ti prenderà perché sembra che abbia già fatto la sua scelta.»

«Perché dovrei andarci se hanno già deciso?»

«Penso che faresti bene.»

«Questa storia non mi convince molto. Andarci per sentirmi dire che prenderanno un altro allenatore al mio posto, francamente non vedo che senso abbia.»

«Rudi, devi andare. Non ti costa nulla. Hai una minima possibilità, ma la devi prendere al volo. Se non ci vai, forse un giorno lo rimpiangerai...»

«Ok, d'accordo, visto che me lo chiedi. E quando dovrei incontrarli?»

«Domani. Non a Roma ma a Milano, dove ti aspettano.»

«A Milano? Per domani non se ne parla se non mi accompagni tu. Non appena rientri dalla Cina ci andiamo insieme.»

«Impossibile Rudi. Io non sarò in Francia prima di mercoledì. Vogliono vederti domani, dopo sarà troppo tardi. Vai, non ti preoccupare, poi faremo il punto della situazione insieme...»

Ho sempre avuto fiducia nel lavoro di Pascal, che non mi ha mai portato a seguire strade sbagliate. Se insisteva tanto, evidentemente riteneva che non sarei tornato a mani vuote, che questo incontro avrebbe potuto servirmi un domani, in un futuro più o meno prossimo. Sapevo che era in contatto, da diversi anni, con la dirigenza della Roma. Colloqui informali sfociati in un nulla di fatto nel caso della cessione di Yohann Pelé, il portiere del Le Mans, da lui rappresentato. Conosceva Luciano Spalletti e Daniele Baldini, che avevano lasciato la squadra nel 2009 per passare insieme allo Zenit San Pietroburgo. Nel suo giro tra le varie squadre europee, si era trovato a fare tappa nella Città Eterna. Mi aveva assicurato, dopo uno dei suoi spostamenti: «Sento che la Roma è molto curiosa nei tuoi confronti dopo il *double* del 2011. Ti segue, anche se a distanza. Ti manca una bella stagione nelle coppe europee per trasformare questa curiosità in un interesse più forte». Le sue parole non erano cadute nel vuoto. Pascal non mi lasciava scelta. O meglio, non avevo altra possibilità che «abbandonare» momentaneamente le mie figlie per coprire la breve tratta Marrakech-Milano. Alle dieci del mattino di lunedì 3 giugno salivo sull'aereo senza sapere che cosa mi avrebbe riservato il futuro.

Milano apre la strada a Roma

Il Grand Visconti Palace, non distante da porta Romana, dalla Scala e dalla stazione Centrale di Milano, è un hotel di lusso che coniuga tradizione e modernità. Negli anni Venti i duemilacinquecento metri quadrati del cortile ospitavano il Mulino Verga per la macinatura del grano, e oggi sono stati trasformati in un magnifico giardino all'italiana in cui si può sentire lo sciabordio delle fontane. Il posto è di un'eleganza rara. Era lì che mi stava portando Massara, venuto a prendermi all'aeroporto di Malpensa, per poter chiacchierare in modo da conoscerci meglio. Il nostro primo approccio fu assai caloroso visto che lui parla perfettamente francese, cosa che facilitò moltissimo il nostro colloquio. L'aver «gustato» insieme un club sandwich finì con l'avvicinarci. Secondo il programma che mi aveva comunicato inizialmente Pascal, la nostra riunione avrebbe dovuto tenersi in serata, ma Sabatini voleva invertire l'ordine dei suoi colloqui: avrebbe incontrato prima me e poi avrebbe parlato con Laurent Blanc. Massara, in effetti, mi aveva confermato quanto avevo sentito dire, cioè che anche Laurent compariva nella lista della Roma. Pazienza! Sull'aereo che mi stava portando a Milano, avevo avuto tempo per pensare al mio incontro con Sabatini. Più di tre ore di volo per valutare la situazione. Dall'alto, era senza dubbio più facile. Provai una sorta di sblocco psicologico. Vedevo allontanarsi la mia permanenza al Lille e, se non si fosse presentato un bel progetto, mi sentivo comunque pronto a concedermi un anno sabbatico per riprendere fiato. Un incarico come commentatore tecnico televisivo, per esempio, mi avrebbe permesso di mantenermi aggiornato nell'attesa di una nuova occasione. Magari Canal+, o più probabilmente beIN Sports, mi avrebbero concesso uno spazio. Mi sarei presentato alla dirigenza della Roma con l'animo sereno. Quasi liberato. Non chiedevo nulla, anche se la grande squadra italiana rientrava chiaramente nel novero dei bei progetti che sognavo. Avrei ascoltato ciò che avevano da dirmi e avrei risposto a tutte le domande che mi avrebbero fatto. Senza angoscia. È il privilegio che danno età ed esperienza: non ero per nulla stressato. Dopo i convenevoli di circostanza, Sabatini non si perse in giri di parole: «La ringrazio di essere venuto fin qui per incontrarmi. Per evitare malintesi ci tengo a dirle che, anche se la vedo oggi, non sarà a lei che domani chiederò di firmare...». Lo scenario era allestito. Mi ero preparato ad ascoltare una frase simile a quella appena pronunciata dopo che Pascal aveva chiarito i limiti di quel viaggio. Ma, nel profondo, non potei soffocare un moto d'orgoglio: "Aspetta, caro mio! Ne riparliamo alla fine del colloquio". Non mi dà fastidio essere provocato, vedere che mi stanno punzecchiando. In generale, incasso bene il colpo e non tardo a reagire. Non avevo bisogno di quel taglio iniziale un po' rude per avviare la conversazione ma, lungi dal disarcionarmi, mi diede più determinazione e mordente. Sabatini mi interrogò sul mio livello di conoscenza della situazione attuale della Roma. Pur non sapendo tutto a menadito, avevo ripassato attentamente il fascicolo. Sesta classificata nella serie A, a venticinque punti dalla Juventus, era stata sconfitta 1-0 dalla Lazio all'Olimpico, in occasione della finale di Coppa Italia, scatenando l'ira dei supporter. «Per loro» mi confidò Sabatini «è stata una grande delusione. Non si sono ancora ripresi.» Forse, quel giorno, i tifosi avevano tatuato un mirino sul petto dei dirigenti della squadra? Ciascuno di loro era sottoposto a una forte pressione. Sapevo anche che, se la squadra non era arrivata a giocare in Europa nella stagione 2013-2014, era a causa della pessima retroguardia: con cinquantasei gol subiti, era la quarta difesa peggiore del campionato. Infine, non ignoravo che dopo la separazione da Spalletti, nel settembre del 2009, allenatore e strategia erano continuamente cambiati: Claudio Ranieri, Vincenzo Montella, Luis Enrique, Zdeněk Zeman e Aurelio Andreazzoli si erano avvicendati sulla panchina, senza che un vero filo conduttore legasse gli uni agli altri. Avevo letto che si parlava di una squadra alla deriva. Sabatini mi descrisse una «situazione caotica» alla quale doveva porre fine. Effettivamente c'era molto da fare in prospettiva. Mi ero impegnato a spiegargli il mio modo di lavorare; la mia filosofia di gioco improntata all'attacco ma attenta a non scoprire la difesa; i miei metodi di allenamento; il mio modo di guidare la squadra, che dà importanza ai rapporti umani senza scalfire o limitare la mia autorità e il mio potere decisionale; la comunicazione interna ed esterna; la mia concezione dei rapporti fra allenatore e dirigenza. Avevo di fronte un uomo franco e diretto, che fumava una sigaretta dietro l'altra e dava l'impressione di non avere tempo da perdere. Se io ero sulla graticola, lui sembrava sui carboni ardenti. La presidenza americana gli chiedeva conto della gestione sportiva degli ultimi mesi e probabilmente esigeva che applicasse una politica nuova, adeguata agli obiettivi. Mi metteva alle strette con una frase o una parola, spiando la mia reazione, come in agguato. Avevo la netta sensazione che mi stesse mettendo alla prova. Senza scoraggiarmi, rispondevo prontamente.

E poi, verso la fine della nostra conversazione, mi parve più rilassato, anche più gentile. Come se a poco a poco, con il passare dei minuti, si fosse instaurato tra noi un clima differente. Si alzò e mi porse «La Gazzetta dello Sport»: in prima pagina c'era un ritratto di Massimo Allegri, l'allenatore del Milan, con tanto di titolo a caratteri cubitali. «Ci eravamo accordati con lui, ma la trattativa non è andata a buon fine. Vuole restare a Milano. Tutti, a Roma, adesso sperano che io estragga un nome dal cilindro: Mancini, Donadoni, Mourinho, Bielsa, Mazzarri... Ne sento uno nuovo ogni giorno! Se ne annuncio uno, tutti mi applaudiranno. Ma io me ne frego degli applausi!» In quel momento capii che il mio profilo poteva corrispondere a ciò che cercava. Almeno di una cosa ero certo: non rischiavo di suscitare minimamente quell'applauso che, in apparenza, non gli interessava. Meglio così. Al termine del colloquio mi diede un altro indizio di un possibile interesse nei miei confronti.

«Mi dica: quanto vuole? Quali sono le sue richieste economiche?»

«Non parlo mai di questo argomento. Se lo desidera può rivolgersi ai miei agenti, che saranno in grado di risponderle.»

«D'accordo, la terrò informata.»

«Grazie, riparto domattina per Marrakech!»

Erano circa le cinque del pomeriggio. L'una di notte in Cina. Allo scalo di Dalian, durante il viaggio di rientro a Parigi, Pascal volle un breve resoconto. Gli riassunsi l'incontro: «All'inizio ho trovato Sabatini piuttosto abbottonato, ma poi si è rilassato. Nel complesso sono contento del colloquio. Non so se servirà a qualcosa, ma non sarà stato inutile...». Lo pensavo davvero, pur senza fare alcuna previsione. Fu una lunga notte, rimuginai su tutto. Il passato, il presente, il futuro... Il futuro, in particolare. Ma di prima mattina, all'aeroporto di Milano, avevo un unico pensiero in testa: raggiungere le mie figlie, che si stavano divertendo in vacanza... senza il loro papà!

Con Seydoux, in armonia

Martedì 4 giugno un pallido raggio di sole fece capolino nel grigiore della mia oscura situazione professionale. Non si trattava del caldo sole di Marrakech che splendeva sopra le nostre teste e ci riscaldava il corpo e il cuore. No: era un raggio radente in arrivo dall'Italia. Una prima telefonata di Massara a Pascal lasciò intendere un'impressione favorevole: «Ringrazia pure Rudi di essere venuto all'incontro. È andato tutto bene. Walter è soddisfatto del colloquio con lui...». Poi un SMS dello stesso Massara, sempre indirizzato a Pascal: «Dopo quindici minuti di riunione con Blanc, Walter ha preferito uscire a fumare una sigaretta». Un messaggio difficile da decifrare ma aperto a tutte le interpretazioni. Sembra che all'inizio Laurent fosse corteggiato da Franco Baldini, il direttore generale della Roma, che aveva dovuto fare i bagagli dopo la sconfitta nella finale di Coppa Italia. Era andato in esilio al Tottenham, forse per sfuggire alla pressione, divenuta insostenibile, dei tifosi a caccia di «colpevoli». Laurent, a sua volta, poteva essere una vittima collaterale di una partita che aveva lasciato per sempre il segno? Non avevo alcun modo di saperlo, anche se l'ipotesi mi attraversò la mente. Ma era meglio non perderci la testa e godermi le ore di riposo che mi rimanevano. Il giovedì successivo, infatti, Michel Seydoux mi avrebbe ricevuto nel suo ufficio parigino, non lontano dagli Champs-Élysées, per fare il punto sul nostro rapporto contrattuale.

Con il presidente del Lille giocavamo a carte scoperte già da diverse settimane. A un anno dalla scadenza del mio contratto poteva contattare gli allenatori che riteneva degni di interesse e io, in cambio, ero autorizzato a esaminare qualsiasi proposta mi fosse stata avanzata. Lui stava trattando con René Girard. Io negoziavo con la Roma. Il tutto in armonia, e coerenti con i nostri impegni reciproci. Confermai al mio presidente quanto gli avevo già anticipato prima di partire per Marrakech: dopo un'attenta riflessione, desideravo mettere fine al mio rapporto con il Lille. Per me non era facile, e misuravo le parole. Non parlerei di sofferenza né di angoscia, ma piuttosto di una piccola morte, nel senso che lasciavo una parte della mia vita. Non avevo più voglia di proseguire un'avventura a cui mi ero dedicato senza risparmiarmi. Ma non mi sembrava che Seydoux ci tenesse davvero a non perdermi. Ci eravamo dati tanto a vicenda, forse non avevamo più nulla da offrirci. Sapevo che Pascal stava parlando con Frédéric Paquet, il direttore generale della squadra, per giungere a una risoluzione consensuale del contratto senza penali, ma volevo precisare a Seydoux il quadro economico che intendevo dare alle mie eventuali dimissioni. «Se trovo una squadra che mi propone almeno quanto prendo al Lille, sarà un mio punto d'onore non chiederle nulla, perché non sono qui per ottenere soldi da entrambe le parti. Se invece le mie entrate in una nuova squadra saranno molto al di sotto di quanto guadagno oggi, avrò bisogno di lei, presidente...» Altra ipotesi: un anno sabbatico abbinato a un contratto di commentatore tecnico televisivo, sicuramente meno remunerativo. «In questo caso potrò contare sul 50 per cento in meno delle mie entrate dell'ultimo anno» volli precisare. Aggiungendo, per essere chiaro: «Se non accetta questo accordo che mi sembra corretto, rimarrò al Lille. Porterò a termine il mio ultimo anno di contratto...». Non intendevo regalare nulla, visto che avevo ancora impresso, in un angolo della mia mente, il modo arrogante in cui ero stato allontanato, nel giugno del 2009, prima di essere ripescato qualche giorno dopo. Ci lasciammo con queste belle parole, convinti che l'incertezza non avrebbe aleggiato a lungo sulle nostre teste. Entrambi speravamo di portare a termine il discorso entro l'inizio della settimana successiva.

Rotta su New York

«L'attualità è ciò che alla mattina sembra avere una qualche importanza e alla sera non ne avrà più alcuna.» Questa battuta piena di buon senso racchiude una verità profonda che capita spesso di constatare. La prova: un ulteriore contatto telefonico tra Massara e Pascal ribaltò una situazione che credevo assodata. Secondo il dirigente romano, Blanc alla fine non sarebbe stato il prossimo allenatore della Roma, contrariamente a quanto scrivevano i giornali. «È ormai fuori concorso.» Stupore. Per quali ragioni non rientrava più fra i candidati? Che cosa aveva portato la Roma a rinunciare a lui? Ma che importava, in fondo? Il bello doveva ancora venire.

«Credi che Rudi accetterà di andare a New York per incontrare la presidenza americana?»

«A New York? Ma quindi alla fine avete scelto Rudi? Avete deciso?»

«No, no. La decisione non è ancora stata presa. Non ti garantisco niente, ma sarebbe meglio che andasse a parlare con il presidente. Non dimenticare che è lui a decidere.»

«Gliene parlo. Ci sentiamo tra poco.»

«Insisti. È molto importante...»

Non ero pronto, all'inizio, per rispondere positivamente a questo invito. Mi suonava strano. Perché attraversare l'Atlantico senza sapere esattamente che cosa mi aspettava laggiù? Chi mi sarei trovato di fronte? Di cosa avremmo parlato? Al contempo, dissi a me stesso: "Hai superato il Mediterraneo per andare a Milano, perché non fare la stessa cosa dall'altra parte dell'oceano?". Non avevo nulla da perdere e tutto da guadagnare.

Riflettendoci sopra, immaginai che Sabatini stesse cercando di far accettare la mia candidatura alla presidenza americana, tenendosi una porta aperta nel caso in cui avesse concluso con un altro allenatore. Poteva trattarsi di un gioco sottile, una partita a biliardo su più sponde che dovevo fermare.

Forse si trattava dell'occasione della mia vita, e non me la sarei lasciata sfuggire! Quindi ok, d'accordo, vada per gli Stati Uniti!

Massara fu soddisfatto della risposta. Pose anche le basi per un'offerta più precisa a Pascal, che includeva la durata del contratto, un anno più uno, e a grandi linee una proposta economica che equivaleva a quanto prendevo al Lille, premi compresi, poiché in Italia non esisteva una formula simile. Un anno più uno non mi andava affatto bene. Anche la proposta economica mi sembrava troppo limitata. O firmavo per due anni, oppure un anno mi sarebbe bastato. Ricordo di aver detto al mio agente: «Se ci riesco, non faranno una bella figura. Glielo spiegherò di persona: con un anno di contratto, un allenatore non ha alcun ascendente sui suoi giocatori, i quali sanno che, appena arrivato, rischia già di andarsene. La sua autorità viene subito messa in ridicolo». Ma non la posi come condizione per imbarcarmi sul volo Parigi-New York. Avrei valutato sul posto... Fui contento di ritrovare l'imprescindibile Massara, all'aeroporto Charles de Gaulle, martedì 11. Dopo il club sandwich del Grand Visconti Palace, avremmo condiviso un pasto servito su un vassoio dalle hostess di Air France, e forse avremmo mangiato insieme un buon Big Mac al nostro arrivo.

«L'Alex Ferguson della Roma»

Non avevo mai messo piede a New York in vita mia. Tre anni prima, in occasione di una vacanza a Miami, avevo percorso i corridoi dell'aeroporto JFK per un breve scalo. Tutto qui. Sapevo poco di James Pallotta, la persona che stavo andando a incontrare; solo che era un investitore americano, presidente e direttore generale della Raptor Capital Management LP, con sede a Boston. Avevo scoperto che il suo patrimonio si aggirava intorno al miliardo di dollari. Era diventato presidente della Roma il 27 agosto 2012, poco meno di un anno dopo essere entrato nel consiglio di amministrazione insieme ad altri due imprenditori americani. Era il ventitreesimo presidente della storia della squadra dopo Thomas R. DiBenedetto. Questo per quanto riguardava il curriculum ufficiale. Dovevo ancora farmi un'idea più precisa dell'uomo davanti al quale mi sarei presentato per superare il test d'ingresso.

Direzione Meatpacking District, a nord del West Village, antica piazzaforte dei macelli, come indica il nome. Pare che fino a una ventina di anni fa fosse una zona poco frequentabile, ma poi è divenuta uno dei quartieri più alla moda della città. Oggi vi si possono trovare tutti i principali stilisti, e l'antica sopraelevata è stata trasformata in un parco sospeso. A un primo sguardo, in effetti, mi era sembrato un luogo davvero gradevole, ma non avevo fatto 5850 chilometri per ammirare le vetrine o fare shopping; anche se, per evitare i paparazzi appostati, macchine fotografiche alla mano, davanti alla sede del Raptor Group, mi invitarono a entrare nell'Apple Store al pianterreno, collegato alla hall. Mi feci largo tra i corridoi per evitare qualsiasi inseguimento. Mi sentivo come in un film poliziesco. Molto verosimile! Tutto il quarto piano apparteneva alla società di Pallotta. Vidi i grandi uffici all'americana, una cucina, una terrazza immensa dove campeggiava un canestro con i colori dei Boston Celtics. E non a caso: nato a Boston da genitori italiani, nella parte più italiana degli Stati Uniti, Pallotta era anche azionista di quella squadra da una buona decina d'anni. Vincitori del titolo nel 2008, i Celtics rappresentano la più antica franchigia dell'NBA e la più premiata della storia, con diciassette titoli vinti, davanti ai Los Angeles Lakers. Un modello. Prima di entrare, Massara mi aveva avvertito: «Vuole fare con la Roma ciò che gli è riuscito con i Celtics: ridare vigore alla squadra per portarla in cima alla classifica e vincere quanti più trofei possibile». Sorridente, affabile e rilassato, Pallotta mi salutò calorosamente e mi presentò ai suoi collaboratori. Con lui c'erano Alex Zecca, suo vice, Walter Sabatini, arrivato ventiquattr'ore prima in avanscoperta, l'amministratore delegato Italo Zanzi (un quarantenne italoamericano, ex portiere della nazionale statunitense di pallamano ed ex segretario generale della CONCACAF, l'organo amministrativo del calcio nordamericano) e altri membri del team Pallotta. Ci sedemmo tutti attorno a un tavolo per parlare, in un inglese che riuscivo a capire ma che mi richiedeva una concentrazione al duecento per cento. La mia prima impressione fu positiva: vedevo di fronte a me un gruppo dirigente molto unito e molto umano nell'affrontare i problemi. Pallotta si preoccupò di chiedermi, due o tre volte, se ero a mio agio e se avevo bisogno di qualcosa. Fui sorpreso da questo lato paterno, considerando la sua tempra di dirigente. Il che me lo rese ancora più simpatico.

Al termine della riunione, prese la parola: «Avevo chiesto a Walter informazioni sugli allenatori disponibili, ma volevo assumere un mister che non avesse alcun passato in Italia, perché qui si tratta di fare qualcosa di diverso e di unico. Ci tengo a mettere in piedi un progetto con un allenatore che deve rimanere almeno dieci anni. Non uno di passaggio». E fissandomi negli occhi, aggiunse: «Voglio che tu sia l'Alex Ferguson della Roma». Ecco, ora sapevo perché ero arrivato fino a lui. E perché avevo fatto bene a interrompere le mie vacanze a Marrakech con dieci giorni di anticipo. L'«Alex Ferguson della Roma», nientemeno! Ferguson, un esempio, un modello, un successo edificante, soprattutto. Datti un pizzicotto, Rudi, non stai sognando! Ripresi fiato. La mia vita si ribaltava... sotto i miei occhi. Avrei voluto che il tempo sospendesse la sua corsa, anche solo per un istante. Più tardi, sull'auto che ci portava in un ristorante di cui era il proprietario, Pallotta mi rivolse un largo sorriso, visibilmente felice per lo sviluppo delle trattative. Ero seduto dietro, Walter era alla mia sinistra. «Bene, sarà un contratto di due anni più due!» Questo argomento delicato non era stato ancora toccato, e io non gli avevo chiesto nulla.

«Perfetto: non ero d'accordo con la proposta che mi era stata riferita.»

«Quale?»

«Un anno più uno. Volevo un contratto di due anni oppure, in caso di rifiuto da parte sua, di un solo anno.»

«No, no, sarà un due più due!»

E mi tese la mano.

«Va bene?»

«Ok, va bene!»

«Batti il cinque!»

E le nostre mani si unirono, sotto lo sguardo di Sabatini. Sul piano economico non era stato fissato nulla. Non era stato preparato, e tantomeno firmato, alcun documento ufficiale. Ma non c'era motivo di formalizzarsi: la questione finanziaria si sarebbe sistemata successivamente. L'avrei affrontata con l'aiuto del mio agente, che non era venuto perché la sua presenza negli Stati Uniti non era necessaria. Quelle poche ore in compagnia del gruppo dirigente della Roma mi aprirono gli occhi sul gioco di ruoli che aveva messo in atto. La scelta prima di Luis Enrique poi di Zeman era stata di Sabatini, che ora si rifiutava di accollarsi, da solo, il reclutamento di un nuovo allenatore, in questo caso io. Era un carico troppo pesante per un uomo solo nel clima di crisi in cui era immersa la Roma. Dopo il licenziamento dei primi due, non poteva permettersi di sbagliare una terza volta: sarebbe stato troppo. Per questo era necessaria la mia nomina in presenza di Pallotta: Sabatini voleva che il presidente lo coprisse, per essere riabilitato in caso di insuccesso. Ma Pallotta aveva senza dubbio preteso di convalidare una decisione sulla quale intendeva esercitare la propria influenza. Non voleva accettare nemmeno lui una proposta avanzata da altri. Era questo il senso che avevo dato alle sue parole quando, guardandomi dritto negli occhi, mi aveva consegnato le chiavi dell'attività sportiva della sua squadra.

In una sorta di euforia generale alla quale mi associai con entusiasmo, mi invitarono tutti a partecipare, il giorno dopo, a una conferenza stampa per ufficializzare il nostro accordo. Francamente, non la trovavo una grande idea, per almeno due ragioni. La prima «interna»: è vero che Pallotta e io ci eravamo dati il cinque, ma non era stata avviata alcuna trattativa seria. In fin dei conti non avevo firmato nulla! Mi sembrava che stessimo precipitando le cose e che un po' di calma e di professionalità non avrebbero fatto male a nessuno. Eppure, pensandoci meglio, mi ero anche detto che sarebbero stati più in difficoltà di me in caso di blocco della trattativa. Come tornare indietro se la nostra collaborazione era già stata annunciata pubblicamente? La seconda ragione era «esterna»: temevo che i giornalisti italiani non avrebbero preso bene un'iniziativa certo lodevole nelle intenzioni, ma che poteva ritorcersi contro di noi. Li immaginavo irritati all'idea di dover seguire a distanza, da Roma, una prima presentazione organizzata a New York. Nel clima di tensione che mi era stato descritto, avevo paura delle conseguenze. Improvvisata e trasmessa in diretta sul sito della squadra, la conferenza stampa alla fine si svolse senza particolari problemi e senza domande imbarazzanti da parte dei giornalisti presenti: corrispondenti dei media italiani negli Stati Uniti che non sembravano appassionati di sport. Me la cavai con delle dichiarazioni generiche, senza la minima apprensione. «Il mio pensiero va al LOSC, che mi ha lanciato come giocatore e mi ha permesso di vincere i miei primi titoli da allenatore. So che cosa rappresenta la Roma. Faremo il massimo per la felicità dei tifosi.» Pallotta seguì il mio esempio. «Siamo molto lieti della scelta di Rudi Garcia, e fiduciosi. In un certo senso è il primo allenatore che scelgo da quando sono presidente. Ha dimostrato di essere un vincente, con una mentalità di gioco d'attacco che corrisponde perfettamente alla nostra visione del futuro. Sono convinto che rimarrà con noi per molti anni.» Avevamo garantito entrambi il minimo sindacale, ma eravamo pronti a dare il massimo impegno. Appena il tempo di correre verso Times Square e Ground Zero, dove volevo raccogliermi per commemorare l'11 settembre, e la mia puntatina americana volgeva già al termine. Vivevo a un ritmo accelerato, lasciandomi trasportare dagli eventi. In poco più di quarantotto ore avevo superato la frontiera che separa la Francia dall'Italia passando per New York. Originale, no?

«Rudi chi?»

L'Italia. La mia nuova meta. E Roma, soprattutto, dove avrei certo dovuto presentarmi ufficialmente, un giorno, dopo tutte queste peripezie. All'aeroporto di Fiumicino, lunedì 17 giugno, pensavo di arrivare più o meno in incognito e di confondermi tra la folla di viaggiatori per recuperare i bagagli. Senza far rumore, quasi rasentando i muri per non dare nell'occhio. Desideravo la maggior discrezione possibile e credevo che sarei stato accontentato. Non vi dico la sorpresa nel trovarmi di fronte un muro di telecamere e microfoni, almeno venti giornalisti che sgomitavano e un centinaio di tifosi che urlavano la loro passione per la Roma! Allucinante. Se fossero venuti per una rockstar la scena non sarebbe stata molto diversa. Tutta questa agitazione per me? Questo comitato di accoglienza per augurarmi il benvenuto? Per quanto fossi il sessantaquattresimo allenatore nella storia della squadra, l'undicesimo in dieci stagioni e il primo francese a lavorare in serie A, non immaginavo di poter suscitare tanto interesse. Si trattava indubbiamente di un assaggio di ciò che mi aspettava, in città e allo stadio. Mi era giunta voce di qualche commento scortese nei miei confronti. Maurizio Gasparri, ex ministro delle Comunicazioni e tifoso romanista, per esempio, si era sentito autorizzato a uscirsene con un: «Garcia chi? Quello che cerca di catturare Zorro?»; secondo un sondaggio realizzato dal «Corriere dello Sport», inoltre, il 54 per cento dei quattromila votanti non mi riteneva «il giusto allenatore» per la Roma. Sapevo anche che girava in rete un video in cui dimostravo le mie doti di cantante e chitarrista nello spogliatoio del Lille. I maligni ne avevano approfittato per sfottermi. Buon pro gli faccia! Niente avrebbe potuto disorientarmi, e tantomeno demoralizzarmi. Se sapessero... Ci vuole molto di più per riuscire a turbarmi e a mettermi in ginocchio. Non ero venuto per regolare dei conti o rispondere agli attacchi, da qualsiasi parte arrivassero, ma per agire. E in fretta: sapevo, infatti, che l'andamento della stagione imponeva di prendere decisioni immediate. Al centro sportivo di Trigoria l'atmosfera era molto più tranquilla, anche se una troupe televisiva di Roma Channel mi seguiva passo passo. Normale: in quel periodo estivo, i calciatori prendevano il sole sulle spiagge in giro per il mondo e solo un piccolo gruppo amministrativo si dava da fare, compreso Sabatini; dovevo ancora concludere un accordo contrattuale con lui in presenza del mio agente, che naturalmente partecipava alla trattativa. Avendo accettato fin dall'inizio le condizioni economiche stabilite dalla squadra, non era mia intenzione ridiscuterle. Quasi per ridere, avevo sfidato me stesso: «Spero che l'anno prossimo gli costerai più caro...». In compenso, pretesi l'assunzione dei miei due fedeli collaboratori, Fred Bompard e Claude Fichaux, in uno staff tecnico di cui desideravo ridefinire contorni e compiti. La discussione andò per le lunghe e si bloccò anche per questioni economiche. A un certo punto dovetti battere i pugni sul tavolo per affermare il mio punto di vista e risolvere, finalmente, un problema che avrebbe dovuto essere sistemato da molto tempo. La reazione di Sabatini mi sorprese: «Ah Rudi, è così che ti voglio vedere qui! Voglio un capo!».

Ciò non toglie che, due giorni più tardi, non avevamo ancora firmato alcun contratto. Mi preparavo quindi a partecipare alla mia seconda conferenza stampa ufficiale della squadra senza avere in tasca un documento inconfutabile che suggellasse il mio arrivo alla Roma. Passi la prima volta. Ma la seconda? C'era un qualche disguido che mi riguardava. Come spiegare, altrimenti, una tale lentezza amministrativa in una squadra così grande? Prima di entrare nella sala dov'erano ammassati ottanta giornalisti, l'addetta stampa della Roma mi prese da parte per illuminarmi sulle domande che mi avrebbero sicuramente rivolto: il ruolo di Totti, l'enigma De Rossi, il fatto che non fossi la prima scelta della squadra... Mi suggerì risposte precise in modo che potessi far fronte alle difficoltà. Cominciamo bene! La interruppi per dirle che sapevo perfettamente cosa dire e cosa no! Avevo notato, nelle ultime quarantotto ore, che tutti avevano un'opinione su tutto. Volevo porre fine a questa mania insopportabile di dare consigli su questioni che riguardavano soltanto me. Dagli interventi dei giornalisti non trapelò alcuna aggressività: la maggior parte di loro non mi conosceva e sembrava più che altro in attesa. *Wait and see*, stiamo a vedere. Mi trovavo in una situazione simile a quella probabilmente vissuta da Arsène Wenger quando i giornali inglesi titolarono *Arsène Who?* all'epoca in cui fu nominato allenatore dell'Arsenal. Parafrasando, mi immaginavo un *Rudi chi?* campeggiare sulla prima pagina di un giornale italiano. Dicevo a me stesso che l'importante non era avere un nome all'inizio. L'essenziale era essersene fatto uno alla fine!

E con i contratti a che punto eravamo? Ormai scritti alla perfezione? Finalmente pronti per essere riletti? Disponibili per la firma delle due parti? Fra la traduzione francese dei contratti redatti in italiano, che richiese del tempo, e le esitazioni di Zanzi, che era restio a firmare dei documenti tradotti in un francese che non capiva, passarono ancora diverse ore. Di fronte a tanto procrastinare andai su tutte le furie. A un certo punto, facendo segno a Pascal, il mio agente, accennai ad andarmene dalla stanza, manifestando la mia irritazione. Scortato da Sabatini, Zanzi guardò con aria interrogativa l'avvocato della Federazione italiana che ci accompagnava. Capì che sarebbe stato meglio finirla lì e firmare. Finalmente! Il mio contratto e quelli dei miei assistenti non erano stati ottenuti con la forza. Ma era come se lo fossero.

Arrivederci

Non volevo svignarmela da Lille come un ladro, andarmene senza ringraziare. Desideravo salutare tutti quelli che avevo frequentato durante il mio «quinquennio». Avevo chiamato la direzione della squadra per organizzare la mia conferenza stampa di addio nei locali del centro sportivo a Luchin, venerdì 21 giugno, primo giorno d'estate e ultima tappa del mio percorso nel Nord. Sebbene non avessi ricevuto un rifiuto categorico ufficiale, l'accoglienza non era stata delle migliori e, ripensandoci, mi sembrò preferibile convocarla nell'albergo dove ci rifugiavamo alla vigilia delle partite. Un luogo simbolico, anche, della mia vita a Lille. Non lasciavo la squadra in buoni rapporti: la lasciavo in ottimi rapporti, e provavo al tempo stesso orgoglio e felicità. Tante collaborazioni si chiudono tra rabbia, urla e sangue! Impossibile con Michel Seydoux, al quale resi un omaggio insistito e sincero. Umanamente è una persona di una certa levatura, sempre pronta ad ascoltare. Ma intendevo anche sottolineare il mio più grande rispetto verso il personale del LOSC nel suo complesso, con cui non ero mai riuscito a trovare il tempo necessario per parlare. Quando procediamo a testa bassa, purtroppo non prestiamo attenzione a coloro che ci circondano. Avevo un solo rimpianto: non aver avuto l'opportunità di salutare il pubblico, il cui sostegno mi era stato prezioso nei momenti belli e meno belli. Prima di eclissarmi, strizzai l'occhio al destino: «Spero di ritrovarmi davanti a voi per una nuova conferenza stampa nel 2014, in occasione di una partita di coppa tra il Lille e la Roma. Sarà il segnale che avremo lavorato bene, ognuno dalla sua parte». Mi alzai pronunciando un *Arrivederci* che mi andò quasi di traverso tanta era l'emozione che, di colpo, mi pervase. In venti giorni avevo percorso un cammino improbabile: da Marrakech a Lille, passando per Milano, Parigi, New York e Roma. Venti giorni che sconvolsero la mia vita. La mia maratona volgeva al termine e se ne presentava già un'altra.

II

Nato con un pallone

Uno stato civile con i colori dell'Europa

Sono nato giovedì 20 febbraio 1964 a Nemours, dipartimento di Seine-et-Marne, nella regione dell'Île-de-France. Cognome spagnoleggiante, nome di origine tedesca e nascita in Francia: con me, la Comunità europea ha acquisito un nuovo cittadino nel cammino verso l'unione dei suoi abitanti. Da qui a pretendere che aumentasse una quota di mercato... Mancava solo che una parte della mia famiglia affondasse le sue radici nel suolo italiano perché il quadro fosse completo. E quasi ideale, se posso permettermi. Ma il discorso sull'Italia, mio nuovo paese di adozione, lo riprenderò più avanti. Garcia, dunque. Il cognome di mio padre, nato da genitori spagnoli. Garcia è un patronimico molto comune nella penisola iberica. Si tratta, anzi, del cognome più frequente, davanti a Fernández, Muñoz e Gonzalez. Con l'emigrazione spagnola del XX secolo si è largamente diffuso in Francia, tanto da diventare il quattordicesimo cognome più in uso. Ogni francese deve contare almeno un Garcia tra i suoi conoscenti. Rudi? In un primo momento i miei genitori volevano chiamarmi Rodolphe, ma poi cambiarono idea su iniziativa di mio padre. Appassionato di sport, in particolare di ciclismo, simpatizzava per il tedesco Rudi Altig, brillante pistard prima di diventare un temibile sprinter, vincitore nel 1962 della

Vuelta e primo nella classifica a punti del Tour de France. Alla fine la scelta è caduta proprio su Rudi, diminutivo tedesco di Rudolph (Rodolphe). Dal *Libro dei nomi* apprendo che chi lo porta è un uomo deciso, fedele ai suoi principi, che non si lascia pestare i piedi e nutre grandi ambizioni. Nientemeno! Mio padre José è nato nel 1937, e mia madre Raymonde sei anni dopo, tutti e due a Blagny, un paese delle Ardenne. Hanno sempre vissuto in Francia, dove si sono sposati nel 1961. Hanno lasciato il dipartimento solo per gli impegni professionali e calcistici di mio padre, che lo costringevano a spostarsi dappertutto. Ma sono rimasti legati alla loro regione d'origine e hanno finito per stabilirsi nella periferia parigina, dove, nell'inverno del 1964, nato sotto il segno dei Pesci, lanciai il mio primo gridolino stridulo.

Un'infanzia serena a Corbeil

Ho avuto la fortuna di vivere un'infanzia serena e felice. La mia famiglia non navigava nell'oro, ma a me e a mia sorella Sandrine, di quindici mesi più grande, non è mai mancato l'essenziale. Il cibo c'era e, anche se le uscite al ristorante erano rare perché troppo costose, la domenica ci piaceva andare da Flunch al Belle Épine, uno dei primi centri commerciali. Oltre al classico hamburger con patatine fritte, mangiavamo deliziosi Banana Split come dessert. Il carattere eccezionale di queste uscite ne faceva un momento attesissimo da tutta la famiglia. In gioventù i miei genitori avevano faticato a lungo perché provenivano entrambi da famiglie davvero modeste. Dovettero attendere molto prima di raggiungere un tenore di vita decoroso, e desideravano che noi potessimo goderne. Dopo aver vissuto seguendo i cambiamenti di squadra di mio padre, che giocò nei dilettanti a Dunkerque (Deuxième Division) e ad Abbeville, la famiglia si stabilì definitivamente a Corbeil, a una trentina di chilometri da Parigi. Mio padre ottenne un lavoro in città come direttore sportivo, diventando allenatore-giocatore della locale squadra di calcio, e mia madre trovò un posto di assistente in un centro sanitario. Due impieghi stabili che ci permisero di trasferirci in un appartamento in una bella zona, in rue Marcel Cachin, poco lontano dalla stazione e dal centro, in uno stabile degli anni Cinquanta. Un giardino interno permetteva ai bambini del palazzo di giocare dopo l'uscita da scuola. Fu il mio primo campo da calcio. Quante volte ho sentito mia madre dirmi, dalla finestra del salotto che affacciava sul giardino: «Rudi, a tavola! È ora di pranzo...»? Decine, centinaia, migliaia senza dubbio. Con il mio amico Jean-Philippe Tricot, che abitava al piano sotto il nostro, giocavo partite interminabili. Degli «uno contro uno» che potevamo proseguire all'infinito. Mai stanchi. Un albero ci faceva da palo, e siccome mancava il suo gemello dall'altra parte piantavamo un paletto. A turno tiravamo i rigori, accompagnando sempre le nostre azioni con dei commenti più o meno efficaci. Ero diventato un esperto commentatore radiofonico. A volte mia sorella si sporgeva con la testa dalla sua camera e dai suoi libri – *Il profumo della dama in nero* o *Il mistero della camera gialla* – pensando ci fosse la radio accesa. In realtà, imitavo la voce di Eugène Saccomano facendo il resoconto di una partita virtuale che poteva opporre il Corbeil al Bayern Monaco. «José Garcia si presenta di fronte a Sepp Maier, posa la palla sul dischetto di rigore. Prende la rincorsa e tira. Goool! Maier preso in contropiede. Goool!...» Sandrine si chiedeva se nella mia testolina non mancasse qualche rotella. Sì: andava tutto bene, molto bene direi. Il Corbeil si scontrava anche con il Saint-Étienne, o la Dinamo Kiev. Poco importava l'identità dell'avversario. Bastava che ce ne fosse uno affinché il piccolo radiocronista che era in me, un po' perso nel suo mondo immaginario, si sgolasse davanti a un microfono rappresentato dal suo pugno chiuso.

Era l'epoca del Subbuteo, che si gioca su un panno di 135 centimetri per 90. Ogni partecipante dispone di undici giocatori montati su semisfere che si muovono spingendole con un colpetto dell'unghia. Mi dipingevo da solo maglie e numeri, volevo dare il mio apporto personale. È così che ho imparato le mie prime nozioni di geografia e ho iniziato a memorizzare il gagliardetto di ogni squadra. Quello del Real Madrid, dell'Anderlecht e di tante altre. Che partite interminabili, anche in quel caso, con Jean-Philippe! Giocavamo in sala da pranzo e, un giorno, ho avuto la malaugurata idea di inchiodare la tavola su cui poggiava il Subbuteo al tavolo da pranzo, danneggiandolo gravemente. La superficie si era incrinata. E anche la fiducia dei miei genitori! Non so che cosa mi fosse preso, mi era saltata in mente un'idea balzana. Quante me ne hanno dette, la sera, quando si sono accorti del danno!

La mia vita di bambino ruotava tutta intorno allo sport. Amavo anche gli animali, certo. Avevo un gatto e un cane e mi piaceva la loro compagnia. Se mi chiedevano che mestiere avrei voluto fare da grande rispondevo immancabilmente: il veterinario. Mi arrischiavo perfino a fare dolci al cioccolato in cucina. Ne andavo matto. Non fino al punto di sognare di fare il pasticciere, ma mi difendevo: tra i miei amici riscuotevano un discreto successo. Tuttavia, lo sport per me non aveva rivali. Lo mettevo al di sopra di tutto. Nella mia cameretta campeggiava una sorta di quadro in 3D che rappresentava la rete del portiere con un pallone che la «sfondava». L'avevamo portato da Andorra, dove ci eravamo fermati durante un viaggio in Spagna. Sui muri, poster di Dominique Rocheteau, François Cevert e Niki Lauda simboleggiavano la mia passione per tutti gli sport. Un virus trasmessomi da mio padre, che non esitava ad alzarsi in piena notte per vedere in TV un incontro di boxe trasmesso in diretta dagli Stati Uniti.

Mi divertivo con i videogiochi di tennis insieme a un altro amico, Thierry Lalot, che abitava in un altro quartiere. Inserivamo una cassetta nell'Intellivision, battevamo qualche comando sulla tastiera e andavamo avanti per ore intere a rimandarci la pallina al di sopra della rete. Gioco, set e partita. Oppure requisivo mia sorella per giocare a calcio nel corridoio di casa con una pallina da tennis. In cambio accettavo di aiutarla a costruire edifici, veicoli o robot con i mattoncini Lego o la «coprivo» quando voleva andare a una festa con gli amici senza il permesso dei nostri genitori. Mi capitava anche di distrarmi con un gioco dell'oca inventato da Thierry, che riproduceva dei ciclisti da spostare su una pista, una casella dopo l'altra, a seconda del risultato dei dadi. Il Tour de France, d'altro canto, faceva parte dei miei principali interessi: Thévenet e Hinault figuravano tra gli idoli della mia adolescenza. Insaziabile, praticavo anche judo al palazzetto dello sport di Corbeil, con ricompensa finale: cintura gialla, arancione e verde, nell'attesa di qualche dan. Nella vasca di sabbia del condominio organizzavo poi le mie Olimpiadi personali: salto in lungo, salto in alto, lancio del peso, salto triplo, corsa... Redigevo delle schede di cartoncino per ogni prova, che conservavo gelosamente nel mio diario delle competizioni. Classifica generale, consegna delle medaglie, e il giorno successivo continuavo da dove avevo lasciato. Era già tanto che non ricordassi gli inni nazionali dei vari paesi. Non mi fermavo un momento, passando da uno sport all'altro pieno di entusiasmo ed esaltazione. Anche il Festival di ginnastica ritmica, in programma ogni anno a Corbeil, riusciva ad attirare la mia attenzione. Ma forse era troppo.

Undici giorni senza muoversi

Un pomeriggio, dopo aver disputato le «mie» Olimpiadi con un'incontenibile energia, come sempre, mi sentii poco bene. Mal di testa, mal di pancia, male dappertutto. Prima urinai un po' di sangue. Poi, facendo il bagno, mi accorsi che l'acqua della vasca tendeva al rosso in maniera inquietante. Scattarono tutti ai posti di combattimento; per fortuna mia madre lavorava in un centro sanitario vicino a casa e poté soccorrermi immediatamente. Alcuni esami rilevarono una grave malformazione renale che mi obbligò a un soggiorno prolungato alla Clinique du Mousseau, a Évry, dove fui operato d'urgenza. Oggi lo stesso intervento chirurgico comporterebbe solo due forellini nella schiena, ma all'epoca mi aprirono per una buona quindicina di centimetri: rimasi sfregiato, se così si può dire. Avevo undici anni e gli undici giorni di convalescenza mi sembrarono un'eternità. Undici giorni bloccato a letto quando, per tutti i primi anni della mia vita, non ero riuscito a stare fermo per più di un quarto d'ora. Sempre in movimento, costantemente in azione. Pronto a correre, saltare, lanciarmi. E mai capace di rimanere fermo sul posto. Nell'attesa, dovevo farmene una ragione: la pratica del judo mi era ormai fortemente sconsigliata. Ero stato messo a terra con un ippon. Questo periodo di riposo forzato, nel 1975, mi portò a sviluppare una fobia nei confronti dell'universo medico che durò fino alla nascita di Léna, quindici anni fa.

Qualche mese prima avevo già frequentato l'ospedale della Pitié-Salpêtrière, dove mio padre si era fatto operare per un prognatismo mascellare, un intervento maxillo-facciale che consiste nel ridurre una parte della mandibola. Un'operazione delicata resa più complessa dal fatto che al tempo si praticava ancora molto poco. Credo che mio padre abbia fatto più o meno da cavia: le foto dell'intervento girarono fra tutti i chirurghi stomatologi del mondo. Lui così sportivo, così vigoroso, così solido, era dimagrito, il volto pallido coperto da una barba incolta, la mandibola sostenuta da una serie di fili. Nel vederlo, lo choc fu tale che dovetti lasciare la stanza per andare a vomitare nel bagno accanto. La semplice vista di mio padre indebolito mi aveva fatto stare male. Molti anni dopo, durante la nascita con epidurale della mia prima figlia, Eva, nel 1991, dovetti mettere la testa sotto il rubinetto dell'acqua fredda per non svenire. La mia seconda figlia, Carla, alla nascita non vide suo padre crollare a terra, ma sua madre Veronica sì!

Lei aveva appena partorito e io perdevo i sensi! Solo con la terza figlia, Léna, filò quasi tutto liscio. Un miracolo che non mi spiego.

Garrucha, la mia radiosa Andalusia

In quel periodo di grandi scoperte, mi ricordo del nostro primo viaggio in Spagna. Era il luglio del 1970. Avevo sei anni. Una vera spedizione, che mi avrebbe segnato per tutta la vita. Partenza da Corbeil alle dieci del mattino sulla Citroën 2CV grigia familiare carica da scoppiare. Arrivo a destinazione a mezzogiorno, settantaquattro ore dopo, sotto un sole di piombo. Circa duemila chilometri in tre giorni su strade accidentate, con mio padre alla guida, mia madre seduta accanto e mia sorella stesa dietro, insieme a me. Arrivammo al punto di voler tornare indietro, non vedendo mai la fine. Avevamo superato a fatica i passi dei Pirenei e scorto le nevi perenni che ricoprivano Andorra. Uno scenario magnifico. Avevamo anche tentato di dormire in auto sul ciglio della strada ma invano: il caldo soffocante e l'attacco delle zanzare che si erano infiltrate dalle prese d'aria ci costrinsero a rinunciare. Verso Castellón de la Plana trovammo infine rifugio in una pensione familiare non molto rassicurante, ma la stanchezza estrema ci aveva reso poco esigenti. Alla fine di quel percorso di guerra, eravamo tutti e quattro stremati ma felicissimi di essere giunti a destinazione sani e salvi.

Mio padre, a trentatré anni, era felice di poter finalmente visitare il paese dei suoi genitori, dove non era mai stato prima. Qualche tempo dopo comprò una vecchia casa bifamiliare vicino al mare, a Garrucha, tra Almería e Murcia, insieme ai suoi due fratelli maggiori, Diego e Nico. Il pavimento era in terra battuta, i muri bianchi e le porte a due battenti si affacciavano su un grande giardino. Non c'era acqua corrente e si doveva andare alla fontana a riempire due anfore, una volta al giorno, per gli usi domestici. Ci sembrava di essere atterrati su un altro pianeta e mancava poco che, dietro a una curva di un sentiero andaluso, io e mia sorella ci aspettassimo di veder comparire una fila di indiani. In quell'universo completamente nuovo non riuscivamo assolutamente a farci capire, e a capire gli altri. Con Sandrine, quando qualcuno ci rivolgeva la parola ci chiedevamo l'un l'altra: «Che dice? Che dice?». Tre sillabe per sottolineare la nostra incredulità. Ne ridevamo tra noi. Ma i bambini del posto ci ignoravano. Pazienza: eravamo molto uniti e nulla poteva turbarci.

Ogni giorno andavamo alla spiaggia, che distava un centinaio di metri. Immaginavo me e mia sorella come due ciclisti, con indosso i pantaloncini, caschetto in testa, impegnati in un Tour de France disegnato sulla sabbia tra la casa e il mare. A ogni tappa, la maglia gialla passava all'altro. E il giorno successivo ricominciavo: nuova partenza, nuove tappe, nuova classifica. Mi divertivo facendomi il mio piccolo film. Andavamo anche a pesca, ma il bottino era sempre magro. Troppo poco per sperare di nutrire la numerosa famiglia giunta nella nostra «Casa Bianca». In seguito mio padre comprò dallo zio una Citroën DS usata, acquisto che ci fece sembrare meno faticoso il viaggio per attraversare la Francia e raggiungere la Spagna. Mi piaceva quella macchina, più comoda e spaziosa. A bordo mi sentivo come un re. La nonna viaggiava con noi; era inferma, non poteva camminare. Rivedo mio padre portarla in spiaggia e sistemarla in un grande salvagente per permetterle di fare il bagno. Era molto premuroso nei suoi confronti, e ricopriva il suo ruolo di capofamiglia con il cuore. Un anno viaggiai in treno con il mio amico Thierry, per evitare di macinare tutti quei chilometri di strada. Un raid pazzesco anche quello, su ferrovia. Interminabile. Faticoso sul momento, ma che felicità all'arrivo! All'inizio degli anni Novanta, in una Spagna che stava cambiando e si sviluppava a gran velocità, mio padre trovò un altro posto dove sistemarci. All'interno di un piacevole residence in riva al mare, circondato da un giardino e munito di piscina, il nuovo appartamento è divenuto il luogo privilegiato delle nostre riunioni familiari. Non ho saltato un'estate da venticinque anni. Una parte di me è nascosta là, a Garrucha, in quell'Andalusia orientale così generosa che ha forgiato la mia vita di bambino e di adolescente.

Nel paiolo di Obelix

E il calcio? Che ruolo occupava nella mia vita? Dire che mangiavo calcio, dormivo con il calcio, parlavo di calcio, pensavo al calcio, sognavo il calcio, leggevo di calcio, guardavo il calcio, insomma, che vivevo il calcio ventiquattr'ore su ventiquattro alla fine è la pura e semplice verità. Alimentava la mia quotidianità. Perché, ovviamente, il calcio lo giocavo anche! Sono un po' l'immagine di Obelix, chili a parte: caddi nel paiolo del druido da piccolo. Non ci si può fare nulla. La pozione magica è per sempre. Il mio primo vero ricordo non è né di una partita, né di un giocatore, né di un gol, né di un'azione. Nemmeno di uno stadio o di una squadra. Si tratta di un odore molto particolare di cui conservo in me il profumo, se così si può dire. Mi riferisco all'olio canforato che i giocatori si spalmavano sulle gambe, prima delle partite, nello spogliatoio dello stadio Léo-Lagrange di Corbeil. Si scaldavano i muscoli per prepararli meglio allo sforzo. Dovevo avere sette o otto anni e, all'ombra di mio padre che era in mezzo a loro, assistevo a questa cerimonia senza perderne una briciola. Gli occhi spalancati e l'olfatto in allerta. In campo mio padre macinava chilometri, ma non era un corridore. Aveva un buon «sinistro». Segnava dei gol con un gran sangue freddo di fronte ai portieri. Aveva un modo tutto suo di farli spostare da un lato e, con l'interno del piede, spedire la palla nell'angolo opposto. Era l'unico a farlo. Bambino, dietro la balaustra a bordo campo, mi divertivo a vederlo giocare nella squadra di Troisième Division di cui sarebbe diventato allenatore nel 1974. Osservandolo, più in là nel tempo, travolto da un'iperattività che lo costringeva a settimane lunghissime e weekend oberati, mi dicevo: «Io non diventerò mai un allenatore, è un mestiere troppo totalizzante, troppo ingrato». Perché non lo vedevo abbastanza, senza dubbio. A casa, mia madre vedeva sfilare le maglie, i pantaloncini e le calze che atterravano nella vasca da bagno dopo ogni partita. Spesso ricoperti di fango, immancabilmente di sudore. Da lavare per un riutilizzo quasi immediato. Viveva anche lei al ritmo ininterrotto degli allenamenti, delle partite, delle trasferte, dei preparativi. Che dedizione alla nostra «causa» calcistica! Solo mia sorella non si sentiva particolarmente coinvolta. Viveva un po' in disparte, poverina, immersa nei suoi libri e nei suoi pensieri. Tutto, del resto, girava intorno alla palla. Quella grande. Anche al Collège Chantemerle passavo il tempo libero, a mezzogiorno, a giocare a calcio con una pallina da tennis nel cortile della ricreazione, su un campo da basket, con i miei compagni. Ma stavo attento a mio padre, che dal suo ufficio a vetrate nel palazzo dello sport aveva una vista a trecentosessanta gradi su di noi. Sapeva che, per perfezionare la tecnica, l'utilizzo di una pallina simile non costituiva un handicap, al contrario. Ma temeva che perdessi la sensibilità su un campo da calcio normale, con un pallone normale. Così, per un periodo me lo aveva vietato. La pallina da tennis si usava con una racchetta. O non si usava.

Alla scuola di calcio mio padre era il mio allenatore e, quando arrivai nella *catégorie cadets 1re année** mi inserì negli allenamenti della squadra senior. Per aiutarmi a crescere. Per farmi diventare più combattivo. Avevo quattordici anni, loro ne avevano il doppio, e io dovevo seguire le tempistiche imposte. Non posso dire che l'idea di smettere non mi abbia mai sfiorato. A volte avevo davvero voglia di

* Corrispondente alla nostra categoria Giovanissimi.

mollare tutto, tanto erano faticosi gli allenamenti. Le forze esaurite, il fiato pure, e a volte anche i nervi. Ma mi ci sono impegnato, comprese le nostre corse a bordo Senna di notte, sotto la luna piena, quando sopportavamo una buona decina di svolte in salita che spezzavano le gambe. Non saranno state i tornanti dell'Alpe d'Huez, ma le sentivamo comunque nei polpacci.

Ho fatto bene a non cedere. A rifiutare la scelta facile e a non abbandonare lungo la strada. Me la sarei presa con me stesso. Quel momento, e l'esempio di mio padre, mi forgiarono un carattere vigoroso e combattivo che mi ha aiutato molto a resistere nelle difficoltà. E a risalire le correnti contrarie.

L'anno seguente andai a Viry-Châtillon per entrare nella squadra di Troisième Division. Ed è lì, a una quindicina di chilometri da casa, che la mia vita sportiva fu rivoluzionata per la prima volta.

III

Un giocatore eclettico

A Viry, sotto lo sguardo di Charly

Charly Samoy mi faceva impressione. Lo vedevo immenso, nonostante fosse di statura normale. Né grande né piccola: normale. Eppure, il suo carattere incuteva soggezione. Quando mi parlava, obbedivo senza battere ciglio. «Sì, signore...» E quando mi faceva una raccomandazione, annuivo. «Certo, signore...» La cosa fondamentale era non contrariarlo. Non contraddirlo. Ascoltare e approvare. A volte mi sentivo a disagio davanti a lui. Capelli grigi, sguardo penetrante, occhi stretti, voce profonda e parlantina sciolta. Un po' brusco e molto determinato. E soprattutto direttore sportivo del Lille, una squadra storica di Première Division. Avevo tutte le ragioni per essere frastornato, vista la mia giovane età.

La vita è fatta così: oggi ho un rapporto molto cordiale con lui; posso affermare addirittura che segue la mia carriera di allenatore con un benevolo paternalismo.

Una delle sue «spie» mi aveva trovato al Viry-Châtillon, in Troisième Division. Avevo diciotto anni e, pur non essendo un titolare indiscusso della squadra, mi difendevo piuttosto bene nella veste di numero 8. Centrocampista laterale e ala tornante. Ce la cavavamo così bene che, a tre giornate dalla fine del campionato, avevamo sconfitto l'Angoulême con un secco 3-0, festeggiando la nostra promozione in Deuxième Division. E il tutto sotto gli occhi dell'allora presidente della Federazione, Fernand Sastre! Secondo dopo la squadra riserve di Bordeaux, ma prima di quella del Paris Saint-Germain (PSG), nel Groupe Centre-Ouest, il Viry-Châtillon di Jean-Louis Coustillet, il mio allenatore, dava del filo da torcere alle grandi. Una stagione, quella del 1981-1982, indimenticabile. Un'impresa per noi, giocatori di periferia, cui si aggiunse quella del nostro vicino, il Corbeil-Essonnes, che, nel Groupe Nord, riuscì a sua volta a conquistare la promozione. La regione parigina, divenuta d'un tratto importante, si pavoneggiava nel suo livello di eccellenza. Charly Samoy voleva propormi di andare al Nord per firmare un contratto come tirocinante presso il Lille. Un'offerta incredibile, che prevedeva due condizioni. La prima, che superassi lo scoglio delle due partite di prova che il Lille organizzava per testare un certo numero di giocatori. Tutto andò nel migliore dei modi, e passai l'esame. Con lode? Non lo so, ma avevo avuto il via libera dalle autorità sportive, era quello che contava. Nel Lille notai un portiere straordinario, che faceva scintille: Bernard Lama.

La seconda condizione era stata posta dai miei genitori: non dovevo smettere di studiare; soprattutto, non dovevo «salire» a Lille senza aver prima preso la maturità. Mi misi d'impegno, e una volta ottenuto il diploma a indirizzo scientifico potei passare alla tappa successiva. Sentivo che la mia famiglia era orgogliosa di me, in particolare mio padre: di certo, a quei tempi, sperava che intraprendessi la carriera da professionista che lui non aveva potuto seguire. Davanti a me, però, c'era ancora una lunga strada da percorrere.

Sgomitare per farsi largo

Arrivando a Lille, dapprima ho avuto il dispiacere di non poter incontrare José Arribas. E per ragioni evidenti: allenatore del LOSC da quattro stagioni, era appena stato sostituito da Arnaud Dos Santos alla guida della squadra professionistica. Mio padre mi aveva parlato spesso di lui, sempre in termini elogiativi. Mi diceva che aveva ispirato la grande squadra del Nantes negli anni Sessanta, plasmandola a sua immagine: un'immagine di lealtà, correttezza, amore per l'offensiva, bel gioco e modestia. José Arribas aveva fatto un buon lavoro al Lille senza, tuttavia, mai raggiungere lo stesso livello di efficacia e qualità del gioco. Eppure mi sarebbe davvero piaciuto parlare con lui per scoprire tutti i segreti della Maison Jaune.* Anche se mi avevano messo immediatamente in contatto con Arnaud Dos Santos, giocavo soprattutto in Troisième Division, con la squadra guidata da Jean Parisseaux, che era anche responsabile del centro di formazione. Un centro creato sul modello dell'Institut National de Football (INF) di Vichy, punto di riferimento dell'epoca. Parisseaux mi prese sotto la sua ala protettrice, garantendo il proseguimento della mia formazione calcistica, che aveva bisogno di essere completata e arricchita. Mi aiutò molto a crescere come uomo e come giocatore, e senza dubbio gli devo una buona parte del mio sviluppo personale. Bisogna dire che mi conosceva se non altro di nome, perché era stato allenatore di mio padre ai tempi in cui giocava nel Dunkerque, nel 1966. Mi ricordo che viveva sotto le tribune dello stadio Grimonprez-Jooris. Non aveva bisogno di tirare fuori la macchina dal garage per andare al lavoro! Ricordo anche che la mia prima partita, giocata a Maubeuge sotto la sua guida, si concluse con una vittoria per 2-0. Jean-Pierre Mottet era il portiere e Jean-Michel Vandamme giocava come centrocampista. Quasi trent'anni dopo li ritrovai entrambi al Lille, ovviamente con ruoli molto diversi. Era un periodo abbastanza complicato per i giocatori giovani come me, improvvisamente sradicati, che non sapevano ancora se sarebbero divenuti o meno dei professionisti. Ci ponevamo molte domande, ignari di come

* Soprannome della squadra del Nantes.

sarebbe stato il nostro futuro. Io mi dividevo tra i professionisti e la Troisième Division. Un colpo al cerchio e uno alla botte. Una volta sì, una volta no. Ma un giorno avrei potuto andare nella direzione giusta? A poco a poco Parisseaux mi affidò delle responsabilità sul campo, garantendomi un ruolo da staffetta per altri giocatori, soprattutto i giovani usciti dal centro. Forse riteneva che fossi più maturo e che avessi la capacità di trascinarli. In un certo senso ero il suo luogotenente; mi interessavo già alla tattica e mi attiravano gli aspetti legati all'organizzazione collettiva di una squadra. Tuttavia, pur accordandomi un ruolo specifico, cercò anche di proteggermi da un ambiente non del tutto sano. Avevo superato l'esame di maturità, e la cosa non era ben vista da tutti. Peggio: ero catalogato come l'intellettuale di turno, e dovetti combattere contro tutti i pregiudizi che questa etichetta comportava. Talvolta ero oggetto di sguardi sospettosi. Dovevo rispondere guardandoli dritto negli occhi, altrimenti mi avrebbero fatto cuocere a fuoco lento. Mi rivolgevano osservazioni sgarbate. Era un ambiente faticoso, duro e aggressivo. Con i fratelli Planque, Joël Henry e altre teste dure c'era poco da scherzare. I placcaggi erano all'ordine del giorno, e l'intimidazione fisica era la formula magica per entrare in quel circolo di poeti. E io non volevo scomparire. Avrei potuto arrendermi, piegare la schiena, scendere a patti con loro e rientrare nei ranghi. Ma non era il mio modo di essere! Dovevo combattere per essere riconosciuto? D'accordo, nessun problema! Ho lottato ogni istante per difendere i miei spazi e per trovare un posto: il mio. E a forza di combattere, di non cedere mai di un millimetro, di rifiutare la fatalità, alla fine ci sono riuscito. Avevano mollato la presa, deponendo le armi e alzando bandiera bianca. Fine delle ostilità! Per me fu la più bella delle ricompense. Tutto sommato, per forgiare il mio carattere non potevo sperare in niente di meglio.

Forbici nella schiena

Andarsene di casa così giovani è una prova non facile da superare. Dall'oggi al domani ti ritrovi catapultato in un universo nuovo, non sempre accogliente, in cui devi imparare in fretta a orientarti e a vivere una nuova vita. Avanzi alla cieca, senza sapere se ciò che fai va nella direzione giusta. Ma non hai scelta, devi andare. Possono anche capitarti episodi singolari che lasciano dei segni: a volte è proprio il caso di dirlo. Un giorno ebbi la sfortuna di incontrare uno squilibrato. Ero al cinema, nel centro di Lille, con la mia fidanzata dell'epoca. Davanti a noi, un ragazzo non smetteva di fare osservazioni ridicole ad alta voce; un vero rompiscatole. A un certo punto gli dissi: «Ok, adesso basta! Possiamo guardare il film in pace?». Si zittì, e noi rimanemmo al nostro posto. L'uscita della sala dava su una strada pedonale e, dopo lo spettacolo, la mia ragazza e io ci incamminammo a braccetto, quando all'improvviso sentii un forte dolore alla schiena, come se mi avessero dato un pugno: avevo un paio di forbici conficcato in una scapola! Grandi forbici da sarto rubate in un negozio, qualche minuto prima, proprio dal tizio del cinema! Un orrore. La mia ragazza ebbe la prontezza di sfilarmele immediatamente e di inseguire l'aggressore, che fu subito arrestato. Era appena uscito da un ospedale psichiatrico, e doveva tornarci alla svelta! Avevo una ferita profonda, ma fortunatamente la pleura era rimasta intatta per un soffio. I miei genitori furono avvertiti e si precipitarono da me: non avevano mai percorso il tragitto Corbeil-Lille tanto rapidamente. La settimana successiva ebbi l'onore di essere citato in una puntata di Téléfoot, che dedicò un breve servizio all'incidente. Ne avrei fatto volentieri a meno. Ricordo soprattutto il giorno in cui mi tolsero i punti. Avevo praticamente implorato mia sorella Sandrine, che aveva studiato da infermiera, di intervenire. Conoscendo la mia avversione per tutto ciò che riguardava l'universo della medicina, almeno avrebbe saputo farlo con delicatezza. Tuttavia, per poco non svenni. Per fortuna il mio amico Thierry mi tenne la mano, altrimenti...

Anche un'altra disavventura rischiò di costarmi cara. Abitavo in un grattacielo a Mons-en-Barœul e i radiatori del mio appartamento facevano un rumore infernale. Impossibile dormire. Avevo aperto in modo maldestro la valvola di sfiato e l'acqua bollente si era messa a schizzare dappertutto nella stanza, raggiungendo anche le mie mani e i miei piedi, ustionati in un istante! Il panico più totale. Avevo voluto risolvere il problema da solo, ed ecco il risultato. Dopo la schiena, mani e piedi: meno male che in altre occasioni sapevo usarli meglio.

21 aprile 1984: la prima!

Con le guance incavate, i grandi baffi neri e i capelli scuri e ricci, Arnaud Dos Santos era riconoscibile tra mille. Aveva un lato paternalistico piuttosto rassicurante per i giovani che bussavano alla porta della squadra. Sapevano, se non altro, che non sarebbero rimasti piantati sulla soglia e avrebbero ricevuto una buona accoglienza. Trovavo alcune somiglianze fra il suo gioco e quello di mio padre. Stessa statura limitata, stessa attività frenetica, stessa energia indomabile, stesso profilo. Mio padre eccelleva con il piede sinistro ed era più portato per l'attacco; per il resto, respiravo un'aria di famiglia. A quanto pare, Arnaud Dos Santos si infuriò quando i dirigenti del Lille, che cercavano un successore per José Arribas, proposero nomi che non assomigliavano neanche vagamente al suo. Questa rabbia sortì un effetto: cinque anni dopo essere arrivato in un club che all'epoca vegetava in Deuxième Division, si vide affidare la responsabilità della squadra professionistica. Una prova di forza emblematica del suo temperamento. La sua miopia non lo aveva reso un uomo di vedute ristrette: faceva parte di quella generazione di allenatori per i quali la voce deve essere pacata. Dalla sua bocca non uscivano mai un grido, un urlo, un'offesa. Il dialogo costituiva la sua arma fondamentale per acquisire un'autorità molto più naturale di quello che la sua modesta statura lasciava supporre. Sapeva ascoltare, tendendo bene le orecchie. Ma la sua idea di calcio era adatta a me? Al Lille amavano i giocatori solidi, che all'occorrenza non si tiravano indietro e si impegnavano senza risparmiarsi. Preferibilmente di corporatura massiccia. Era già così ai tempi dei «vecchi» come Jean Baratte, Albert Dubreucq, Roger Carré o André Strappe, tutti giocatori che sopportavano bene i colpi e il dolore. C'era un motivo se li chiamavano i *Dogues*, i mastini: erano sempre pronti a mordere. Per loro, il calcio era prima di tutto un confronto fisico. Saltare più in alto dell'avversario, correre più veloce, vincere i duelli. E io che, giovanissimo, fantasticavo sul calcio giocato alla maniera del Nantes... La tradizione regionale si perpetuava davanti ai miei occhi. Didier Christophe, Nordine Kourichi, i fratelli Plancque, Stéphane e Pascal, Félix Lacuesta, Dominique Thomas, Éric Péan e altri ancora: neanche loro andavano tanto per il sottile. Sul campo non assomigliavano certo a degli scolaretti indifesi. Non era facile riuscire a entrare in quella banda per occupare un ruolo, anche modesto, sebbene avessi profonde affinità con Éric e Dominique. Ma non avevo scelta, toccava a me adattarmi. Il 21 aprile fu, in un certo senso, il mio giorno di gloria. A dieci minuti dalla fine della partita contro il Nîmes, nella trentaseiesima giornata di campionato, Arnaud Dos Santos mi chiese di entrare al posto di Roger Ricort, che era stato violentemente attaccato dai tifosi del Lille. L'atmosfera intorno alla squadra non era idilliaca, al punto che l'allenatore, suscitando lo stupore generale, in conferenza stampa aveva dichiarato, in tono volutamente bellicoso: «Non sarà una partita come questa a trattenermi a Lille». Per una volta, era uscito dai gangheri. Quante «prime volte», quella sera: la collera dell'allenatore, la gioia di un giocatore. Non eravamo sulla stessa lunghezza d'onda. L'infelicità degli uni talvolta faceva la felicità degli altri: per le ultime due giornate fui nominato titolare, sempre al posto di Roger Ricort. Avendo rivolto un gesto offensivo agli spettatori, era stato relegato definitivamente in panchina, bandito. Durante quel periodo, ero finalmente riuscito ad ambientarmi.

Una serata di felicità pura

Dopo la fine della stagione, la tradizione del LOSC fu rispettata, con l'ennesimo psicodramma che provocò l'addio definitivo di Dos Santos. La nomina del suo successore suscitò un'accesa battaglia dietro le quinte dello stadio Grimonprez-Jooris. Fra lo stupore generale, fu annunciato l'ingaggio di un allenatore belga, George Heylens, che era stato licenziato dal Seraing ed era noto soprattutto per il suo passato di giocatore nella nazionale del Belgio. Comunque sia, poteva vantare sessantasette partite con la maglia dei Diavoli Rossi! Sempre molto curato, sorridente e affabile, si serviva delle sue capacità seduttive come strumenti di persuasione. Con lui di tanto in tanto ho giocato e ho avuto persino l'onore, due mesi dopo, di farlo al Parc des Princes. Non era certamente il mio regno ma significava molto per me, giovane calciatore uscito dal vivaio della regione parigina. Lì avevo visto due o tre partite della nazionale francese insieme a mio padre. Ricordo anche di essermi emozionato per la finale della Coppa di Francia del 1977, giocata tra il Saint-Étienne (ASSE) e lo Stade de Reims. I nuovi conquistatori contro i vecchi campioni. Entrare nel campo del Parc era un sogno un po' folle che non credevo di poter davvero realizzare. E invece si concretizzò. Il Lille pareggiò (2-2) con il Racing Club di Parigi davanti a pochi spettatori. Solo una parata eccezionale del portiere Pascal Rousseau mi impedì di fare il primo gol della mia carriera professionistica. Sarà per un'altra volta, pensai. Qualche settimana dopo segnai il terzo gol del Lille contro il Paris Saint-Germain. Venerdì 14 dicembre 1984, una data che non posso dimenticare. Rivedo l'azione come se fosse ieri: Pascal Guion supera un avversario sulla destra, crossa al centro e io insacco di destro. Avevo sconfitto Jean-Michel Moutier ed ero al settimo cielo! Un gol in Première Division, al Parc des Princes, davanti a tutta la mia famiglia che aveva compiuto il breve tragitto da Corbeil alla Porte de Saint-Cloud per venirmi a vedere. Il massimo della vita! Ero come un cane impazzito che correva in tutte le direzioni. Safet Sušić e Dominique Rocheteau segnarono due gol negli ultimi minuti della partita, ma non bastarono a toglierci la vittoria. Una serata di felicità pura, che purtroppo si rivelò effimera. Contro il Bordeaux, la settimana successiva, non fui nemmeno incluso nel tabellino. Fui relegato in tribuna a guardare gli altri giocare, come un semplice spettatore. Alla prima partita persa, spesso ero io a essere lasciato fuori. Perché? Avevo avuto un ruolo di primo piano nella vittoria al Parc, segnando addirittura un gol. Diviso tra amarezza e ribellione, tra frustrazione e collera, non sapevo esattamente quello che provavo. Cosa dovevo fare? Non riuscendo a legare con gli altri, mi sentivo prigioniero di un ruolo di sostituto che non faceva per me. Ce l'avevo messa tutta, avevo partecipato a qualche avventura sporadica soprattutto nella Coppa di Francia, avevo dato il meglio di me e lavorato duro, ma non era bastato. Sessantasette partite in quattro stagioni: troppo poche per sperare di convincere il pubblico, lo staff e l'allenatore. Quando resti troppo a lungo in una squadra, alla fine vedono solo i tuoi difetti; si concentrano di rado sulle tue qualità. È impossibile cambiare mentalità.

Un giorno Carlo Molinari mi chiese se poteva interessarmi una nuova sfida a Metz. Avrei senza dubbio dovuto rispondergli di sì. Giocare in una squadra che privilegiava il lavoro collettivo allo scontro fisico: ecco quello di cui avevo bisogno. A Lille giocavo in un ruolo poco adatto a me in rapporto agli standard del Nord. Era la strada sbagliata, un errore di indirizzo. Ma come avrei potuto rendermene conto quando a Viry, in una bella giornata di primavera, Charly Samoy era venuto a tendermi la mano? La mia ultima stagione terminò con un'impasse, sportiva e umana. Anzi, meglio dire umana, e quindi sportiva. Apprezzavo la compagnia di Philippe Périlleux, con il quale passavo spesso dei bei momenti. Jean-Luc Buisine, capitano della squadra, ebbe la brillante idea di raccontare a Georges Heylens che lo avevamo criticato apertamente per i suoi metodi di lavoro e per le sue scelte in merito alla composizione della squadra. L'allenatore, furioso, un giorno ci convocò nel suo ufficio.

«A quanto pare, parlate alle mie spalle...»

«Come?»

«Il capitano mi ha riferito i vostri discorsi...»

«Quali discorsi?»

«Va bene, non perdiamo tempo. Dovete farmi immediatamente le vostre scuse!»

Philippe si piegò a questa richiesta. Io no, per un semplice motivo: non avevo espresso alcun rimprovero contro il mio allenatore, né ufficialmente né ufficiosamente.

«Non mi scuso perché non ho detto niente contro di lei.»

«Attento, sta giocando col fuoco.»

«Non sto giocando: non ho detto niente e non mi scuserò!»

La mia ostinazione mi costò cara. Non potei mai più giocare con il LOSC, neanche per un minuto. Messo al bando! Pazienza: ero in pace con la mia coscienza. Avevo il dente avvelenato contro Jean-Luc Buisine, che si era comportato scorrettamente con me. Il mio percorso professionale, qualche anno dopo, mi avrebbe riportato a Lille, dove Buisine rivestiva il ruolo di responsabile degli osservatori della squadra. Ricordava senza dubbio la nostra storia comune, al punto da temere per il suo posto di lavoro. Ma io non sono il tipo che serba rancore, perciò non feci la minima allusione a un episodio che apparteneva a un lontano passato. Mi interessa solo il presente.

La banda di Caen

Ero sul punto di impegnarmi con il Tours, reduce dalla Troisième Division, dopo una conversazione approfondita con l'allenatore Jean Sérafin, quando si palesò lo Stade Malherbe di Caen, che era appena stato promosso in Première Division in seguito a uno spareggio col Niort. Proseguire la mia carriera nell'élite: era come un dono piovuto dal cielo, totalmente inaspettato. Robert Nouzaret non ebbe bisogno di sciorinare chissà quali argomenti per convincermi, anche se ne sarebbe stato capace. Il suo discorso franco e leale fu sufficiente. All'orizzonte si stavano delineando ottime prospettive professionali: rotta verso la Normandia, dunque. Première Division, rieccomi! L'inizio della stagione non fu semplicemente negativo, ma disastroso (e sto usando un eufemismo). Zero punti dopo sei giornate di campionato, due gol segnati, tredici incassati: sulle nostre teste sconfitte troneggiava il berretto d'asino. Fatta eccezione per Jean-François Domergue, proveniente dall'Olympique Marseille, Robert Nouzaret accordava la sua fiducia solo ai giocatori che avevano contribuito alla promozione. Le reclute dovevano pazientare in un angolo, aspettando il loro turno. Questo fino al giorno in cui si rese necessario cambiare tattica. Quando il Toulon di Joseph-Antoine Bell, Bernard Pardo e Rolland Courbis (l'allenatore) si presentò nel nostro stadio di Venoix nel suo ruolo di primo in classifica, nessuno vendette cara la pelle. La settima sconfitta consecutiva sembrava annunciata. Un record in senso negativo. E tuttavia, grazie a Fabrice Divert, riuscimmo a vincere negli ultimi minuti una partita abbastanza ben giocata, alla quale ebbi la fortuna di partecipare, per la prima volta, in qualità di titolare. La nostra stagione era finalmente lanciata, e da quel momento in poi raggiungemmo vette impensabili. Fortunatamente giocavamo nel nostro piccolo stadio, ricoperto di lamiera in alcuni punti, in una confusione indescrivibile. Uno Chaudron in miniatura, ma senza i *Verts* ad animarlo.* Spesso questo ci permise di fare la differenza che eravamo incapaci di garantire all'esterno. Ci piazzammo sedicesimi nella prima stagione e nel 1990, e ottavi nel 1991. Non facevamo i salti di gioia, ma non eravamo neppure i fanalini di coda della Première Division. Il segreto della nostra capacità di mantenerci a galla? Forse semplicemente il cameratismo. Esisteva un'autentica complicità tra me, Franck Dumas, Philippe Montanier, Éric Péan (che ci aveva raggiunto dopo una deviazione a Bordeaux), Éric Dewilder e Fabrice Divert in particolare. Spesso, il giovedì, la tribù al gran completo si riuniva a casa di uno dei suoi membri; l'invito veniva lanciato a turno. Talvolta andavamo avanti fino a tardi, verso le due o le tre del mattino, ma l'amicizia e la gioia di ritrovarsi erano tali che ci davano una forza supplementare per giocare nel fine settimana. Dopo aver mangiato facevamo partite di Pictionary o Trivial Pursuit condite da risate interminabili. Organizzavamo anche degli spettacoli di mimo, ai quali potevano partecipare le ragazze.

Mi è sempre piaciuto giocare. A Corbeil, i genitori di uno dei miei amici d'infanzia avevano un bistrot nel quale era stato installato uno dei primi poker elettronici. Con Thierry Lalot ci ho giocato più di una volta, investendo persino i primi guadagni delle partite. La frequentazione dei casinò non mi dispiaceva, anche se non sono il tipo che dilapida grosse somme. Una volta ho festeggiato il mio compleanno in un hotel-casinò nei pressi di Annecy: una serata interminabile. Mi è spesso balenata l'idea di andare una settimana a Las Vegas per saltare da una slot-machine all'altra. Non si cambia la propria natura, e io sono un giocatore nell'anima. E poi, una sera, il jackpot, e non in un luogo qualsiasi: a Deauville! Eravamo tre amici, tre grandi amici: Éric Péan, Serge Berrebi e io. Avevo conosciuto Serge a Lille nel 1986, e

* «Chaudron» (letteralmente «calderone») è il soprannome dello stadio di Saint-Étienne, dove giocano i *Verts*.

sin dal nostro primo incontro inaspettato, al Café de la Plage, tra noi si era instaurato subito un feeling incredibile. Aveva le cuffie di un walkman nelle orecchie, mentre io indossavo un pullover colorato. Un'illuminazione. Ci siamo guardati, parlati e capiti, come fosse una cosa evidente, un lampo. Una settimana dopo gli diedi le chiavi del mio appartamento perché vi abitasse in mia assenza. Dovevo partire per un tirocinio con il LOSC e lui, studente di medicina, cercava un alloggio. «Non c'è problema, Serge, fai come se fossi a casa tua!» Da quel giorno non ci lasciammo più. Inseparabili. Anche se vive a Cambrai, la nostra amicizia continua; lo stesso vale per Éric Péan. La vita è meravigliosa quando ti regala amicizie del genere.

Insomma, una sera Éric, Serge e io andammo al casinò. Il gioco ci entusiasmava ed eravamo molto eccitati. Un veloce riscaldamento, e avvenne l'incredibile. In una slot-machine, davanti ai nostri occhi strabiliati comparve la quinta scala, e per giunta reale! Grida, sirene, applausi. Nella sala, colta da un'improvvisa agitazione, tutti avevano occhi solo per noi. Gli eroi della festa. Il proprietario del casinò si precipitò verso di noi per congratularsi e avvertirci: «La tradizione vuole che si offra lo champagne a tutte le persone presenti...». «Ma se paghiamo una magnum di champagne non ci resterà nulla!» scherzò Serge. «Non preoccupatevi, ce ne occupiamo noi...» rispose lui, da vero signore. E proseguì: «Volete riscuotere in contanti o preferite un assegno?». Optammo per i contanti; uno dei suoi collaboratori, poco dopo, arrivò con un vassoio d'argento sul quale erano ammucchiate mazzette di banconote da duecento franchi. Erano in tutto centocinquemila franchi. Pensandoci bene, preferivamo gli assegni; tre assegni da trentacinquemila franchi, uno a testa. Una serata pazzesca. Éric chiamò sua moglie, che chiese stupita: «Cos'è un jackpot?». Serge informò i suoi genitori, che lo rimproverarono: «Che ci fai a Deauville? Domattina devi lavorare a Lille!». Io avvertii mia moglie, che replicò: «Come mai quando perdi sei solo, e quando vinci siete in tre?».

Non avevamo ricevuto un'accoglienza propriamente regale. Niente di grave: avevamo partecipato, in anticipo sui tempi, a *Una notte da leoni* a Deauville. Ed eravamo felici della nostra impresa. Questa profonda complicità fu rafforzata da qualche serata musicale, nella quale io strimpellavo un po' la chitarra acustica mentre Fabrice Divert, mastro cantore, declamava il repertorio di Jean-Jacques Goldman. Il tutto condito da sketch improvvisati. Mi sembrava di tornare all'adolescenza, quando, insieme ai miei cugini, organizzavo spettacoli teatrali nelle Ardenne. Purtroppo fu solo un breve periodo. Avevo spesso mal di schiena e facevo il titolare più in infermeria che sul campo. Daniel Jeandupeux, che aveva sostituito Robert Nouzaret, non era contrario al prolungamento del mio contratto, ma io esitavo ad accettare. Ero proprio un cretino... Non avevo alcuna prospettiva, eppure mi davo delle arie! Che cosa avevo in mente? Per l'ultima partita della stagione, il 22 maggio 1991, contro il Nantes di Jean-Claude Suaudeau, mi lasciò in panchina, mentre io speravo di giocare. Aveva deciso altrimenti, e io me la presi. Non era stato un bel gesto. Solo quando Fabrice Divert simulò un infortunio, a qualche minuto dalla fine, potei calpestare un'ultima volta il campo dello stadio Venoix. Grazie al mio amico. Dopo passai momenti durissimi. Durante un'amichevole con l'Union Nationale des Footballeurs Professionnels (UNFP), che comprendeva giocatori disoccupati in attesa di un ingaggio, mi infortunai di nuovo alla schiena. Finalmente, in agosto, Paul Orsatti mi chiamò per propormi di giocare a Martigues, in Deuxième Division. Perfetto! E poi, la catastrofe: un calcio aggressivo, molto fisico, nel quale faticavo a esprimermi; una grave distorsione alla caviglia e, per completare il quadro, dolori persistenti e sempre più forti nella parte bassa della schiena. La mia segreta speranza di rilanciarmi a Martigues per poi tornare in Première Division stava svanendo. Un dolore enorme, e una certezza: dovevo appendere le scarpe al chiodo e dedicarmi definitivamente a qualcos'altro. Ma a che cosa?

IV

Un'altra periferia

Grazie di tutto, ciao!

Ventotto anni. Si dice che a ventotto anni un calciatore sia nel pieno delle sue forze, e che abbia ancora davanti a sé tutte le opportunità di migliorare. A ventotto anni, Johan Cruijff aveva appena giocato la finale dei Mondiali del 1974 con la nazionale olandese e vinto il campionato spagnolo con il Barcellona. Alla stessa età, Michel Platini aveva ottenuto il suo primo Pallone d'oro e, giocando con la Juventus, era divenuto capocannoniere del campionato italiano. Entrambi erano ben lontani dal concludere la loro carriera, che avrebbe conosciuto altri grandi successi. Io invece, a ventotto anni, posi fine alla mia. Così presto. Una carriera troncata quando altre sono appena iniziate. Non voglio certo paragonarmi a quelli che ritengo i due migliori giocatori del mondo ma, poiché si tratta di due idoli della mia giovinezza, mi permetto questo accostamento azzardato; lo faccio per misurare meglio la distanza che mi separava da loro. La schiena a pezzi, un ginocchio in malora, una caviglia distrutta: la mia cartella clinica si riduceva a una lunga litania di problemi fisici. Non potevo più andare avanti. L'ultimo anno, a Caen, iniziarono le difficoltà. Molto serie. A Martigues la situazione a poco a poco degenerò, tanto che non ebbi più scelta: il calcio di alto livello per me era finito. Grazie di tutto, ciao! La cosa più difficile è abituarti all'idea che non ritroverai mai più le sensazioni uniche che trasmettono uno stadio in fermento o uno spogliatoio in subbuglio. E l'adrenalina che senti salire quando si avvicinano gli eventi, grandi e piccoli? Lo stress che ti invade prima di entrare in campo? La gioia irrefrenabile che provi segnando un gol? La vita in comune che ha scandito le tue giornate per tanti e tanti anni? Tutto finito. *The end.* Dovevo farmene una ragione e tornare con i piedi per terra, cioè a casa mia. A Corbeil.

La dura realtà del campo

In dieci anni la città era profondamente cambiata. Quand'ero ragazzo uscivo tranquillamente al mattino dall'appartamento in rue Marcel Cachin per andare al liceo. Attraversavo il sottopassaggio della stazione e, dopo duecento metri, uscivo in fondo al quartiere di Les Tarterêts. A quel punto risalivo lungo la strada che costeggiava la città per arrivare a destinazione. A piedi era facile, nessun problema. Una passeggiata tranquilla prima delle lezioni. Qualche anno dopo, la città dei Tarterêts era divenuta «a rischio», come denunciavano le numerose inchieste giornalistiche sulla difficoltà di vivere nelle *banlieues*. In concreto, questo significava che Corbeil non era più molto sicura e che era meglio evitare di frequentarla. Una cosa era certa: avevano sbagliato il piano urbanistico, progettandolo in modo approssimativo, con quei grandi edifici impersonali. Cosa ancora più grave, la concentrazione di immigrati ammassati nel medesimo universo di cemento dava luogo praticamente ogni giorno a tensioni e conflitti. D'altronde, la città dei Tarterêts non era l'unica ad aver subito una trasformazione: anche La Nacelle e Montconseil erano state definite «a rischio». Mio zio e mia zia abitavano a La Nacelle; di tanto in tanto andavo a trovarli, e conoscevo la maggior parte dei bambini della città; li ritrovavo nella squadra di calcio, del resto. Avevo ripreso servizio al Corbeil, nei dilettanti, come allenatore-giocatore. Soprattutto come allenatore, e la cosa mi bruciava non poco. Ero immerso, quindi, nel cuore delle nuove realtà di periferia. E non sempre era facile. Bisognava occuparsi di tutto, in una situazione in cui il tessuto sociale iniziava seriamente a deteriorarsi. Pianificare gli allenamenti, organizzare gli spostamenti, parlare della manutenzione dei campi con gli operai del comune, che conoscevo tutti perché lavoravano sotto la guida di mio padre, sorvegliare a destra, dare un'occhiata a sinistra. L'arte di arrangiarsi, insomma: tutto normale. E fare anche le veci della polizia, cosa meno normale ma necessaria. Di tanto in tanto mi scontravo con dei tentativi di intimidazione, perché il fratello di uno o il cugino dell'altro non giocava. Così iniziavano problemi, discussioni a non finire, atteggiamenti aggressivi. In tribuna, una volta, ho addirittura sentito minacce verbali del tipo «sappiamo dove abiti, stai attento». Lo facevano per esercitare pressioni, per spaventare, per influenzare le decisioni. In quei casi bisogna mantenere la calma e rivolgersi alle persone giuste, mostrare che non c'è alcuna corsia preferenziale e che tutti vengono trattati allo stesso modo. Certo, la dissoluzione o l'inaffidabilità del nucleo familiare spiegavano in parte alcune reazioni deviate, ma io non le accettavo. Volevo che il rispetto che mostravo a tutti quei giovani fosse ricambiato. Talvolta non esitavo a essere duro con loro, affinché capissero quali erano i limiti da non superare. Il rispetto degli orari, il rispetto degli altri, il rispetto delle attrezzature: in luoghi che spesso assomigliano a terre di nessuno, è ancora possibile che i ragazzi si adattino alle regole della vita in comune, a condizione di non cedere di un millimetro sui principi di base. Il razzismo, per esempio, che si può manifestare in entrambi i sensi. C'è la caricatura: i bianchi che stigmatizzano i *beurs** o i neri. All'inverso,

* Discendenti degli emigrati nordafricani che vivono in Francia.

i membri di una medesima comunità di immigrati che si coalizzano contro i bianchi. Nella mia squadra tutti si deridevano a vicenda, per la religione, il colore della pelle o le tradizioni. Non lo facevano con cattiveria, ma non volevo che questo atteggiamento degenerasse. E ciascuno, alla fine, rispettava il suo vicino di spogliatoio: il figlio dell'imprenditore così come il ragazzo di strada. Tutti sulla stessa barca. Facevo molto affidamento sul senso di responsabilità dei fratelli maggiori. Potrei citare come esempio la famiglia Diagouraga, che viveva nei Tarterêts. Ho avuto in squadra Demba, un giocatore dal sinistro eccezionale, e un po' più tardi suo fratello Amadou. Samba era il maggiore, un centravanti di buon livello che usava la propria influenza su di loro per tenerli inquadrati e indirizzarli sulla strada giusta. Era stato anche assunto dal comune come mediatore sociale. Un altro aspetto della degradazione delle regole di buona condotta: in alcuni luoghi bisognava muoversi con cautela. Ad Aubervilliers o a Noisy-le-Sec, per esempio, era meglio non mettersi in mostra. Giocare, preferibilmente vincere, non fare i gradassi e tornare in fretta nel proprio dipartimento. Tuttavia, potevo contare su alcuni veterani della regione parigina che non si lasciavano mettere i piedi in testa e, all'occorrenza, sapevano replicare. In quel clima un po' particolare conobbi le mie prime soddisfazioni di allenatore, con quello stesso Corbeil-Essonnes che mio padre aveva allenato. La promozione nel Championnat de France Amateurs-2 (CFA2), conquistata con grande entusiasmo per uscire da una Division d'Honneur molto elevata, resterà un ricordo indelebile, così come l'eccellente stagione nel CFA2 che seguì. Una delle cose di cui vado fiero è avere permesso a un giocatore del calibro di Walid Regragui di emergere. Giocava nella terza squadra juniores quando lo scoprii, per caso, durante una partita minore. Lo ingaggiai immediatamente per metterlo a disposizione della squadra della Division d'Honneur, e lui scalò tutte le tappe: al Racing Paris nel National,* al Toulouse nella Ligue 2, all'Ajaccio nella Ligue 1 e poi al Racing Santander nella Liga spagnola. In seguito tornò in Francia, al Grenoble, prima di venire con me al Dijon, nella Ligue 2, per poi diventare viceallenatore della nazionale marocchina, nella quale, durante la sua carriera, aveva rivestito il ruolo di difensore, titolare indiscusso. Una formidabile promozione personale. Lo cito spesso come esempio perché è davvero emblematico. Per molti giovani delle città, vittime del fallimento scolastico e della mancanza di prospettive, il calcio rappresenta una valvola di sfogo, una possibilità di riscatto. Un ascensore sociale sul quale è possibile salire, a condizione di avere un po' di talento e di lavorare. Lavorare molto. Altri settori come la musica o la moda possono offrire sbocchi verso il mondo delle imprese, ma il calcio resta, per loro, il trampolino principale verso un futuro migliore. Non voglio biasimare nessuno, ma credo che sarebbe urgente ripensare l'istruzione, che nella sua forma tradizionale non mi sembra più adeguata. Meglio prendere strade indirette e innovative che offrire i soliti corsi a giovani che non sono più ricettivi. Non ascoltano più perché ciò che insegniamo loro è divenuto inascoltabile. Allo stesso tempo, però, occuparsi dei quartieri a rischio e impegnarsi per il miglioramento delle condizioni di vita non significa elargire continuamente denaro senza alcuna contropartita. Infatti, se ogni lavoro merita una retribuzione, ogni retribuzione merita un lavoro. Nella mia «bolla» di giocatore professionista, forse non avevo colto questa profonda evoluzione della periferia, che resta uno dei temi più scottanti per la nostra società.

Non possiedo la ricetta miracolosa per la sua rinascita. Chi potrebbe avere una simile pretesa, del resto? Ormai da

* Championnat de France de Football National, un campionato semiprofessionistico che nel 1993 sostituì la Troisième Division.

molto tempo tutti riflettono sull'argomento. Io, però, sono convinto che la classe politica talvolta dovrebbe interessarsi a ciò che accade nelle squadre di calcio di quartiere per attingervi qualche idea.

L'università, la televisione, altre strade possibili

Questa esperienza nel mondo del calcio dilettanti era stata preceduta da un periodo piuttosto ricco di impegni di vario genere, durante il quale mi ero già rimesso in moto per inventarmi un presente e un futuro. Mille cose da fare per gettare un ponte verso una nuova attività che non conoscevo ancora e che contavo di imparare con il tempo. Prendere il diploma di allenatore, prima di tutto. La prospettiva di fare carriera in questa professione costituiva un'ipotesi fra le tante. Per renderla concreta, dovevo seguire l'iter normale e obbligatorio. Mi ero rimesso a studiare, frequentando l'università, a Orsay, per prendere il diploma di Scienza e tecnica delle attività fisiche e sportive, un percorso accademico che forma i futuri professionisti del settore. Infatti, per un periodo, avevo accarezzato l'idea di dedicarmi all'insegnamento, diventando professore di educazione fisica. Un possibile prolungamento della mia carriera di giocatore professionista. L'allenatore della sezione calcio, Bernard Guignedoux, era stato un giocatore professionista del PSG. Diventammo vicecampioni universitari di Francia dopo essere stati battuti in finale dal Toulouse, dove giocava Dominique Armand.

Oltre a questo, ero stato coinvolto nel lancio del «pay-per-view», per il quale Canal+ cercava persone che avessero esperienza sul campo. Fu Fred Bompard, con il quale avevo ripreso i contatti durante un tirocinio all'UNFP, a farmi questa proposta. Quel progetto era destinato a rivoluzionare il panorama audiovisivo del calcio. Grazie a un sistema di pagamento con carta, gli abbonati del canale criptato potevano seguire in diretta una, due o addirittura nove partite di ogni serata del campionato francese di Première Division. Mi piaceva molto girare la Francia per commentare le partite o fare interviste a bordo campo. Era come rimettere piede in un mondo che avevo abbandonato troppo in fretta. Da giovane volevo diventare giornalista sportivo e ora avevo l'impressione di realizzare in qualche modo quel sogno. Un'altra opzione plausibile per il mio futuro professionale. Sono un tipo piuttosto pragmatico: tento e sperimento tutto, poi decido. Ciononostante, nel profondo di me stesso, non mi bastava riciclarmi come consulente per un canale televisivo o professore di liceo: nutrivo un'ambizione molto più grande. Quando sei stato un giocatore professionista, sia che tu alleni una squadra a livello amatoriale sia che il calcio resti la passione della tua vita, non hai che un unico desiderio: ritrovare in fretta il mondo del calcio professionistico. Ancora una volta era necessario che si presentasse un'occasione e che qualcuno, da qualche parte, pensasse a me. Un proverbio egiziano dice: «L'uomo fortunato cade nel Nilo e ne riemerge con un pesce in bocca». Forse ho avuto fortuna, devo ammetterlo, ma credo di averla in qualche modo provocata.

V

Con le maglie verdi

Soler mi apre la porta

Nella mia stanza si vedeva solo lui. Un poster gigante di Dominique Rocheteau appeso al muro, la maglia verde attillata con la sigla di Manufrance, lo sponsor, e il bordino blu, bianco e rosso intorno al collo e ai polsi. E si sentiva solo il loro nome, nella canzone *Allez, les Verts!* interpretata da Monty, che ascoltavo di continuo con il mio giradischi e che era in cima alla mia hit-parade personale. Nel 1976 avevo dodici anni: come la maggior parte dei ragazzini della mia età, sono cresciuto nel culto del Saint-Étienne. Tutte le altre squadre erano relegate nell'ombra. Potevo recitare all'infinito, senza paura di sbagliare, il nome e il curriculum di tutti i giocatori, senza eccezione. A quell'epoca era impossibile sfuggire al fenomeno dei *Verts* che la televisione proponeva il mercoledì sera in diretta. Tutta la famiglia si riuniva per assistere allo spettacolo. Mi sono emozionato per il talento di Rocheteau, così come per le corse furiose di Patrick Revelli, il coraggio di Oswaldo Piazza o la classe di Ivan Ćurković. Saltavo, gridavo, incoraggiavo. Non era tanto il gioco della squadra a entusiasmarmi, quanto la sua capacità di superarsi e sollevare montagne. Che forza d'animo! Così, quando si schiuse una porta per farmi entrare nel tempio del Geoffroy-Guichard, nel giugno del 1998, avevo una sola idea in testa: prendere l'occasione al volo. Gérard Soler una mattina mi chiamò per avvertirmi che avrebbe ripreso in mano la squadra con Alain Bompard e che Robert Nouzaret sarebbe stato il nuovo allenatore: «Riavvicinati a lui, deve creare il suo staff, c'è un posto che ti aspetta» mi spiegò in fretta. Purtroppo, però, era già tardi: Robert aveva assegnato l'incarico di viceallenatore a Yves Brécheteau, e mi propose il ruolo, meno allettante, di preparatore atletico. «Te ne intendi un po'?» mi chiese. Gli risposi, con l'aplomb di chi non vuole perdere un'occasione irripetibile, che me ne intendevo eccome. Non potevo lasciarmi sfuggire l'opportunità di entrare nel circuito professionistico. E così lasciai i «miei» *Verts* del Corbeil-Essonnes per unirmi ai *Verts* del Saint-Étienne. Lo stesso colore per una prospettiva molto diversa. Quella dell'ASSE era il pilastro del nuovo triumvirato Bompard-Soler-Nouzaret: tornare in Première Division in due anni. Con Gérard, Robert, Yves e Fred Émile, il figlio di Henri Émile, che faceva a sua volta parte dello staff tecnico, trovammo rifugio al Novotel. La coesione della squadra prese rapidamente forma, e le serate trascorse davanti alla televisione a vedere le partite dei Mondiali del 1998 diedero un importante contributo. Che festa, tutti insieme, domenica 12 luglio, quando applaudimmo la vittoria dei *Bleus* sul Brasile! Memorabile.

«Ici, c'est le Chaudron»

La capacità di mobilitazione e di entusiasmo del pubblico di Saint-Étienne mi colpì sin dall'inizio. Ricordo una settimana in cui il calendario ci imponeva di giocare in casa tre volte di fila per due partite del campionato (Gueugnon e Valence) e una Coppa di Lega (Gueugnon). In otto giorni, trentatremila persone andarono per tre volte allo stadio. Centomila persone, e questo in Deuxième Division! Non mi ci volle molto tempo per capire che mi trovavo in un luogo unico nel suo genere. Robert, la cui forza e il cui talento consistevano nell'impregnarsi della cultura della squadra, ebbe un'idea geniale. All'uscita del corridoio degli spogliatoi, subito prima di entrare in campo, fece scrivere su un enorme pannello «Ici, c'est le Chaudron»,* frase che ricordava volutamente il «This is Anfield»** di Liverpool. Come un marchio di fabbrica. Un formidabile incoraggiamento a superare se stessi per chi portava la maglia verde e al tempo stesso un modo per incutere timore e soggezione agli avversari. Avevo trovato molto in fretta il mio posto nella struttura concepita da Robert, con il quale mi risultava facile lavorare. Essere il preparatore atletico della squadra non mi dispiaceva: l'avevo già fatto a Corbeil a livello amatoriale e a Saint-Étienne applicai un metodo abbastanza simile, riveduto e corretto dopo la lettura delle dispense fornite dalla Federazione. Il mio ruolo si trasformò nel tempo, poiché Robert delegava alcune responsabilità al suo entourage. Ci ripeteva spesso: «Non voglio che mi diciate sempre sì!», e ci raccomandava addirittura di metterlo in difficoltà. Nonostante fosse uscito dalla «vecchia scuola» in cui l'allenatore era da solo al comando, cercava di coinvolgerci e di creare un vero collettivo. Mi chiese di studiare il gioco delle squadre avversarie, un compito che mi appassionò e al quale mi dedicai con entusiasmo, elaborando delle relazioni tecniche e preparando dei video con le riprese filmate delle partite. Mi incoraggiò ad avvicinarmi ai giocatori, alcuni dei quali avevano più o meno la mia età. Nell'effettivo c'erano dei bravi ragazzi: Jérôme Alonzo, Lionel Potillon, Gilles Leclerc, Nestor Subiat, Jérémie Janot, Julien Sablé e Christophe Robert, solo per citarne alcuni. Senza dimenticare Claude Fichaux, che oggi è il mio vice... Ero al settimo cielo, proprio come la squadra, che si classificò prima e, con un anno di anti-

* «Questo è lo Chaudron».
** «Questo è l'Anfield»; «Anfield» è il nome dello stadio di Liverpool. Il motto è inciso su una targa nel muro della scalinata che conduce i giocatori sul campo.

cipo rispetto alle previsioni più ottimistiche, fu promossa in Première Division. Il «Calderone» bolliva. Tutti i semafori erano verdi.

Piccoli omicidi tra amici

Tornare ad alti livelli ci instillò un'ambizione dieci volte maggiore e, anche se in pubblico si ribadiva l'importanza di «consolidare» il risultato raggiunto, dentro di me sentivo crescere aspettative assai più elevate. Divenni il braccio destro di Robert. Non avevo fatto macchinazioni per mettere da parte Yves: era lui ad avere sempre più difficoltà a trattare con i giocatori. Io, invece, ero sempre con loro, in particolare con i due brasiliani, Alex e Aloisio, che la squadra aveva appena ingaggiato. Alex fece un'enorme fatica a adattarsi, al punto tale che rischiò di essere rimandato a casa. Dovetti insistere parecchio con Robert per convincerlo a portarlo in panchina in occasione della partita col Nancy, a fine agosto, quando stava pensando di rinunciare a lui. Ricordo ancora le argomentazioni che gli opposi prima che comunicasse il suo elenco di giocatori: «Che cosa ti costa dargli un'ultima possibilità? I suoi dribbling potrebbero servirci per affrontare una difesa rafforzata...». Avevo visto giusto: Alex entrò durante la partita, pareggiò e offrì al suo connazionale l'assist per il gol della vittoria. Una festa. Credo che Robert abbia apprezzato la mia tenacia. Grazie ai nostri due artisti, una dolce follia si impossessò del Geoffroy-Guichard, fino a quella famosa partita contro l'Olympique Marseille, durante la quale Alex segnò quattro gol. Li festeggiò facendo il passo della pantera, con gli artigli fuori e le zanne pronte a mordere, in una posa spettacolare che fece il giro delle televisioni. Non era facile tenerlo a freno, e so di cosa parlo. Pigro fuori dal campo, aveva una spiacevole tendenza a prendere peso e in certe sere non disdegnava la frequentazione di feste. Ah, le feste! Sapeva farle e condividerle con gli altri. Il pubblico comunicava con la squadra, nello stadio c'era una sorta di fusione; era bello da vivere, bello da vedere, quasi troppo bello per essere vero! Soprattutto, troppo bello per durare. Dopo la conquista del sesto posto, che ci lasciava alle porte dell'Europa, intorno a me vidi un'ambizione sempre più sfrenata. Le manie di grandezza guastarono la squadra, in un contesto locale in cui il minimo richiamo al passato glorioso turba gli spiriti più lungimiranti. Il pericolo era in agguato. Nessuno seppe prevenirlo, e fu l'inizio della fine. Il triumvirato Bompard-Soler-Nouzaret, del quale si vantavano tanto l'unità e la coesione, cominciò a incrinarsi. Tra di loro la corrente era sempre più alternata, e avevo colto alcuni piccoli segnali inequivocabili. Non ho mai saputo esattamente quali trame venissero ordite dietro le quinte, ma tutti e tre sembrarono girare un remake della serie TV *Family Murder Party*, della quale si conosce l'inevitabile fine. Il triumvirato «storico» Rocher-Garonnaire-Herbin si era dissolto in seguito all'affare dei fondi neri, e questo si spezzò al culmine delle sue possibilità. Ciascuno dei tre credeva di saper fare tutto molto meglio degli altri. Triste realtà. Robert cercava di procedere con cautela, ma Alain e Gérard, presi nella spirale del successo, vivevano in anticipo sui tempi la grande campagna europea dei loro sogni. Non poterono sopportare la sconfitta (3-2) subita a Strasburgo, durante la nona giornata, a cinque minuti dalla fine. Un calcio di punizione fu deviato dalla barriera e finimmo in quattordicesima posizione, a sette punti dalla capolista. Niente di irrimediabile in quella fase del campionato, ma Gérard, in preda al panico, silurò Robert a tre giorni dal suo cinquantasettesimo compleanno. Gran bel regalo!

Nell'ufficio di Bompard, tuttavia, troneggiava un disegno ispirato ai fumetti di Asterix, con la legenda «Nouzarix e Solerix». Il Saint-Étienne aveva perso la sua pozione magica. E il villaggio del Geoffroy-Guichard esplose. È il rischio che corre ogni triumvirato: quando i risultati smettono di essere conformi alle aspettative, chi occupa la posizione intermedia fra il presidente e l'allenatore pensa di essere capace di fare meglio, di essere una sorta di salvatore. E non fa nulla per salvare la testa di chi dovrebbe sostenere! Per me fu duro incassare il colpo: con Robert era nata una vera amicizia, adoravo quell'uomo schietto, onesto, gran lavoratore, dal carattere ben temprato e dalle idee chiare. Certo, più di una volta mi aveva pregato di stare al mio posto e di non esagerare, ma questo faceva parte del suo ruolo di capo. Quando partì per Tolosa avrei voluto accompagnarlo, perché pensavo che il mio destino fosse legato al suo, ma la dirigenza dei *Verts* oppose un rifiuto secco e definitivo. Era fuori discussione. Non avevo scelta: obbedii.

La meteora Toshack

Gérard prese in mano la squadra per la partita successiva, che avremmo giocato in casa contro il Rennes. Un fiasco completo, sancito da una nuova sconfitta (0-2) davanti a un pubblico disilluso. Per la prima volta i *Verts* rischiavano la retrocessione. Bisognava arrendersi all'evidenza: il mestiere di allenatore non era adatto a lui. Invece di spegnersi, l'incendio cominciava ad allargarsi. Si fecero allora i nomi di Patrick Rémy, Joël Muller, Oswaldo Piazza e persino Luis Fernández, ma, nello stupore generale, prevalse John Toshack, l'ex centravanti del Liverpool che, nel 1977, aveva eliminato i *Verts* dalla Coppa dei Campioni. Era divenuto un allenatore globe-trotter sempre pronto a partire: nel suo curriculum figuravano lo Sporting Lisbona, la Real Sociedad, il Real Madrid (con cui vinse il campionato spagnolo alla guida della famosa «Quinta del Buitre», stabilendo il record di centosette gol in una stagione), il Deportivo La Coruña e i turchi del Beşiktaş. Capii che la squadra aveva bisogno di un nome celebre: doveva organizzare un grande colpo mediatico per spegnere le polemiche e puntare al rilancio. Mi resi subito conto di ciò che si aspettavano da me: dovevo seguirlo passo per passo, talvolta come vice, ma anche come interprete. A parte «Bonjouuuuur», infatti, Toshack non sapeva una parola di francese. Il mio inglese e il mio spagnolo gli dovevano servire per legare con i giocatori. Non si poteva immaginare nulla di più complicato. Curioso modo di comportarsi, il suo. Mentre Robert attribuiva molta importanza ai rapporti umani, così fondamentali nel nostro universo, Toshack non vi prestava alcuna attenzione. Al mattino, quando arrivava, diceva un «Hello» collettivo, senza mai salutare personalmente i giocatori presenti nello spogliatoio; li teneva a distanza. Non si mostrava sgradevole ma io intuivo, dal suo atteggiamento, che non sarebbe rimasto a lungo con noi. Arrivava allo stadio dieci minuti prima dell'allenamento, mi prendeva da parte per darmi le indicazioni di base, e forza piccolo «Rouuuuuudi»! Non dovevo fare altro che tradurre e portargli i delimitatori. Di fatto, non ero niente. Non contavo niente. Concepiva un unico sistema di gioco: tre giocatori dietro, altri due nelle fasce, tre al centro, una punta e una seconda punta. La tattica che applicava consisteva nel lavorare sull'aspetto difensivo del suo 5-3-1-1. Aveva in mente solo quello schema e nessuna soluzione alternativa da proporre, e tantomeno da mettere in pratica. Durante la pausa invernale, la sera di giovedì 21 dicembre 2000, il Saint-Étienne si ritrovò al tredicesimo posto, a dodici punti dalla prima in classifica. Non c'era stato né un crollo né una rimonta dopo l'ingaggio di Toshack, come capita spesso quando un allenatore si ritrova catapultato in una squadra a stagione iniziata. E poi accadde l'impensabile. Mentre lo aspettavamo nell'autobus che ci doveva portare alla Grande-Motte per l'allenamento di ripresa, Soler ci pregò di partire senza aspettare oltre: «Non sarà più il vostro allenatore» ci informò con la voce fioca, prima di ordinare all'autista di mettere in moto. Certo, Toshack alloggiava in un albergo, rifiutandosi di stabilirsi in una casa; non aveva partecipato all'albero di Natale dei dipendenti della squadra; non lo vedevo particolarmente coinvolto nella sua attività; sembrava separato dalla vita del gruppo, ma non avrei mai pensato che ci lasciasse dall'oggi al domani senza neppure una parola di congedo...

Scappò come un ladro per raggiungere la Real Sociedad, che gli aveva rivolto inviti discreti e lusinghe. Quel famoso martedì 2 gennaio 2001, scoprii molte cose sulle usanze del calcio professionistico. Un mondo in cui tutto è possibile, tutto può distruggersi a una velocità sconvolgente, tutto viene rimesso in discussione per una parola infelice, una decisione affrettata o un litigio. In pochi giorni, tutto il lavoro svolto con pazienza in anni e anni può crollare. Il calcio talvolta mi fa pensare a un castello di carte, così bello e così fragile. Nell'agosto del 2000 eravamo pieni di speranze. Nel gennaio del 2001, l'ASSE entrava nella notte più buia. Lo scandalo dei passaporti falsi, scoppiato nel mese di dicembre, indusse certamente Toshack a organizzare la fuga. Alla crisi sportiva, infatti, si aggiungeva il tracollo morale. Nel corso della stagione, Alex aveva cambiato nazionalità: brasiliano in agosto, quattro mesi più tardi si trasformò in portoghese. Levitsky, invece, da ucraino divenne greco. E questo grazie agli stessi raggiri cui ricorreva la maggior parte delle squadre francesi. Il Saint-Étienne, però, denunciato da rivali con pochi scrupoli, si fece scoprire dalla polizia, e cominciarono ad arrivare le sanzioni, che sfociarono nella sospensione dei due giocatori incriminati e di Soler, giudicato responsabile e colpevole, oltre che nella perdita di sette punti in classifica. Colpita al cuore, la squadra rischiava di colare a picco.

Una convivenza impossibile

In quell'atmosfera divenuta irrespirabile, bisognava mantenere la mente fredda e avere le idee chiare. Non era così facile. Alla Grande-Motte, Soler mi sollecitò a riprendere la squadra, cosa che ero pronto a fare, poi cambiò idea. Bompard aveva ceduto alle pressioni di Jean-Guy

Wallemme, che ambiva a diventare allenatore-giocatore. Capitano della squadra, affermava di essere sostenuto dalla maggior parte dei suoi compagni, e questo argomento convinse il presidente. Il duo Bompard-Soler preferì non scegliere: ci propose come coallenatori in una formula inedita di «autogestione», nella quale Soler garantiva un ruolo ibrido di coordinamento. Questa soluzione mi lasciava perplesso; ero convinto che non avrebbe funzionato e ci avrebbe condotti in un vicolo cieco. E tuttavia non potevo rifiutarla, per il bene di una squadra in pericolo che volevo continuare a servire. Per cercare di convincermi, Gérard apportò delle modifiche al mio contratto e mi garantì che, a partire da gennaio, mi sarebbe stato corrisposto uno stipendio mensile di centomila franchi, ovvero quindicimila euro. Non avevo mai guadagnato una simile cifra in tutta la mia vita, ed era facile fare un confronto perché due anni prima percepivo il salario minimo collaborando con Canal+ e allenando il Corbeil. Cercai comunque di «strappare» qualche soldo in più in una rivendicazione improvvisata, ma Gérard rifiutò con una frase che pose fine a ogni mia velleità: «Rudi, sono centomila franchi: sappi che in vita tua non guadagnerai mai di meno!». Una prova della stima che aveva per me. Gérard mi piaceva, ma forse era troppo buono e troppo influenzabile per poter ricoprire ancora a lungo quell'incarico: a forza di avvicinarsi troppo alla linea bianca, infatti, talvolta si esce di strada. Jean-Guy non aveva alcuna idea di come preparare e guidare una sessione di allenamento, e lo ammetteva. Al contrario di me, inoltre, prediligeva le opzioni difensive, quindi la nostra convivenza non era semplice. Lui voleva mettere il freno a mano, io volevo accelerare: il punto di equilibrio era difficile da trovare, se non impossibile. Io pensavo che il gioco di attacco ci avesse fatto ottenere il sesto posto nella stagione precedente e che dovessimo proseguire in quella direzione per sperare di vincere. Lui non era d'accordo. Non avevamo mai avuto scontri particolari, ma un giorno non riuscii a tacere. Gli avevo rimproverato di voler insistere con il suo piano di gioco di breve respiro, mentre sapevo che progettava di andare a Lens qualche settimana dopo per riprendere in mano la squadra. Ricordo di avergli detto: «In luglio, quando non sarai più qui, moriremo con le tue idee piuttosto che con le mie!». Per le ultime tre partite mollò la presa, mi chiese di sbrigarmela da solo e di gestire la squadra: il grave incidente dei passaporti falsi aveva provocato un tale fermento, e nei corridoi c'erano talmente tanti microfoni e telecamere, che avevo l'impressione di essere inutile in quel battello ebbro che faceva acqua da tutte le parti. A ogni tappa, il panico si impadroniva del personale, tutti correvano in ogni direzione e più nessuno era efficiente. Un disastro, sancito dalla retrocessione in Deuxième Division che i punti di penalizzazione avevano reso fatale. Quel periodo turbolento fu molto utile per la prosecuzione della mia carriera. Ne trassi almeno due conclusioni, per non dire due convinzioni: la prima, che bisogna saper restare lucidi nella tempesta, anche la più violenta, sapersi fermare due minuti per cercare di capire la situazione e analizzarla; la seconda, che è preferibile non scendere a patti con le idee altrui, se non si condividono, e mettere in pratica le proprie. Pensavo di restare al mio posto e di permettere al Saint-Étienne una rimonta immediata, seguendo l'esempio di Robert Nouzaret, che mi aveva messo in condizioni di fare carriera. La società, tuttavia, si orientò verso una scelta esterna e ingaggiò Alain Michel, reduce dal Grenoble, per riprendere in mano la squadra professionistica. Per me non era pensabile diventare il suo vice, come mi propose tentando di convincermi che non avevo altre soluzioni. Dalla partenza di Toshack ero in possesso di un contratto da allenatore titolare e volevo che venisse rispettato. Tuttavia, mi fu opposto un rifiuto secco e definitivo. Senza sostegno, senza reti, senza agenti, mi ritrovai per strada praticamente dall'oggi al domani. La lotta fu aspra e dolorosa. La mia istanza venne respinta dal Consiglio dei probiviri,* ma alla fine riuscii a vincere prima in appello poi in cassazione, qualche anno dopo, senza trarne una particolare gloria.

Ero venuto a Saint-Étienne non per fare la guerra ai *Verts*, ma per farla insieme a loro, preferibilmente guidandoli. Talvolta la propria storia personale segue percorsi bizzarri.

* Tribunale che nel sistema giuridico francese si occupa delle controversie legate ai contratti di lavoro.

VI

Olympique Marseille, un miraggio...

«Tapie è interessato a te»

Gérard Soler è rimasto al Lille per soli sei mesi, da gennaio a giugno del 1986, un lasso di tempo comunque sufficiente da permetterci di instaurare un ottimo rapporto. Anche se la sua formazione era avvenuta a Poissy, nella regione parigina, non molto lontano da dove vivevo io, non avevamo mai avuto l'occasione di incontrarci. Appartenevamo allo stesso ambiente ma, essendo lui in nazionale, si trovava in una categoria alla quale non ho mai avuto accesso. Fra l'altro, nutriva ancora la speranza di essere convocato per la fase finale dei Mondiali in Messico. Era un chiacchierone, spesso cantava e il suo buon umore era contagioso: negli spogliatoi non passava mai inosservato. Mi ero affezionato molto a lui, mi aveva proprio preso sotto la sua ala protettrice. Ricordo di aver passato l'esame per il brevetto di Stato con lui, al Centre de Ressources, d'Expertise et de Performance Sportives (CREPS) di Wattignies. Stavo per compiere ventidue anni, lui ne aveva dieci di più. È grazie a Gérard, che aveva parlato di me a Robert Nouzaret, che sono potuto uscire dall'anonimato, nel 1998, con la proposta di raggiungerli al Saint-Étienne, di cui era direttore sportivo. E sempre lui si era fatto vivo, nel 2001, per offrirmi una nuova prospettiva di lavoro alla quale sul momento avevo fatto fatica a credere. «Tapie è interessato a te» mi annunciò un giorno al telefono. E insistette: «Tomislav Ivič non resterà oltre l'inverno. Intanto perché non sta bene, ha problemi cardiaci e deve prendersi un periodo di riposo, e poi il capo non condivide più le sue idee di gioco. Vuole sostituirlo, e presto. Ha compilato una lista di allenatori nella quale ci sei anche tu, insieme a Jean Petit, Élie Baup e altri ancora come Mircea Lucescu».

Pur non rientrando nella cerchia ristretta di Tapie, e nemmeno nella dirigenza dell'Olympique Marseille, Gérard lo frequentava di tanto in tanto. Durante una cena con altri invitati ricevette il via libera dal presidente per contattarmi. Senza dubbio aveva insistito lui per tentare di aprirmi le porte di Marsiglia. Davvero gentile da parte sua. «Allora, ti va o no?» Caspita... io allenatore dell'OM? Mi davo i pizzicotti per riuscire a credere che mi stesse proponendo una simile opportunità. Erano quattro mesi che vivevo rinchiuso nella mia casa di Saint-Bonnet-les-Oules, sui monti del Forez, da cui ero uscito soltanto due o tre volte, per andare a vedere gli allenamenti di Jacques Santini, a Lione, o quelli di Rafael Benítez, a Valencia, necessari al conseguimento del DEPF, il diploma di allenatore di calcio professionista. Per il resto, mi rilassavo, guardavo le partite di calcio in TV o mi occupavo delle mie tre figlie, in particolare della più piccola, Léna, nata due anni prima a Saint-Étienne. E Bernard Tapie pensava di strapparmi a questa vita tranquilla e rilassante per farmi affrontare quella febbricitante e frenetica dello stadio Vélodrome? Be'... ci sto!

Debutto a Belfast

L'avevo visto solo una volta, il 16 settembre 1992, me ne ricordo come fosse ieri. Avevo coperto la cronaca di Glentoran-Olympique Marseille, per Canal+, come commentatore tecnico, in coppia con il giornalista Éric Besnard, che conduceva. Un bel ricordo. Durante il giorno avevamo passeggiato per le vie di Belfast, che sembrava una città assediata. Barricate innalzate lungo i marciapiedi bloccavano alcuni passaggi chiusi al pubblico, e avevamo dovuto mostrare i documenti ad alcuni militari che ci avevano intimato di porre fine al nostro giro turistico improvvisato. Il clima era teso, come allo stadio, dove l'OM non aveva lasciato alcuna speranza a un avversario (0-5) davvero debole. Al termine di questo primo incontro di Champions League, Tapie, entusiasta del risultato, ci propose di rientrare a Parigi sul suo jet privato. Éric e io ci guardammo, sconcertati, dopodiché accettammo questo invito piovuto dal cielo. Tapie si era messo ai comandi, suo figlio Stéphane poco distante, e noi, seduti dietro, quasi rannicchiati l'uno contro l'altro; emozionati nel trovarci in simile compagnia, non avevamo per così dire aperto bocca durante tutta la durata del viaggio. Bisogna avere chiara la situazione: Tapie «dominava» e, siccome non cercava in particolar modo di parlare con noi, avevamo mantenuto un silenzio pressoché totale! Tra la «bestia nera dei media» e lo sconosciuto ai più, la conversazione era quasi nulla. Comunque, all'arrivo all'aeroporto di Bourget, nel fresco della notte, lo lasciai con un «Grazie, arrivederci» convinto di avergli detto l'importante. Nove anni dopo, Gérard Soler mi suggeriva di dirgli «Buongiorno, grazie» per il nostro secondo incontro, più o meno. Per riprendere il rapporto esattamente dove l'avevamo lasciato. Perché avrei dovuto rifiutarmi di incontrarlo? Era stato l'unico presidente in grado di portare una squadra francese al vertice del calcio europeo, bisognava riconoscerlo. Al tempo stesso, mi ponevo questa domanda fondamentale: fino a dove può arrivare un uomo per dimostrare e sfoggiare la propria onnipotenza? Non essendo marsigliese, non vedevo solo rose e fiori. Ma non essendo antimarsigliese, non dipingevo tutto di nero. Otto anni dopo lo scoppio del caso Valenciennes-Olympique Marseille, si era voltato pagina. E i debiti erano stati saldati, mi sembra. D'altronde, Tapie non tornava forse sulla scena marsigliese, spinto dallo stesso Robert Louis-Dreyfus, e incoraggiato da tutto il mondo del calcio francese, che non trovava nulla da ridire? Non voglio sembrare presuntuoso, ma la sfida rappresentata dalla direzione tecnica di una squadra come l'OM non mi incuteva alcun timore. Certo non potevo vantare una lunga esperienza, e i miei due anni e mezzo passati al fianco di Robert Nouzaret, al Saint-Ètienne, o il mio impegno alla guida del Corbeil-Essonnes potevano risultare poca cosa agli occhi di qualcuno. Non importa: pensavo di avere le spalle sufficientemente larghe e forti per dirigere un gruppo di giocatori di alto livello e reggere la pressione. E soprattutto morivo dalla voglia di allenare. «Sì Gérard, ho deciso di accettare la proposta che mi è stata fatta. Come procediamo?»

Prima sì, poi no

Tre giorni dopo questa telefonata inattesa, mi ritrovavo nella tribuna d'onore dello stadio Vélodrome dove, muovendomi a piccoli passi, affascinato ed esaltato al massimo, mi chiedevo se la testa non mi sarebbe esplosa in mille pezzi. E se non stessi sognando a occhi aperti. Quel sabato, era l'8 dicembre 2001, l'OM ospitava il Lorient per la diciassettesima giornata di Ligue 1. Due squadre in difficoltà in una partita di metà classifica, quell'anno dominata dal Lens. Tapie mi salutò, senza particolare calore, mi fece due o tre domande, senza avere l'aria di prestare particolare attenzione alle mie risposte, mi disse che Zoran Vujović era in panchina e che si trattava di una soluzione provvisoria alla quale voleva porre fine. Il suo giudizio sembrava categorico: «Non è all'altezza». Non mi sentivo a mio agio di fronte a Tapie. Ma lo ascoltavo. «Mi serve un allenatore per arrivare a fine stagione, e oltre se ci troviamo.» Quella sera i marsigliesi non avevano regalato una prestazione di prim'ordine, ma alla fine avevano strappato la vittoria, dopo essere andati sotto di 1-2 nella prima ora di gioco. Fu il brasiliano André Luiz che li fece vincere a tre minuti dalla fine su calcio di punizione all'incrocio dei pali. In tribuna, le smorfie lasciarono il posto ai sorrisi. E ai sospiri di sollievo. Un attimo prima di scendere negli spogliatoi, Tapie prestò un orecchio distratto ai miei commenti e mi diede appuntamento per la sera dopo in modo da poter proseguire la discussione e fissare i termini del mio ingaggio. Trovavo i suoi modi un po' sbrigativi, per non dire insolenti, al limite della mancanza di rispetto, ma mi dicevo che dovevo riuscire a trovare un modo di frequentare questo ambiente nuovo e che toccava a me adattarmi a questi rapporti particolari. Lungo la strada di ritorno verso casa, contrariato, assistevo all'affastellarsi nella mia mente di idee in contraddizione l'una con l'altra, senza che riuscissi a riordinarle. Si avvicendavano con tale velocità che mi sembrava vano tentare di controllarle. Lasciamo che le cose vadano come devono andare, mi dicevo crollando dal sonno.

Domenica mi chiamò Avi Assouly, un giornalista di Radio France Bleu Provence che non conoscevo. Stavo cominciando a radunare le mie cose e a sistemarle in valigia. Nel giro di qualche minuto avrei ripreso la strada in senso inverso a quella percorsa la sera prima e avrei imboccato i larghi viali che mi avrebbero condotto verso la mia nuova vita. Marsiglia, la Canebière, il sole, il mare, la Commanderie, il Vélodrome, i tifosi... Avi ci aveva tenuto a precisare che scriveva sul giornale ufficiale della squadra marsigliese, e mi disse che Tapie, con cui era molto in confidenza, gli aveva appena assicurato che io sarei stato il prossimo allenatore dell'OM e gli aveva detto che avrebbe potuto chiamarmi per anticiparmelo. Entusiasta del suo scoop, deciso a essere il primo a rendere pubblica la notizia, Avi mi stava chiamando per una risposta a botta calda.

«Possiamo registrare un'intervista telefonica per l'edizione regionale di questa sera?»

«Sto partendo per Marsiglia, preferirei farla più tardi.»

«A che ora pensi di arrivare?»

«Verso le 18.00-18.30.»

«Ce la fai per il telegiornale delle 19.00?»

«Nessun problema. Ci sentiamo dopo.»

Ma non erano passate nemmeno due ore che Avi mi richiamò. Decisamente in anticipo rispetto all'appuntamento fissato. Stavo ancora guidando. Inserii l'auricolare e, tra i fruscii che mi impedivano di sentire alcune parole, le mie orecchie udirono una conversazione incredibile.

«Rudi? Sono Avi. Senti, ho appena ricevuto delle informazioni della squadra. Informazioni di prima mano.»

«Quindi?»

«Informati, la faccenda è sfumata.»

«Come?»

«Dove sei?»

«Sulla strada, fra circa tre quarti d'ora sono lì.»

«Nessuno ti aspetta a Marsiglia, Rudi. Tapie ha deciso per Albert Emon, che riprenderà la squadra lunedì mattina e metterà insieme lo staff tecnico con Vujović, Lévy e Trouabal. Il ritorno di Ivić è previsto per il 2 gennaio. Non sei più in lizza. La questione è chiusa. Tapie ne ha appena parlato con me. È stato categorico.»

«Ma cosa dici?»

«La verità, Rudi, solo la verità. Puoi tornare indietro, qui nessuno ti riceverà.»

Imbarazzato, mi spiegò che si era trattato di un contrattempo dovuto a delle complicazioni interne e che a Marsiglia succedeva spesso. Gli avevo assicurato che, pur non avendo davvero parlato per due ore a quattr'occhi con Tapie, mi ero già calato nella parte dell'allenatore dell'OM. Mi spiegò in modo assai eloquente il microcosmo marsigliese, raccontandomi degli scossoni che stava subendo, delle correnti contrastanti che lo sballottavano, e io non riuscii a capire se si trattasse di un'accusa o se fosse una semplice constatazione da parte sua. Prima di salutarmi, si scusò per avermi illuso e mi lasciò come «rintronato» sulla corsia d'emergenza dell'autostrada, la cui arteria Nord-Sud si era interrotta bruscamente per me. Indietro tutta! Ogni volta che sono tornato a Marsiglia, non ho mai potuto non ripensare a questo episodio e fare a meno di lanciare uno sguardo furtivo sulla tribuna d'onore dello stadio Vélodrome, dove la mia vita professionale per poco non si ribaltò. Che cosa ne sarebbe stato della mia carriera di allenatore se Tapie avesse mantenuto i suoi impegni? Se mi avesse dato fiducia anziché venir meno, all'ultimo momento, alla parola data? Onestamente non saprei rispondere, e mi chiedo anche se abbia senso porsi una domanda simile. Mi ero mosso con un pizzico di incoscienza e un filo di ingenuità. Ero giovane e pieno di entusiasmo. Mi ero preso una bella lezione. Ne avrei fatto tesoro.

VII

Alla prova del gioco

Sulle orme dell'alto livello

Costretto a una pausa prolungata dopo lo scontro con il Saint-Étienne, avrei utilizzato questo periodo che speravo provvisorio per completare l'ultima tappa della mia formazione come allenatore. Raymond Domenech e Jean-François Jodar gestirono la prova di DEPF al termine della quale otto candidati su ventisei aspiranti ottennero il diploma di allenatore di calcio professionista. Non particolarmente terribile come bilancio. Mi erano sembrati molto concilianti con i ragazzi già affermati, e piuttosto inflessibili con quelli che lo erano meno. Da qui l'increscioso epilogo che non piacque ad Aimé Jacquet. Quando venne a sapere i risultati non nascose la propria irritazione. Riteneva che almeno la metà degli allenatori iscritti avrebbe dovuto superare la sufficienza. A Clairefontaine, la Direzione tecnica nazionale (DTN) dovette affrontare qualche turbolenza. Fuori degli edifici soffiava un forte vento mentre lungo i corridoi del centro faceva caldo, molto caldo. Io ero convinto di avere consegnato una buona prova, e ne ricevetti conferma quando vennero annunciati i risultati. Mi ero piazzato al quarto posto, non molto distante da Didier Deschamps, che aveva ottenuto la media più alta del corso, e da Jean-Pierre Papin e Loïc Amisse, che erano stati ripescati. Che viaggio per arrivare fin lì! Ci avevo messo una buona decina d'anni per raggiungere la «consacrazione». Ma non avevo perso tempo. Nell'autunno del 2001, all'interno della mia sessione di DEPF, mi ero trasferito a Valencia per lo stage di osservazione, aiutato da un mio ex compagno di squadra del Lille ben inserito: Jocelyn Angloma. Apprezzavo il gioco praticato dalla squadra spagnola, che aveva anche l'immenso vantaggio di appartenere alla terra dei miei avi. Due buone ragioni per vedere, dall'interno, il funzionamento di una delle migliori squadre europee del momento, che aveva inanellato due finali consecutive di Champions League, prova del suo valore. Ex allenatore del Tenerife, Rafael Benítez aveva sostituito Héctor Cúper. Fu così che lo conobbi. Anche Benítez aveva migliorato la sua conoscenza del calcio visitando numerosi club in giro per l'Europa, soprattutto in Italia, al Milan, alla Juventus e alla Fiorentina. Il suo mentore era stato Arrigo Sacchi, dal quale apprese le basi del suo metodo, in particolare la difesa a zona e il pressing. Ma, come mi confidò in occasione di uno dei nostri numerosi scambi: «Anche se sarà influenzato da uno o più allenatori, è tuttavia impossibile ripetere ciò che hanno fatto gli altri. Tocca a lei, e soltanto a lei, creare il suo sistema».

Non rappresentavo nulla per lui, eppure si mostrò generoso, aperto e disponibile. Mi diede il permesso di assistere ai suoi allenamenti e mi lasciò studiare le sue disposizioni prima delle partite. Dal punto di vista difensivo, la sua squadra si organizzava come un balletto. Si spostava in modo formidabile alla ricerca del pressing e creava densità nella zona del campo in cui circolava la palla: fattori alla base del suo approccio tattico. Benítez sembrava attento al minimo dettaglio ed era appassionato dei calci piazzati. A partire dai calci da fermo, quelli di punizione laterali o i corner, pianificava delle combinazioni con cambi di direzione, tagli, riempimento o svuotamento dello spazio. Cercava sempre l'errore nel campo avversario in tutte le fasi di gioco. Basato sull'intransigenza, anche nel linguaggio, e sulla disposizione d'animo, il suo metodo era un miscuglio di diverse culture: spagnola, brasiliana, italiana e anche inglese.

Un altro aspetto in lui che mi catturava erano la divisione e la parcellizzazione dei compiti all'interno dello staff tecnico che lo circondava. Voleva un'assistenza perfetta, un sistema abbastanza ampio che gli permettesse di concentrarsi su alcuni aspetti fondamentali. Si dimostrava puntiglioso sui posizionamenti e gli spostamenti dei suoi giocatori e traeva dall'utilizzo dei video un mezzo per apprendere, capire e risolvere. Ci siamo ritrovati, qualche anno più tardi, in Europa League, lui alla guida del Liverpool, io del Lille. All'andata, ci era riuscita l'impresa di vincere 1 a 0, su calcio di punizione di Eden Hazard, ma nel girone di ritorno eravamo stati sconfitti seccamente, 3 a 0, senza mai entrare davvero in partita. Al termine del match, davanti ai nostri pullman, mi era venuto incontro per stringermi la mano e chiacchierare un po'. E mi aveva detto, senza troppi giri di parole: «Rudi, questa sera la tua squadra era troppo scoperta in difesa. Ha lasciato troppo spazio e occasioni ai nostri giocatori. A questo livello, non te lo puoi permettere. Devi essere più solido...». La sua franchezza mi era piaciuta.

Al Liverpool il preferito di Benítez non era né Steven Gerrard né Jamie Carragher, e nemmeno Fernando Torres, come credevano alcuni, ma Dirk Kuyt, che incarnava la disposizione d'animo che richiedeva ai suoi giocatori. Questa osservazione mi è sempre rimasta impressa. Kuyt era senz'altro meno in vista degli altri, ma non si lasciava sfuggire nulla. Aveva una mentalità da conquistatore e da combattente. Un giocatore prezioso, che faceva gioco di squadra.

Benítez sarà uno dei primi a inviarmi un SMS di congratulazioni per il titolo di campione di Francia 2011. Ho apprezzato davvero molto questo pensiero gentile.

Un condensato di Suaudeau e di Hidalgo

Quando si è giovani e pervasi dalla passione per il calcio, tutti i pensieri convergono sui giocatori, che vengono idealizzati. Non si conosce nemmeno il nome dell'allenatore, e tantomeno la sua importanza nella gestione e nell'organizzazione della propria squadra del cuore. I miei primi ricordi, che coincidono con le mie prime emozioni, mi riportano alla Coppa del mondo del 1974, con la nazionale olandese che seguiva l'esempio dell'Ajax di Amsterdam: un calcio nuovo, totale, che implicava il controllo di palla, e quindi del gioco. Questa caratteristica mi aveva segnato.

Non dimenticherò mai quella famosa domenica 7 luglio 1974! Come la maggioranza dei ragazzi della mia età, ero un fervente sostenitore degli Arancioni di Johan Cruijff. La mattina della finale, avevo organizzato una sorta di prova generale a Subbuteo con il mio amico Jean-Philippe, che abitava nell'appartamento sotto al nostro. Rilancio di Jongbloed sui piedi di Suurbier, cross di Keizer e tiro di Neeskens: gli olandesi erano i signori assoluti sul mio campo da calcio, tra le quattro mura, a Corbeil. Indistruttibili e vittoriosi, inevitabilmente. Salvo che, nel pomeriggio, all'Olimpiastadion di Monaco, il copione non fu lo stesso. Credo di non essere stato l'unico a pensare, all'epoca, che una folle ingiustizia avesse accelerato la loro disfatta, quando vennero battuti dalla Germania Ovest. Ero a terra. Se mio padre mi citava spesso il nome di Pelé, che incantò la sua generazione, a me era quello di Cruijff che entusiasmava di più. Veloce con la palla al piede, capacità di dribblare e sbarazzarsi dell'avversario, era calcio in movimento, leader tecnico e morale: era il prototipo del giocatore inarrivabile. È con lui che è avvenuta la mia iniziazione al calcio. Un modello – cosa dico, un idolo – che non mi abbandonerà mai. Ce n'è stato un altro, più avanti, ma era francese: Michel Platini, una macchina da gol che avanzava a testa alta, sempre alla ricerca del passaggio giusto e del coinvolgimento del compagno. Anche lui rappresentò per me un punto fermo, quando giocavo come centrocampista nella mia squadra.

Da bambino ero un patito anche delle partite europee del Saint-Étienne trasmesse alla televisione. Mi piaceva il formidabile tentativo di superare sempre se stessa che animava la squadra, la sua psicologia eccezionale, la sua capacità di capovolgere le situazioni e qualche volta di sollevare anche le montagne. Le parate di Ivan Ćurković, le «cavalcate» di Oswaldo Piazza, i rush di Patrick Revelli, i dribbling di Dominique Rocheteau... Mi piaceva tutto dei *Verts*. Ma i miei gusti personali mi porteranno prima verso il gioco del Nantes, che scoprirò un po' più in là, sul finire degli anni Ottanta.

Imparai a conoscere Jean-Claude Suaudeau prima, e Raynald Denoueix, che fu il suo erede, poi. La mia vera cultura calcistica viene da loro, in un periodo della vita in cui il mio giudizio era più affinato ed ero più maturo. Suaudeau aveva idee molto decise. Gli piaceva un calcio semplice, di squadra, limpido, in movimento, fatto di abilità tecniche, e sempre orientato verso la sua gioia naturale, quella del gol segnato. Credeva in uno stile intramontabile all'interno del quale tutti i giocatori, ognuno con le proprie qualità, potessero esprimersi davvero. Ne fece una morale, una scuola, quasi un'accademia. In Francia non esistevano sistemi di pensiero specifici che si traducessero sul campo da gioco. Ma non lo trovavo perfetto: per esempio era privo della capacità di comunicare, una qualità sempre più importante nel mestiere dell'allenatore, che un uomo come Michel Hidalgo, invece, possedeva alla perfezione. Mi piaceva il suo modo di esprimersi con parole scelte sempre accuratamente e strutturate in frasi meravigliose. Si teneva sempre al di sopra della mischia, rifiutando polemiche sterili e ragionamenti mediocri. Possedeva un vero carisma, che manteneva con una riuscita esemplare alla guida della nazionale francese. La fece progredire con dei principi di gioco che mi soddisfacevano. Nella mia immaginazione, l'identikit dell'allenatore ideale mischiava in un sapiente connubio Suaudeau e Hidalgo.

Marchio di squadra

Molto presto cominciai a interessarmi al percorso dei tecnici, alla loro strategia, al loro modo di guidare la squadra, ai loro principi, alle loro idee. A tutto ciò che dicevano sul calcio e riguardo al loro mestiere. Divoravo tutte le interviste degli allenatori famosi pubblicate su «L'Équipe» e «France Football», poi le ritagliavo per archiviarle, in modo da poterle consultare di tanto in tanto. Leggere e rileggere. Apprendere e comprendere. Informarsi e impregnarsi. Ho sempre pensato fosse giusto ascoltare ciò che hanno da dire le grandi figure di questo sport, e spesso ho ritenuto giudizioso ispirarmi al loro messaggio. Ricordo ancora un'intervista a Johan Cruijff in cui diceva che nel calcio la corporatura non conta, facendo l'esempio di Xavi e Iniesta. Svelava la filosofia del gioco, quella che il Barça applica da diverse generazioni, a prescindere dall'influenza immediata dei suoi allenatori e dei suoi giocatori, che sono destinati a passare. Il suo discorso risultava così appropriato.

Come Benítez, ho studiato anch'io i principi di gioco di Arrigo Sacchi, che hanno portato alla trasformazione radicale del Milan degli anni Novanta. Come può un uomo stravolgere fino a questo punto la mentalità e i codici del calcio italiano, che si pensava fisso nei suoi eterni dogmi difensivi? Un ottimo argomento di indagine e di riflessione. Non so se esiste un'analisi di questo tipo, ma la sua impronta, in serie A, è ancora molto viva. Mi rendo conto oggi della sua portata in un campionato italiano assai meno sclerotizzato di quanto si dica, in cui la media dei gol a partita è in continuo aumento. Mi chiedono spesso che tipo di calcio preferisco. Per spiegare la mia filosofia, rispondo immancabilmente così: al gol all'incrocio dei pali su calcio al volo da venti metri che esalta il talento individuale, preferisco la rete segnata al termine di una lunga azione collettiva, nata da un movimento globale, con una serie di passaggi che coinvolgono più uomini, con tocchi di prima e, infine, il giocatore che smarca con generosità il suo compagno. La parola *squadra* esprime bene, secondo me, ciò che denota: una somma di giocatori e di personalità. È il legame da creare fra loro che trovo appassionante. Denoueix ha espresso il concetto molto bene: «Un giocatore vale molto. Un altro giocatore vale molto. Ma il rapporto tra i due non ha prezzo». In quella occasione, ha riassunto perfettamente l'essenza del calcio. Spingendomi un po' oltre, preferisco Xavi e Iniesta a Messi, perché ho sempre avuto un debole per quelli che dirigono la manovra e gestiscono il gioco degli altri. Anche se non sottovaluto l'influenza del giocatore con ottime qualità che permette alla sua squadra di raggiungere un livello altissimo. Mi piace quando uno squadra esprime una reale identità di gioco, che si distingua dagli avversari in quello che dimostra collettivamente in campo. Vincere è lo scopo del mestiere di allenatore. Ma vincere senza giocare bene, alla lunga, non credo sia possibile. Se fate giocare bene la vostra squadra, avrete più possibilità di ottenere la vittoria. E poi c'è un altro aspetto, molto importante per i giocatori che allenate: quello del piacere. Non potete chiedere loro di difendere sempre, di avere una visione ristretta del loro ruolo e di adattarsi costantemente all'avversario. Psicologicamente, è usurante, e prima o poi molleranno. Invece, portando motivazioni di gioco più positive, coinvolgendoli in un progetto appassionante, offrite loro la possibilità di provare piacere. Grazie a mio padre, mi sono immerso in questa cultura di gioco, in questa ricerca dello spettacolo per soddisfare il pubblico. Anche per questo alcuni mi immaginavano un giorno allenatore in Spagna. Non esiste una filosofia migliore di un'altra ma, secondo me, il calcio del possesso palla e dei passaggi continui è quello che funziona meglio e che dà i risultati migliori. Con un'avvertenza però: non deve far dimenticare l'importanza della difesa. Per questo non mi stanco mai di insistere con i miei giocatori sul recupero collettivo della palla. Nel momento in cui la vostra squadra lo gestisce, possiede gli strumenti per utilizzarlo bene. Non tralascio mai la nozione di duello, perché voglio convincere i mie difensori che, prima di essere bravi a respingere la palla, devono essere degli eccellenti... difensori! Quante volte l'ho detto ad Aurélien Chedjou, che avevo piazzato difensore centrale, al Lille, e che poteva qualche volta dimenticare qualche principio di base! Gli ho citato spesso Puyol come esempio per indicargli la via da seguire.

Ho costruito o cercato di far avanzare tutte le mie squadre con questi propositi di gioco, a Corbeil-Essonnes come a Saint-Étienne, a Digione come a Le Mans, a Lille come a Roma.

Non me ne sono mai dovuto pentire.

VIII

Costruire e maturare a Digione

Salvato dalle acque

Sullo schermo nero delle mie notti in bianco, all'improvviso si accese una piccola luce. Ero ridotto all'inattività dopo il mio abbandono obbligato del Saint-Ètienne, e un primo contatto rischiarò un panorama professionale piuttosto cupo. Un anno di disoccupazione, un anno di ripieghi, un anno di perplessità. Sarà la fine del tunnel? Impegnato in CFA, il Paris Football Club (PFC) cercava un allenatore in vista della stagione sucessiva e, secondo voci insistenti, i suoi dirigenti oscillavano nella scelta tra me e Sylvain Matrisciano, uno dei miei ex compagni di squadra al LOSC. Mi interessava, ovviamente. Mi sentivo pronto a studiare tutte le eventuali proposte. Avevo un formicolio alle gambe. Un giorno, Sylvain mi chiamò per congratularsi.

«Congratularti per cosa, Sylvain?»

«Be', ti hanno preso, no? Sbaglio o sei il nuovo allenatore del PFC?»

«Lo apprendo ora. Non ne sapevo niente.»

«Ah, ok, eppure credevo...»

Andando a caccia di informazioni, seppi che non ero più in lizza con Matrisciano ma con Jean-Guy Wallemme. Wallemme sulla mia strada, di nuovo! Me lo comunicò il presidente del PFC, a cui risposi in modo gentile ma determinato: «Ritenetemi fuori. Prendete Wallemme, andrà benissimo così...».

Il secondo invito della primavera del 2002 risvegliò maggiormente il mio interesse. Veniva da Bernard Gnecchi, il presidente del Dijon. Campione CFA nel 2000, lottava nel National per non retrocedere. Combatteva contro diverse squadre, tra cui Pau, Brest, La Roche-sur-Yon o Noisy-le-Sec, che vendevano anche loro cara la pelle. Gnecchi conosceva la mia situazione personale. Mi chiese che cosa pensavo della sua squadra e mi propose di dargli qualche consiglio, perché sentiva che stava prendendo una direzione preoccupante. Mi invitò a osservarla dall'alto delle tribune dello stadio Gaston-Gérard in occasione di una partita giocata in casa di cui facemmo il debriefing subito dopo. Allenata da Mario Relmy, che aveva sostituito Daniel Joseph a stagione avviata, annoverava nei suoi ranghi giocatori validi, ma non riusciva a uscire dalla zona a rischio. Fino al termine del campionato, la minaccia della retrocessione continuò a gravare sulla squadra.

Il Dijon andò in trasferta a Pau per la partita successiva, in occasione della trentottesima e ultima giornata di campionato. Una sconfitta con più di due gol di scarto l'avrebbe irrimediabilmente condannata. Senza saperlo, forse stava giocando per il mio futuro, visto che il presidente mi aveva avvisato: Relmy non rimarrà al suo posto. Decisi di spostarmi nel Sudovest.

Partii di prima mattina da Saint-Étienne, sfrecciando in direzione sud per recuperare Fred Bompard a Béziers, dove il suo contratto rischiava di risolversi prematuramente. In caso di accordo con il Dijon, volevo averlo al mio fianco. Mi serviva un vice, e pensai a lui, che non aveva nulla in contrario, anzi. Da quando ci conoscevamo, la nostra fiducia reciproca era totale. All'intervallo, il Pau vinceva già 2-0 e noi eravamo «sbalorditi». A quel ritmo, non c'era alcuna speranza di salvarsi. Ma bisognava fare i conti con la capacità di resistere del Dijon, che non incassò più alcun gol e... con il crollo del Boulogne-sur-Mer che, dopo la batosta subita in casa dall'Angoulême (1-5), prese il suo posto sul carro del condannato. Il Dijon era salvo.

Una settimana dopo, Gnecchi mi convocò per una cena di lavoro. Mi aspettavo di vederlo a tu per tu, e di discutere con lui da soli. Errore su tutta la linea: erano stati invitati anche i membri del comitato direttivo del club, accompagnati dalle loro mogli, nonché diversi rappresentanti degli sponsor principali. Nella sala del ristorante regnava un clima da kermesse, non privo di fascino ma poco adatto alla riflessione. Un ragazzo adorabile, con un forte accento locale, mi apostrofò: «Senta, visto che i giocatori scivolano spesso in campo, perché l'allenatore non dice loro di mettere i ramponi per fare presa sul terreno?». Non avevo immaginato nemmeno per un momento che il mio colloquio di assunzione potesse prendere una piega così sconcertante. Tra risate e urla, tintinnii di bicchieri e forchette, tra pere, formaggio e buon vino della Borgogna. E domande sbalorditive. Ma dopotutto cosa importa: stavo trascorrendo una serata particolare ma molto piacevole.

Alla fine della cena il presidente mi rassicurò, anche se non avevo nessun tipo di ansia particolare: «Va bene! Vi affido la guida tecnica della squadra».

Mi nominava allenatore-direttore generale del Dijon, specificando che avrei dovuto collaborare direttamente con lui.

«È tutto da costruire» mi buttò lì quasi sfidandomi.

Il contratto era chiaro. Mi andava bene.

Iniziava una nuova vita. Finalmente!

Vera complicità

Originario di Bergamo, Bernard Gnecchi era a capo di un florido gruppo operante nell'edilizia e nei lavori pubblici che dirigeva con pugno di ferro. Un uomo deciso, che poteva rivelarsi duro, e perfino collerico, talvolta. Era capace di grande generosità ma, se aveva la luna storta, era meglio evitarlo. Io non mi potevo lamentare. Ero sempre in contatto diretto con lui, e apprezzavo il suo aspetto latino che rendeva il nostro rapporto molto facile.

Ben inserito nel tessuto economico, sociale e politico della regione, mi aiutò a integrarmi aprendomi tutte le porte in modo che non mi sfuggisse nulla dell'ambiente cittadino. Dal sindaco, François Rebsamen, con il quale pranzavamo due volte all'anno, al direttore dell'Auditorium, passando per i numerosi dirigenti d'azienda appassionati di calcio, particolarmente coinvolti nella vita locale, ero stato messo in contatto in poco tempo con tutte le personalità che contano.

Dopo ogni partita, sotto un tendone montato nei dintorni dello stadio, organizzava con gli sponsor una cena di due o trecento coperti, distribuiti in diversi tavoli. Gli piaceva coltivare questo aspetto conviviale, che poteva tradursi in iniziative sorprendenti. Come quando organizzava il concorso che dava ai fortunati vincitori, per esempio, la possibilità di calciare i rigori contro il nostro portiere, Barel Mouko. Ci capitava di trovarci in campo dei tizi in tenuta da allenamento, pallone sotto al braccio o quasi, per ritirare il premio promesso. Che risate delle volte! Scivolavano nel momento di colpire, si ritrovavano per terra e se ne andavano contenti. Bernard Gnecchi gioiva... nel rendere tutti felici!

Con Fred Bompard, che copriva contemporaneamente le funzioni di vice, allenatore dei portieri e responsabile della squadra riserve che giocava in CFA2, ci mettemmo in moto dal primo giorno. Organizzazione delle giornate dedicate ai provini dei nuovi talenti, valutazione dell'effettivo, presentazioni al personale, visita alle nostre strutture sportive, reclutamento sulla base delle amichevoli, ripresa dei nostri contatti nella regione parigina e altre mille piccole cose da fare urgentemente: non c'era un secondo da perdere per riavviare la macchina e dimostrare il nostro valore. Eravamo entrambi in pista dalla mattina alla sera. Ventiquattr'ore su ventiquattro, senza sosta. Tutto questo poteva talvolta assomigliare al lavoro del piccolo artigiano, ma niente avrebbe potuto frenare la nostra voglia di costruire delle basi solide. «Costruire» mi aveva chiesto Gnecchi... E avrebbe avuto il suo bel daffare: un centro di allenamento, una zona con tappeto erboso destinata ai professionisti, alcuni prefabbricati, dei locali per l'economato. Un cantiere enorme attendeva anche noi. Questo impegno totalizzante mi faceva pensare alla mia infaticabile attività a Corbeil-Essonnes, dove avevo dovuto cavarmela con quello che c'era. Nel complesso, potevo farcela.

Alloggiati all'Hotel Kyriad de Mirande, a poche centinaia di metri dal centro di allenamento, finivamo di notte quello che non eravamo riusciti a fare durante la giornata. I proprietari, i fratelli Massuco, Christophe e Bruno, diventarono presto nostri amici, e passammo insieme a loro momenti formidabili; eravamo entusiasti ed euforici.

Ho amato molto quel periodo.

Per spostarci, ci pigiavamo in minibus a nove posti. Ne noleggiavamo tre o quattro, e facevamo il viaggio di andata procedendo in fila indiana. Al ritorno, invece, ognuno prendeva la sua strada, con i suoi tempi: si cercava di rientrare il più velocemente possibile. E allora, ce la battevamo alla chetichella! Ero riuscito a convincere Gnecchi, nel caso di spostamenti lunghi, a prendere l'aereo. Accettò, ma in cambio volle che non pernottassimo in alberghi della Novotel o della Mercure, ritenuti troppo cari, ma in quelli della Ibis, una catena meno costosa. *Do ut des.*

Un anno il nostro aereo non aveva potuto decollare da Guingamp, dopo un classico 0-0. Fred doveva mettersi all'opera presto la mattina dopo: si occupava della squadra riserve che doveva giocare un'importante partita in trasferta. Io, invece, volevo evitare l'aereo per via di una fastidiosa otite, e per questo mi ero sistemato nel minibus che trasportava i nostri bagagli ai quattro angoli della Francia anche quando ci spostavamo in aereo. Chi c'era al volante del minibus? Fred in persona che, senza fare soste, macinò settecentocinquanta chilometri in una notte.

Il Dijon era anche questo: le piccole noie della vita quotidiana di una squadra amatoriale in una struttura professionale.

In virtù del mio doppio ruolo di allenatore e direttore generale avevo grandi responsabilità, compresa l'elaborazione del budget o la gestione delle trasferte, anche se Bernard Gnecchi era l'unico a firmare gli assegni. Ricevevo i procuratori dei giocatori e facevo una prima selezione a seconda delle nostre necessità. Mi capitò di essere io stesso l'oggetto di un'offerta particolare: una volta un procuratore mi propose di «mangiarci sopra», ovvero di prendere una mazzetta. L'accordo suggerito era chiaro: io sceglievo il suo giocatore e lui mi allungava un cifra congrua sottobanco. Non sapeva con chi aveva a che fare. Invitato a lasciare immediatamente la stanza, non rimise mai più piede nel mio ufficio.

Tra Bernard Gnecchi e me l'intesa era tale che talvolta facevamo il gioco delle parti con i calciatori e gli agenti. Durante la negoziazione del contratto, mi capitava di dire ai miei interlocutori che il presidente era contrario e che, essendo lui al di sopra di me, non potevo proseguire la trattativa, anche se questa non era proprio l'esatta realtà dei fatti. Ne uscivo senza avere l'aria di entrarci, insomma! Oppure, il presidente poteva assicurare a un giocatore che lui non ci teneva per nulla a ingaggiarlo, ma che era stato l'allenatore a insistere tanto per prenderlo. Si piegava dunque alla sua decisione. E naturalmente, una volta in campo, il calciatore mi confidava tutto.

C'era una vera e propria complicità tra me e il presidente, una sorta di intrigo che portava a un'intesa funzionale.

Stando con lui tutti i giorni ho imparato qualche trucco.

Il nostro affiatamento venne meno una sola volta. Alla vigilia di una partita non era più lo stesso uomo. Ossessionato dalla posta in gioco, perdeva il senso delle cose. Un giorno piombò nello spogliatoio, durante l'intervallo, mentre eravamo sotto di 3 a 0. Ero nero dalla rabbia e lo pregai di uscire immediatamente. Lo spogliatoio è territorio mio e dei giocatori, lui non doveva stare lì, soprattutto per comportarsi in quel modo. Ci fu tensione.

Il giorno dopo mi spiegai meglio: «Io non mi siedo accanto a lei, in tribuna d'onore, durante le partite, né accanto al sindaco per discutere della politica cittadina. Quindi le chiedo di lasciarmi gestire le questioni sportive. Decida se darmi fiducia o no...».

Non concepisco alcuna intrusione da parte del presidente di un club sul mio terreno, né nello spogliatoio, né in panchina. Dove non avrei mai accettato la sua presenza!

Taglio di cuori

Gnecchi mi lasciò comunque a capo del settore sportivo che era, in fondo, la mia principale preoccupazione. Potevo mettere in pratica le mie idee di gioco. In confronto al Saint-Étienne, dove avevo dovuto spartire il ruolo di allenatore con una persona che non condivideva le mie opinioni, era tutto diverso.

Nella prima stagione, avevamo varcato una soglia importante raggiungendo il quarto posto in classifica, che tuttavia non ci permetteva di accedere alla Ligue 2. Si erano uniti a noi Mallo Diallo e Maxime Poisson, del Racing Club, Fabien Vidalon, ex del Viry-Châtillon, e pure François Masson, che arrivava da Cannes, e rappresentava alla perfezione il tipo di giocatore che mi piaceva. Un numero 10 «vecchio stile», le cui qualità tecniche sarebbero state all'altezza di una squadra di Ligue 1. Al nostro ingaggio si aggiunse anche qualche contratto federale, dopo che il presidente, grazie ai suoi contatti con le aziende della regione, aveva ottenuto dei lavoretti per i giocatori o le loro mogli. Il piano di risanamento iniziava a dare i suoi frutti. Rimanevano da concretizzare tutti i nostri sforzi.

La seconda stagione si concluse con la squadra sul podio, e il terzo posto le permise di raggiungere l'obiettivo che ci eravamo posti: l'accesso in Ligue 2. Il «nostro» paradiso. Una liberazione che suscitò una considerevole passione in città, e che si accompagnò a una meravigliosa avventura umana in Coppa di Francia, un cammino straordinario che, purtroppo, si interruppe in semifinale. Era la prima volta nella breve storia del club che la squadra raggiungeva le fasi finali della competizione. E non si può certo dire che le varie «vittime» incontrate nel corso della stagione ci abbiano dato una mano. Quasi uno scherzo del destino: il Saint-Étienne eliminato ai calci di rigore dopo una lotta eroica su un campo difficile, contornato da uno spesso strato di neve. Poi anche il Lens crollò a regola d'arte di fronte a noi, seguito dal Reims, «il nemico storico», allenato da Ladislas Lozano, che cadde ai calci di rigore. Era la prima volta che mi capitava di vedere un allenatore sostituire un portiere a pochi minuti dalla fine dei supplementari per... perdere ai calci di rigore! La mossa, sorprendente sia nella forma sia nel contenuto, non gli era riuscita.

Siccome sognavamo tutti di affrontare delle squadre di Ligue 1 come il Paris Saint-Germain o il Monaco, la nostra trasferta ad Amiens, nei quarti di finale, fu per noi una vera delusione. Presto superata, comunque! Due treni TGV speciali portarono sul posto centinaia di tifosi del Dijon, che conobbero l'ebbrezza della vittoria, raggiunta a tre minuti dalla fine grazie a un gol di Sébastien Heitzmann, che in campionato segnava il 50 per cento delle nostre reti e che in quella circostanza divenne il nostro Signor 100 per cento: l'incontro si chiuse con il punteggio di 1-0.

Per alleggerire la pressione sui giocatori, avevo organizzato una chiacchierata fuori programma e insolita. Sulla mia lavagna a fogli mobili c'era un disegno che rappresentava Mouko, il nostro portiere, con dei guanti enormi che gli avrebbero permesso di parare qualsiasi tiro e delle molle sotto i piedi per alzarsi facilmente in volo. Accanto a lui, un ariete con sotto scritto il nome di Heitzmann, visto che il suo gioco da caterpillar travolgeva qualsiasi cosa al suo passaggio. Erano tutti morti dalle risate. All'arrivo, l'uno e l'altro fecero una prestazione di prim'ordine, prova che avevo individuato correttamente le nostre principali carte vincenti.

La cosa ancora più bella era che Barel Mouko usciva «dal nulla». Lo avevamo trovato in una squadra di France Corpo su segnalazione di un mio conoscente. Quando fece il provino al Dijon non aveva nemmeno i documenti in regola. Pensavo avesse delle qualità e, dopo avergli assegnato il ruolo di terzo portiere, in allenamento fece dei numeri. Alla fine, fu il portiere della promozione in Ligue 2 e il titolare durante i miei tre anni successivi in quel campionato. Niente male per un uomo che rischiava di essere rimpatriato! Nel suo paese, il Congo, divenne una star, e più avanti arrivò a giocare anche una partita in Europa League contro il PSV Eindhoven. Un successo umano e sportivo formidabile, che il calcio permette, talvolta, a coloro che ci credono.

La chiacchierata che precedette la semifinale contro il Châteauroux fu animata da Fred e dal nostro chinesiterapista, i quali, alla loro maniera, contribuirono a far esplodere l'ilarità generale. Immaginavano una partita a carte alla Marcel Pagnol, tra un giornalista che ci seguiva regolarmente e uno dei nostri tifosi che aveva sempre un sacchetto di plastica in mano. Anche lì una bella risata. L'incontro, però, non ci portò alcun sorriso: sotto di 2-0 nella prima mezz'ora, non riuscimmo più a entrare in partita.

Proprio quando si stava profilando la prospettiva di una finale allo Stade de France, mollammo la presa sul traguardo. Crudele verità del campo. Che peccato!

Una profonda delusione ampiamente compensata dal nostro passaggio in Ligue 2, da cui la squadra era uscita nel 1991. E dove voleva rimanere in modo durevole.

Un consiglio valido

Nella gestione della squadra mi ispiravo ai metodi di Robert Nouzaret. Fin dal primo incontro, nel 1988, a Caen, ero rimasto affascinato dalle sue qualità umane e dai suoi discorsi, che consigliavano un sapiente dosaggio tra le esigenze difensive e la libertà di fare. Sapeva coltivare gli equilibri di squadra e umani. Era un eccellente comunicatore e i suoi schemi alla lavagna non contenevano formule incomprensibili, ma erano pieni di ironia, buon senso e determinazione. Ed era capace di costruire.

Dieci anni dopo, al Saint-Ètienne, mi aveva reso partecipe del suo metodo. Aveva messo in piedi quello che definiva un «consiglio dei saggi», che riuniva quattro o cinque giocatori scelti da lui. Jérôme Alonzo, Norbert Subiat, Julien Sablé, Kader Ferhaoui e Patrick Guillou ne erano membri stabili. L'iniziativa, originale, perseguiva un obiettivo: coinvolgerli nelle sue scelte di gioco, discutere della vita di gruppo, utilizzarli come tramite, assegnare loro un ruolo nuovo e stimolante. Robert mi diceva che i tempi erano cambiati, che era finita l'epoca in cui un allenatore fondava il suo rapporto solo sulla motivazione individuale, faccia a faccia, per «fargli fare tutto quello che si vuole». Voleva individuare altre energie, tenendo conto del cambiamento nelle nuove generazioni e della mentalità diversa. Abbandonando ogni dogmatismo, puntava piuttosto sulla possibilità di esprimersi del giocatore e sulla riflessione collettiva. Era il suo credo, e divenne il mio quando se ne presentò l'occasione.

Proprio al Dijon avevo riprodotto questo schema per verificare che i giocatori si inserissero bene nel progetto. Dopo cinque o sei settimane di preparazione necessaria per affinare il mio giudizio e capire i caratteri di ognuno, avevo nominato il mio capitano, Stéphane Jobard. Durante tutta la nostra fruttuosa collaborazione ebbi modo di lodarne il ruolo e l'influenza.

Non dimenticherò mai il suo discorso nello spogliatoio prima dell'incontro con la squadra del Romorantin (3-1), il 14 maggio 2004, che ci permise di accedere alla Ligue 2, insieme al Reims e al Brest. Stéphane seppe trovare le parole e il tono giusto per galvanizzare i compagni. Alcuni avevano le lacrime agli occhi ed erano pieni di rabbia tanto erano scossi. Quel giorno mi stupì, e in campo, segnando il secondo gol liberatore, unì i fatti alle parole, in uno stadio pieno. E pienamente soddisfatto. Dimostrò con il suo comportamento che, se c'è la volontà, una squadra può farcela.

Stéphane aveva una personalità pazzesca. Durante uno stage ad Albertville, organizzò un rito di iniziazione. Inserì una cassetta nel videoregistratore: bisognava cantare a squarciagola l'inno nazionale irlandese, truccarsi il viso con i colori del paese e celebrare il *fighting spirit*. Per dare coesione a un gruppo e prepararlo agli scontri futuri non c'è niente di meglio, posso garantirlo. Quell'anno avevo anche organizzato un'uscita di rafting omerico e, lungo il percorso, un salto dantesco nell'acqua da un ponte alto una decina di metri. Alcuni giocatori ricordano ancora queste scene di vita in comune.

Stéphane era membro di diritto del consiglio dei saggi. Gli altri partecipanti venivano inseriti a seconda dell'età, dell'esperienza, del temperamento, della visione del calcio, della posizione nel gruppo, della facilità a esercitare la leadership. Si mischiavano diversi parametri, ma su alcuni non ho mai derogato: devo poter andare in guerra con loro! La fiducia non si distribuisce con il contagocce, non va incontro ai bisogni del cliente: tra noi pretendo una solidarietà assoluta. Una sorta di patto.

Attenzione però. Non sto parlando di sottoporre le mie scelte al voto dei giocatori del Dijon a sostegno della mia autorità. Ognuno al suo posto, nel suo ambito di competenza. I giocatori non decidono nulla: si tratta semplicemente di ascoltarli e di farli partecipare alle decisioni, e il consiglio dei saggi aveva come unico obiettivo proprio questo. Non era la Repubblica dei giocatori, né un abbandono delle mie prerogative. E nemmeno un'idea geniale, diranno gli scettici. E gli scettici diranno che non era nemmeno un'idea geniale. È vero.

Per Jobard questo modo partecipativo di gestire la squadra era ingegnoso. Io lo trovavo intelligente. Con diverse teste si lavora meglio. Chi potrebbe sostenere il contrario e dire che è un metodo dispersivo? Ho sempre preferito i giocatori che riflettono, e che si interrogano sulla fondatezza di quanto propongo loro, piuttosto che vederli seguire come pecore delle direttive che non capiscono o di cui non vedono la necessità o lo scopo. Un allenatore si muove meglio, va più lontano e arriva più in alto con un gruppo che sceglie il suo progetto di vita e di gioco, come provano i miei primi passi da tecnico al Dijon.

Presto, in seno al consiglio dei saggi emersero delle vere personalità, come «Jobi», naturalmente, ma anche Abasse Ba, Yannick Lalisse, Pascal Braud, Sébastien Larcier o Stéphane Mangione. La maggior parte di loro, preziosissimi per il successo del Dijon, sono ormai inquadrati nelle diverse squadre, a ottimi livelli. Nulla è dovuto al caso. La loro affermazione personale come leader, all'epoca, li ha preparati a diventare i quadri tecnici di oggi. Abasse allena il Le Havre in CFA2, Yannick Lalisse il Touquet, Sébastien Larcier è osservatore al Dijon, Pascal Braud è viceallenatore del Niort e Stéphane Jobard del Dijon. Non fanno che riprodurre, in una nuova situazione, ciò di cui si erano fatti carico molto bene dieci anni fa.

Crescere altrove

Mi dipingono spesso come un eterno insoddisfatto. Non hanno tutti i torti. Se infatti ero riuscito a stabilizzare la squadra nel primo terzo del campionato di Ligue 2, arenandoci alle porte della Ligue 1 per due volte (quarto posto nel 2005, quinto nel 2006), ritenevo che il club tardasse a organizzarsi e che il progetto di ampliamento dello stadio, sempre promesso e continuamente rinviato, non procedesse abbastanza in fretta. Era stato costruito nel 1935, e non si poteva lasciare così, anche per il pubblico, che non aveva a disposizione alcun comfort. Era necessario offrire alla squadra un ambiente consono ai suoi obiettivi. Invece di investire un budget importante per la modernizzazione dello stadio, dell'ordine dei cinquanta milioni di euro, le autorità comunali si dichiararono pronte a sovvenzionarne il rinnovo in diverse tranche di dieci milioni l'una. Tribuna per tribuna. «Faremo le prime due e poi, in caso di promozione, passeremo alla tappa successiva» ci venne assicurato. Se dopo essermene andato l'avanzamento fu effettivo, non passarono mai alla tappa successiva. Le due tribune laterali hanno più di settant'anni. Che per il buon vino può andar bene, ma per sedersi sulle gradinate a guardare uno spettacolo sportivo non è molto sensato.

Lo stadio Gaston-Gérard continua a non essere all'altezza di una città che si vanta di essere la più grande e la più ricca della Borgogna, ma il cui club, ammettiamolo, non raggiunge ancora la reputazione di quello di Auxerre.

È evidente che sono gli uomini, ovunque, a fare la differenza.

Volevo crescere, desideravo salire di grado, aspiravo ad accedere a un livello superiore, e col tempo mi accorsi, con dispiacere, che le mie esigenze personali urtavano contro situazioni che mi bloccavano e che andavano oltre la mia capacità di comprensione.

Bernard Gnecchi se n'era accorto. Al punto di rivolgersi a una coppia di agenti, Paul Schianchi e Yvan Le Mée, e affidare loro il ruolo di «direttori sportivi» part time. La convivenza con loro divenne ben presto complicata, anche se restavo io il responsabile del reclutamento. Ritenevo che non fosse salutare, per me, fare la parte del giudice e dell'imputato. Agente e dirigente insieme? Una follia! Una commistione inammissibile. La situazione non sarebbe potuta durare a lungo.

Non avevo assolutamente nulla da rimproverare al presidente, che agiva nei suoi interessi. Era preoccupato per il fatto che la squadra dipendesse solo da me. Lo capivo perfettamente. Dall'oggi al domani, se avessi deciso di andarmene, sarebbe stato colto alla sprovvista. Che cosa avrebbe fatto?

Bene, quel giorno arrivò.

Un venerdì, parlammo delle principali linee sportive per la stagione successiva. Tre giorni dopo, gli comunicai che il presidente del Le Mans, Henri Legarda, gli avrebbe telefonato. Ne prese atto, non sapendo che piega avrebbe preso la conversazione. Forse lo sospettava?

Le proposte qualche volta arrivano quando meno le si aspetta, o mai.

Questa volta l'offerta di allenare una squadra di Ligue 1 arrivò a me.

Dovevo solo dire di sì.

Rimanendo troppo a lungo in Ligue 2 sarei presto stato catalogato come un allenatore di Ligue 2. E solo di Ligue 2. Non volevo. La mia ambizione mi portava a voler scoprire la Ligue 1.

Di rifiutare l'occasione che mi offriva il Le Mans non se ne parlava proprio.

IX

Le Mans: il piede nella staffa

Con un agente è più facile

Fu a metà del 2006 che mi abituai all'idea di collaborare con un agente, idea che in precedenza non mi aveva mai sfiorato. In tutta sincerità devo confessare che, da giocatore, avevo compiuto un primo passo in quella direzione, ma si trattava più di sondare il terreno per curiosità che di progettare una vera collaborazione. Su consiglio di alcuni compagni di squadra di Caen avevo incontrato Dominique Rocheteau, la cui società Éco-Sports, con sede a Suresnes, nella regione parigina, forniva consulenze ai calciatori professionisti. Il suo obiettivo era aiutare gli sportivi a gestire meglio la loro carriera, per poi facilitarne la riconversione. Avevo firmato con quella società un contratto di un anno, che non mi fu di alcuna utilità, e quindi non lo rinnovai. Devo ammettere che non ero un giocatore molto quotato sul mercato e che i miei ricorrenti problemi fisici mi impedivano di guardare al futuro con serenità. Non conservo un ricordo indelebile di quella collaborazione di breve durata. Quando, molto tempo dopo, mi trovai seduto a un tavolo di fronte a Frédéric Dobraje, che mi aveva invitato a bere un bicchiere al Cap Vert, un centro polisportivo di Quétigny, vicino a Digione, era passata molta acqua sotto i ponti. In quattordici anni la mia vita professionale era cambiata completamente, e così anche il mondo che mi circondava.

Avevo appena riposto nell'armadio dei ricordi la mia tenuta da calciatore, e la mia carriera di allenatore era appena iniziata. Conoscevo Fred di fama: era stato uno degli agenti più famosi del calcio francese. Giocatori della nazionale come Bixente Lizarazu, Robert Pirès, Stéphane Guivarc'h, Bruno N'Gotty, Bruno Martini e Corentin Martins gli accordavano da molti anni la loro fiducia. Ormai la sua «scuderia» non poteva più vantare così tanti giocatori famosi, ma la correttezza e l'onestà di Frédéric mi spinsero ad ascoltarlo e poi a compiere un tratto di strada con lui. Il suo discorso, quel giorno, fu abbastanza convincente: «Nessuno si occupa dei tuoi interessi, Rudi. Rifletti bene; al momento ti senti a tuo agio al Dijon, dove eserciti i pieni poteri a livello sportivo e i dirigenti si dichiarano entusiasti del tuo lavoro. Ma forse arriverà un giorno in cui vorrai cambiare aria e passare a un livello più elevato. Oppure una squadra di Ligue 1 potrebbe richiedere i tuoi servizi. E quando verrà quel giorno, avrai bisogno di qualcuno al tuo fianco che possa aiutarti. È inevitabile».

La sua proposta non poteva essere più chiara, e non era certo priva di buonsenso. Mi ero reso conto che, per condurre a buon fine una trattativa con il presidente di una squadra, era preferibile avere accanto a sé una terza persona per discutere del contratto e... vantare i propri meriti. In un angolo della mia mente desideravo accedere a un livello più alto e, se non avessi potuto farlo con il Dijon, avrei dovuto trovare un'altra squadra per soddisfare la mia ambizione. Fino ad allora non avevo sentito il bisogno dell'assistenza di un agente per progredire nel mio mestiere, ma dovevo arrendermi all'evidenza: quel momento rischiava di arrivare presto. La mia risposta fu altrettanto limpida: «Ascolta, Fred, è molto semplice: se una squadra di Ligue 1 mi chiama mi rivolgerò a te. E se tu senti che qualcuno è interessato a me, sarai tu a occuparti dell'evoluzione della mia carriera...». Le carte erano in tavola. Non restava che attendere lo sviluppo degli eventi, che si verificò qualche mese dopo. Tramite i suoi contatti, nella primavera del 2007 Fred era venuto a sapere che il Sochaux stava per separarsi dal suo allenatore, Dominique Bijotat, i cui rapporti con Jean-Claude Plessis, a quanto pareva, si erano raffreddati. Fece il mio nome al presidente del Sochaux senza però riuscire ad attirare la sua attenzione, rivolta altrove: era interessato a Frédéric Hantz del Le Mans e niente poteva fargli cambiare idea. Era affascinato dal suo modo del tutto originale di gestire la squadra, perché alcune delle sue chiacchierate con i giocatori avvenivano nel buio più completo; secondo Plessis, questo era il *must*, il tratto distintivo di un allenatore pieno d'inventiva. Contro di lui non avevo speranze.

In compenso, il Le Mans si ritrovò all'improvviso privo di un allenatore, e Daniel Jeandupeux mi chiamò una prima volta. Fred dimostrò, in quella circostanza, il suo *savoir-faire* e la sua capacità di rispondere alle mie aspettative. Ancora oggi mi sembra più semplice lasciare a un agente o a un consulente il compito di parlare di me. Dati i valori di umiltà con i quali sono cresciuto, non mi sento a mio agio quando devo autopromuovermi, soprattutto se si tratta di «vendermi» al presidente di una squadra, in particolare dal punto di vista economico. Non ci so fare, è sempre stato così. Per fortuna Fred si occupò delle trattative con i dirigenti del Le Mans e sistemò la faccenda nel migliore dei modi.

Finalmente allenatore in Ligue 1!

Stavo trascorrendo le mie prime ore di vacanza in Spagna quando Daniel Jeandupeux mi invitò ufficialmente a Le Mans. Nutrivo da tempo un certo rancore nei suoi confronti, dalla mia ultima partita a Caen, quando non aveva dato prova né di una grande generosità né di una semplice benevolenza. Lasciarmi inchiodato in panchina mentre sognavo di segnare il mio gol di addio davanti al pubblico dello stadio Venoix... Ma il tempo aveva fatto il suo corso, cancellando il dispiacere: quell'episodio era ormai solo un lontano ricordo. Meglio voltare pagina e guardare avanti. Del resto, Daniel ebbe il coraggio di ammettere che quel giorno aveva commesso un errore. Sapevo che Jean-Marc Furlan e Laurent Fournier erano in competizione con me per il posto di allenatore del Le Mans. Non c'era tempo da perdere, quindi. Prima tappa: convincere Bernard Gnecchi a liberarmi dal mio contratto con il Dijon dopo cinque anni di collaborazione. Non fu la cosa più semplice del mondo. Dapprima mi oppose un secco rifiuto, ma poi, di fronte alla mia determinazione, iniziò ad ammorbidirsi. Uomo di carattere, non voleva si pensasse che aveva ceduto alle pressioni. Fece in modo di esercitare un controllo sugli eventi e di tenere la situazione in pugno. Chiese un'indennità di duecentocinquantamila euro a Henri Legarda, presidente del Le Mans, e finì per ottenerla di stretta misura. In compenso, respinse categoricamente il mio progetto di portare con me Fred Bompard; impossibile farlo ragionare: neanche a parlarne. Era talmente irritato per la mia insistenza che mi telefonò per comunicarmi la fine della nostra amicizia! Nientemeno. Era capace di scoppi d'ira furibondi. Per fortuna, in seguito scese a più miti consigli nei miei confronti, e sistemammo le cose. Riprendemmo addirittura, in toni più moderati, il discorso relativo a Fred, tanto che Bernard alla fine si dichiarò disposto a lasciarlo libero. Avevo vinto? Assolutamente no: Henri Legarda mi annunciò che aveva promesso ad Arnaud Cormier che sarebbe rimasto il vice del nuovo allenatore della squadra professionistica! Dietro mia insistenza, negoziammo tenacemente e riuscimmo a trovare un terreno d'intesa: Fred si sarebbe diviso tra i professionisti e l'allenamento dei portieri del Le Mans. Finalmente una soluzione! Subito dopo, però, un nuovo colpo di scena: Fred, all'ultimo momento, preferì restare al Dijon. Pazienza. Fortunatamente le nostre strade in futuro si sarebbero di nuovo incrociate, prima a Lille, poi a Roma. Seconda tappa inevitabile: trovare un accordo col Le Mans. Se ne incaricò Fred Dobraje. Al Dijon rivestivo sia il ruolo di direttore generale sia quello di allenatore, ciascuno dei quali contribuiva al 50 per cento della mia remunerazione complessiva. Quest'ultima era pari a ventunomila euro, una somma considerevole per una squadra di Ligue 2. Al Le Mans non avrei potuto pretendere di fungere da direttore tecnico del club e di godere di una libertà d'azione così totale. Non lo volevo neppure, del resto. Daniel Jeandupeux ricopriva il ruolo di consigliere del presidente e Alain Pascalou quello di direttore tecnico. Questo sistema di divisione dei poteri si era dimostrato efficace e io non volevo invadere il loro territorio: il mio contratto, della durata di due anni, si limitò dunque alla guida della squadra professionistica, incarico che mi soddisfaceva pienamente. Allenatore in Ligue 1: il mio sogno! A dire la verità, se mi avessero chiesto di andare a piedi da Digione a Le Mans, avrei percorso senza protestare i quattrocentosettanta chilometri che separano le due città. Il mio stipendio passò a venticinquemila euro; anche se rispetto al mio compenso precedente l'aumento (pur considerevole) non mi avrebbe cambiato la vita, ai miei occhi non era quello l'essenziale. Dopo duecentodiciotto partite sulla panchina del Dijon, stavo finalmente per fare il grande passo. Miravo alla Ligue 1 ormai da qualche tempo. Ne avevo avuto un assaggio troppo breve con il Saint-Étienne: solo dodici partite, e per di più come coallenatore! Questa volta speravo di mettere radici. Da solo al comando. Per dimostrare il mio valore e molto altro ancora.

La finale: così vicina, così lontana

Arrivai a Le Mans senza alcuna ansia. Ovviamente ho delle convinzioni, in particolare riguardo alla gestione dei calciatori e alla messa in pratica delle mie opzioni di gioco, ma non ho mai ostentato la minima certezza. Non si può pretendere di averne, del resto, in un mestiere soggetto a così tante variabili. La prima condizione del successo si basa sulla capacità di adattamento: bisogna analizzare la situazione che si presenta e far giocare la propria squadra in funzione dei giocatori disponibili. Tutto parte da qui. Avevo esposto abbastanza brevemente questo concetto al consiglio dei saggi costituito fin dai primi giorni, che includeva Paulo André, Marko Basa, Grégory Cerdan, Romaric e Grafite. Volevo imparare a conoscerli, ma anche coinvolgerli. Due passaggi complementari. Al Dijon la mia organizzazione tattica ruotava intorno a un 4-2-3-1 abbastanza flessibile. Decisi di abbandonarlo perché, con due centravanti del livello di Grafite e De Melo, ai quali poteva aggiungersi anche Samassa, avevo gli uomini necessari per sviluppare un 4-4-2 efficace. A centrocampo, Sessègnon, Romaric, Matsui o Gervinho (arrivato dal Beveren), tutti abilissimi nei passaggi, davano una certa consistenza alla squadra, che, con Pelé e Basa, poteva contare anche su solide fondamenta difensive. 4-2-3-1 o 4-4-2, la cosa più importante è creare gioco a partire dalla linea della difesa, avere la volontà di avanzare senza alcun calcolo. È il mio marchio di fabbrica, e cerco di metterlo sempre in pratica. Potevo contare anche su un eccellente preparatore atletico, Paolo Rongoni. Italiano di nascita, quell'uomo leale e autorevole proponeva dei metodi nuovi che, basandosi sulla forza, permettevano ai giocatori di essere pronti rapidamente. Fu senza dubbio questo il motivo per cui al Le Mans ebbi il miglior inizio di stagione della mia carriera di allenatore. Migliore di quello che avevo avuto al Dijon e di quello che avrei avuto al Lille. Solo la mia esperienza a Roma, sei anni dopo, fu ineguagliabile. Ma quella è un'altra storia, tornerò a parlarne più avanti.

Durante la nostra prima partita di campionato contro il Metz, il pubblico dello stadio Léon-Bollée visse un evento inatteso: la vittoria in casa della squadra, siglata da Basa. Non era più accaduto dal marzo precedente. Cinque mesi: un'eternità! Il calendario, per una curiosa coincidenza, ci imponeva di far visita al Sochaux di Frédéric Hantz nella seconda giornata, per uno scontro di grande interesse. Il nuovo allenatore contro il vecchio: un faccia a faccia che suscitò numerosi commenti. Il Le Mans giocò, per citare le parole di Jeandupeux, «il miglior match nella storia del club», vincendo 3-1. Forse esagerò, ma avevamo davvero disputato un'ottima partita. Segnando tre gol, De Melo rivelò un freddo realismo, e la sua intesa con Grafite, sul fronte dell'attacco, contribuì all'eccellente tenuta della squadra. Saremmo stati capaci di replicare più volte questo tipo di incontro?

Il trasferimento rapido e inaspettato di Grafite al Wolfsburg, alla fine di agosto, per otto milioni di euro, modificò la situazione e il mio approccio tattico. La sua partenza fu certamente un fatto negativo per il gruppo, ma sarebbe stato ridicolo che mi lamentassi o insistessi troppo sul vuoto che si era venuto a creare. A che scopo? Come puoi motivare i tuoi giocatori se sentono che ti innervosisci, vacilli o vai nel panico alla minima difficoltà? Adattarsi è il fondamento del nostro ruolo. Decisi allora di passare al 4-3-3 con Romaric (al quale avevo affidato la fascia di capitano) davanti alla difesa e Sessègnon nel ruolo del numero 10. Questo equilibrio tattico fu mantenuto sino alla fine della stagione, nonostante l'assenza prolungata di Romaric, Sessègnon, Gervinho e Ibrahima Camara, selezionati in pieno inverno, con le loro nazionali, per la Coppa d'Africa. Queste quattro defezioni pesarono non poco sui risultati. Certo, le cose non andarono sempre come avrei desiderato. Speravo che la mia prima stagione in Ligue 1 si concludesse con un risultato più positivo. Resto convinto del fatto che avevamo i mezzi per ottenere un miglior piazzamento in classifica. Comunque sia, fu il migliore nella storia della squadra, con un nono posto, 53 punti e quattordici vittorie, contro i 38 punti della stagione 2003-2004, i 52 della 2005-2006 e i 49 della 2006-2007. Pensavo che potessimo vivere il nostro momento di gloria con la Coppa di Lega. Dopo una vittoria a Laval nei sedicesimi di finale (gol di Gervinho) e poi a Niort agli ottavi con il risultato di 3-0, il Le Mans, battuto sei volte dall'Olympique Lyonnais dopo il suo ritorno in Ligue 1 nel 2005, aveva la possibilità di invertire la tendenza ospitandolo in casa ai quarti di finale. La squadra non sprecò questa formidabile opportunità di attirare l'attenzione del grande pubblico. Privi dei giocatori impegnati nella Coppa d'Africa, e in assenza di Túlio De Melo e della solita difesa centrale poiché i due titolari erano infortunati, vincemmo 1-0 grazie a un gol di Daisuke Matsui, con una squadra dell'età media di ventun anni. Quel giorno avevo realizzato uno dei miei migliori colpi tattici, imponendo al massiccio Juninho una marcatura a uomo «all'antica», praticata da una delle nostre reclute invernali, Keita.

Il grande Olympique Lyonnais ci offrì, in quella stagione, l'opportunità di giocare partite di un livello eccezionale. Infatti, oltre a eliminarlo in Coppa con una squadra priva di nove titolari, lo facemmo vacillare in campionato con una squadra al completo (1-0, gol di De Melo).

Fu quell'impresa eccezionale in Coppa di Lega a illuderci che avremmo potuto arrivare in fondo alla competizione. Purtroppo, in semifinale, al termine di una partita fantastica piena di colpi di scena, fummo sconfitti in casa 5-4 dal Lens ai tempi supplementari. Avevamo sfiorato la finale allo Stade de France, e ci era sfuggita per un soffio. Il gruppo ne uscì molto abbattuto. In questo tipo di situazioni, il messaggio dell'allenatore è fondamentale per risollevare il morale delle truppe e motivarle di nuovo in vista delle sfide future, che nel calcio arrivano molto in fretta. In tre giorni tutto doveva essere cancellato. Volli rassicurare i miei giocatori e complimentarmi per la qualità del loro calcio. «Non vale la pena di rimuginare» avevo detto loro. «Non scriveremo la storia e non potremo più riscriverla. Ora sta a noi non perdere il filo della nostra stagione.» La gestione del dopopartita, della tensione o della delusione, ha un ruolo fondamentale nel sostegno psicologico della squadra. Non bisogna innervosirsi, non bisogna cedere, gridare, infuriarsi o comportarsi in modo da turbare ulteriormente i propri giocatori. Si dovrebbe cercare di vivere il risultato, qualunque esso sia, come un «non evento», e andare avanti. Più facile a dirsi che a farsi, lo ammetto.

Il richiamo del Nord

Penso di aver avuto un eccellente rapporto personale con Henri Legarda, che sapeva coniugare ambizione e socievolezza, riflessione e dinamismo. Era sempre in ghingheri, e lo rivedo ancora al volante della sua Bentley, elegantissimo senza mai sembrare arrogante. Incoraggiava l'insieme dei membri del club a correre dei rischi, e l'energia che sprigionava si diffondeva a tutti i livelli. Quando arrivai al Le Mans ebbi immediatamente la sensazione di entrare in una comunità in fermento, in particolare nei settori del marketing, della comunicazione e della stampa, che brulicavano di idee e potevano contare su elementi giovani e audaci. Frequentarli era molto piacevole. Intenzionato a proporre un calcio-spettacolo e a pubblicizzarlo, Legarda mi diceva spesso: «Avverto sempre i miei uomini, che potrebbero avere la tendenza a dimenticarlo: "Pensate che avete degli spettatori che pagano per venirvi a vedere. Rispettateli"». Ero sulla stessa lunghezza d'onda e, nella mia sfera di competenza, facevo tutto il possibile per rispondere alle sue aspettative. Per soddisfare il pubblico, Legarda lavorò senza riserve al progetto di costruzione di un moderno stadio da venticinquemila posti nella zona situata vicino al circuito automobilistico della 24 Ore di Le Mans, che doveva offrire una nuova vetrina al club. L'inaugurazione fu fissata per sabato 29 gennaio 2011, dopo la mia partenza. Del resto, capita sempre così con le squadre per le quali ho lavorato: al mio arrivo giocano in stadi vecchi, il cui campo è circondato da una pista di atletica o di ciclismo, ma le società progettano di ristrutturarli o di costruire un centro sportivo più in sintonia con le esigenze del nostro tempo. A Digione, a Le Mans, a Lille e anche a Roma, oggi: stessa situazione, stessi problemi. Come Bernard Gnecchi, Henri Legarda poteva contare su un forte radicamento nel tessuto locale, e animava un importante pool di sponsor raggruppati nel cosiddetto «club delle cento cravatte». Mi capitava di andare alle loro manifestazioni e di prendere la parola per rispondere alle immancabili domande. Non erano tutte pertinenti, ma questo faceva parte del mio mestiere, e svolgevo il compito senza battere ciglio. Non dimenticherò mai che il presidente del Le Mans fu il primo a darmi la possibilità di entrare in Ligue 1. Gliene sarò sempre riconoscente. Non dimenticherò neppure che mi lasciò andare via al termine della nostra prima stagione in comune, comportandosi da vero signore. Gliene sono grato. Non cercò di ostacolare la mia partenza, motivata in gran parte dalla discutibile gestione contrattuale del nostro effettivo. Quattro giocatori chiave si ritrovarono inspiegabilmente con il contratto in scadenza, e altri quattro elementi, altrettanto indispensabili al buon funzionamento della squadra, vollero cambiare aria, senza che il club disponesse di strumenti legali adeguati per trattenerli. Come si può continuare ad andare avanti quando ormai è innestata la retromarcia? Il richiamo del Nord fece il resto. Il Lille, il club che aveva dato un contributo fondamentale alla mia formazione, lanciando la mia carriera di giocatore professionista, mi tendeva di nuovo la mano. Dovevo afferrarla. Come resistere al suo invito? Fu più forte di me...

X

Nel nome di mio padre

«Ma non fa giocare De Melo»

«Ma non fa giocare De Melo.»

Furono queste le ultime parole pronunciate da mio padre, mercoledì 29 ottobre 2008, verso le sette di sera. Seduto nella sua poltrona, davanti alla televisione, nel salotto di casa, si stupiva dell'assenza del centravanti del Lille nella mia formazione che debuttava contro il Grenoble, allo Stade des Alpes, per l'undicesima giornata di Ligue 1. Gli avevo preferito Fauvergue.

Mia madre, non appena si girò, lo vide accasciarsi.

Era già finita. Ci aveva lasciati.

Poco tempo prima era venuto a trovarmi a Lille. Aveva l'aria stanca. «Devi riposarti, papà» avevo insistito. Seguiva una cura contro le sue complicazioni cardiache. Non giocava più a calcio da un bel po' e ovviamente non si dedicava più al suo footing quasi quotidiano. Camminava a piccole dosi, ma soffriva di quella mancanza di attività cui non riusciva ad abituarsi. Lui che era stato così vigoroso, intrepido, risoluto. Sempre sulla breccia. Un uomo determinato, resistente al dolore, un tipo deciso che nessun ostacolo poteva fermare.

Eppure...

Nessuno si aspettava una scomparsa così improvvisa, così brutale, così crudele.

Neppure io, che perdevo la mia guida.

Un grande vuoto interiore

La partita era appena finita. Non c'era molto da dire. Lo 0-0 rispecchiava fedelmente i suoi novanta minuti, abbastanza poveri di occasioni. Nei due incontri precedenti, la difesa del Lille aveva incassato quattro gol. Bisognava porre rapidamente fine a una situazione divenuta molto pericolosa. Da quel punto di vista, almeno, potevo sperare in un successo. Per il resto... Fu quello che spiegai in conferenza stampa; subito dopo, squillò il telefono. Avevo appena raggiunto gli spogliatoi. Quello che all'epoca era ancora mio cognato cercava di contattarmi. Cosa voleva da me a quell'ora? Non aveva l'abitudine di chiamarmi, soprattutto nei giorni delle partite. Schiacciai il tasto verde. Fu allora che appresi la terribile notizia, che lui stesso aveva appena constatato sul posto, a casa dei miei genitori. Non ricordo più esattamente quali parole usò per dirmelo, ma so che mi prostrarono. Ero KO.

Immediatamente avevo cercato un posto in cui isolarmi. Restare solo, per incassare il colpo. Per riprendermi. Per ricominciare a respirare. Mi mancava l'aria, mi sembrava di soffocare.

La sala dello stadio usata dai giocatori per riscaldarsi mi servì da luogo di raccoglimento. Non ci credevo. No, non è possibile, non è vero, non è giusto! Deve essere un errore, si sono sbagliati. Non riuscivo a realizzare. Mio padre, morto? Avvertivo un grande vuoto interiore, come se il mio corpo non rispondesse più. Avevo un unico desiderio: tornare in fretta a casa, il più in fretta possibile, per riuscire a rendermi conto di quello che era successo. Se avessi potuto teletrasportarmi lì in pochi secondi... Al tempo stesso, però, non potevo più nutrire la minima speranza: mio padre era morto per una crisi cardiaca. Mio cognato me lo aveva spiegato. Nulla poteva riportarlo in vita.

Aprii la porta che mi avrebbe ricondotto agli spogliatoi e incontrai Walid Regragui. Era stato uno dei miei giocatori a Corbeil-Essonnes, nel 1995. Un buon calciatore, un tipo eccezionale. Ormai in attività a Grenoble, voleva vedermi. Prima della partita mi aveva chiesto notizie di mio padre, che conosceva molto bene.

«Walid, puoi andare a cercare Fred, per favore? Ho bisogno di parlargli...»

Fred Bompard si stava occupando del defaticamento post-partita dei giocatori, sul campo, sotto una pioggia battente. Il match successivo era programmato per tre giorni dopo, in casa, contro il Nantes: bisognava prendere precauzioni perché il fisico fosse pronto. La competizione non autorizza a lasciarsi andare.

Da bambino Fred giocava nella squadra dei pulcini del Corbeil, allenata da mio padre. Li univa un legame antico e profondo. Sapevo che colpo sarebbe stata per lui la notizia, ma dovevo dargliela. Dovevo parlare, anche per liberarmi del peso che mi opprimeva.

Fred entrò nella sala vuota. Capì, dal mio atteggiamento, che c'era qualcosa di strano. «Ho appena perso mio padre, Fred...» Il volto gli divenne livido. Mi fissò, cercando un appiglio nel mio sguardo, poi venne a sedersi accanto a me. Non scambiammo una sola parola. Niente, il silenzio. Muti, con lo sguardo verso il basso. Ciascuno immerso nei suoi pensieri.

Mi dicevo che, se avesse potuto scegliere, mio padre sarebbe stato felice di andarsene in quel modo. Senza soffrire, all'improvviso, guardando una partita di calcio. Un giorno mi confidò che avrebbe desiderato spegnersi su un campo, con un pallone tra i piedi. Talvolta si dice: «Un uomo muore come ha vissuto». Per lui fu così. Mio padre era un uomo molto fiero, che non avrebbe accettato di vedersi indebolito e privato, a poco a poco, dei suoi mezzi fisici.

Pensavo anche a mia madre, che da tanti anni viveva con lui una quotidianità fatta di amore condiviso. Era sola con lui, quella sera, come tutte le sere. Insieme, e felici di esserlo. Ma quella non fu una sera come le altre. Sola, mia madre era sola quando accadde la disgrazia. Nella mia mente si affollavano brutte immagini.

Era meglio che uscissi dalla sala.

Decisi di fare qualche telefonata. A mia madre, innanzitutto, per cercare di consolarla reprimendo le mie emozioni. A mia moglie Véronique, a mia sorella, agli altri membri della mia famiglia, ai miei amici. Non era facile a distanza ma il contatto, anche rapido, anche lontano, anche frammentario, era indispensabile. Per loro, per me, per tutti noi.

Con Serge Berrebi, amico, fratello e confidente, rimasi al telefono un po' più a lungo. Cinque minuti dopo il fischio finale avevamo già commentato brevemente, come al solito, lo svolgimento della partita. Qualche riflessione, tre o quattro frasi, per verificare se avevamo avuto le stesse impressioni. Lo richiamai una ventina di minuti dopo per avvertirlo della tragedia che mi aveva colpito.

Annichilito, era annichilito.

Anche Serge aveva perduto suo padre, e condivideva con me un dolore che lui stesso aveva vissuto in prima persona. «So quello che si prova quando si perde il proprio sole» mi sussurrò con voce dolce e calma. Le sue parole profonde mi fecero del bene. «Sei stato un bravo figlio, Rudi. E José era fiero di te...» Eravamo in sintonia. Ma la realtà riprese il sopravvento.

Fred aveva fatto il giro dei giocatori, iniziando dal capitano Rio Mavuba, per dare loro la notizia. Durante la cena, consumata in fretta all'hotel, non si sentì volare una mosca, senza dubbio per rispetto verso di me, che non avevo alcuna voglia di mangiare. Potevo contare su un bel gruppo. Dei bravi ragazzi, educati e attenti. Mi alzai da tavola per dire loro: «È così, non potete farci nulla e neppure io. La vita continua...». Ciascuno tornò a fissare il suo piatto.

Arrivato a Lille verso le due del mattino, saltai in una macchina per precipitarmi a Corbeil. Per abbracciare mia madre. E per vedere mio padre, un'ultima volta.

Molte lacrime e una decisione

Avevo avvertito Fred, nel volo di ritorno: «Sarai tu a gestire la situazione nei prossimi due giorni, a Luchin. Ti occuperai della squadra, la preparerai come si deve per sabato. Sarò lì per la partita...». Contro il Nantes il Lille diede un'ottima prova e, dalla panchina, vidi qualche bel movimento collettivo, organizzato dal nostro centrocampo che aveva preso le misure dell'avversario. Ludovic Obraniak segnò il primo gol, Nicolas Fauvergue il secondo, per un risultato finale di 2-0. Dopo ogni rete i giocatori, che portavano tutti una fascia nera al braccio in segno di lutto, si precipitarono verso di me per circondarmi e farmi sentire la loro vicinanza. Furono momenti di forte emozione, che mi turbarono. Persino il pubblico di Villeneuve-d'Ascq diede il suo contributo, scandendo il mio cognome a più riprese. Lo stesso di mio padre, che per la prima volta non avevo sentito al telefono, e al quale non smettevo di pensare. I dirigenti del club, Michel Seydoux e Xavier Thuilot, mi testimoniarono la loro partecipazione e solidarietà e vennero al funerale, nella chiesa di Saint-Étienne di Corbeil-Essonnes.

Fu straziante. Nella bara ponemmo un pallone da calcio che era stato il fedele compagno di mio padre per tutta la vita. Nel momento in cui Fred si presentò davanti all'altare per benedire il suo corpo, scoppiò in singhiozzi. Come molti altri. Gli toccai una spalla per chiedergli di smettere di piangere, di asciugarsi le lacrime. «Se continui così inizio io...» A distanza di tempo, ricordo quel momento doloroso in cui mi sono sentito in obbligo di mostrarmi forte per sostenere la mia famiglia e i miei cari.

A Serge sussurrai un pensiero segreto, che era in grado di comprendere in virtù della nostra grande vicinanza e della scomparsa di suo padre. «Vedi, Serge, ho la sensazione di non aver detto a mio padre tutto quello che avevo voglia di dirgli.» Un rimpianto fra tanti. Così tanti. Quando un familiare muore, è incredibile quante cose ci si rim-

Non serve chissà cosa
per fare un mondo,
basta un po' di felicità.
Con la felicità Rudi
costruirà il suo mondo.

Una sorella (*a sinistra*),
due cugini e una cugina:
Zorro-Rudi (*al centro*)
è in buona compagnia.
Giù la maschera, rimane
il cappello.

Rudi con la sorella Sandrine
e tre gattini. E, naturalmente,
le scarpe da calcio ai piedi.

In classe, un angioletto (*secondo nella fila di sinistra*). In campo, un vero fuoriclasse. Con Rudi, la classe non è acqua.

L'allenatore Barbier, il padre di Rudi (*al centro*), il dirigente Vivant: ben inquadrati, i pulcini del Corbeil-Essonnes non fanno ancora i galletti (*accovacciato, Rudi è il secondo da destra*).

Re del Subbuteo, il giovane allievo del Collège Chantemerle soddisfa ovunque la sua passione per il calcio, nel salotto di casa o nel cortile della ricreazione.

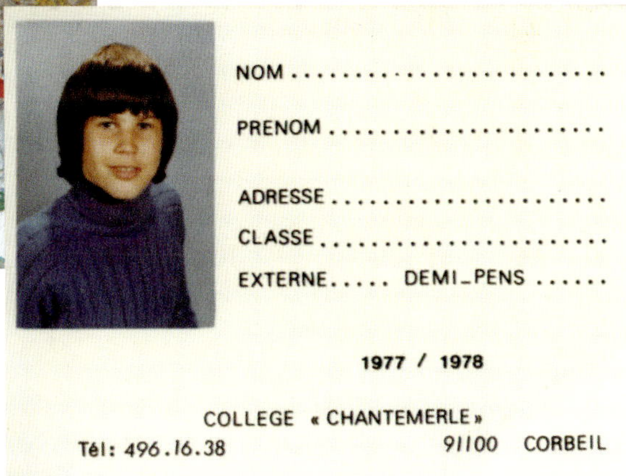

NOM ....

PRENOM ....

ADRESSE ....

CLASSE ....

EXTERNE..... DEMI_PENS ......

1977 / 1978

COLLEGE « CHANTEMERLE »

Tél: 496.16.38 91100 CORBEIL

Un sorriso eloquente: con la squadra dei Boubouilles, per un torneo di calcio a 6 con il Viry-Châtillon nel 1981.

A vent'anni già una celebrità: al Lille, trampolino per un grande futuro.

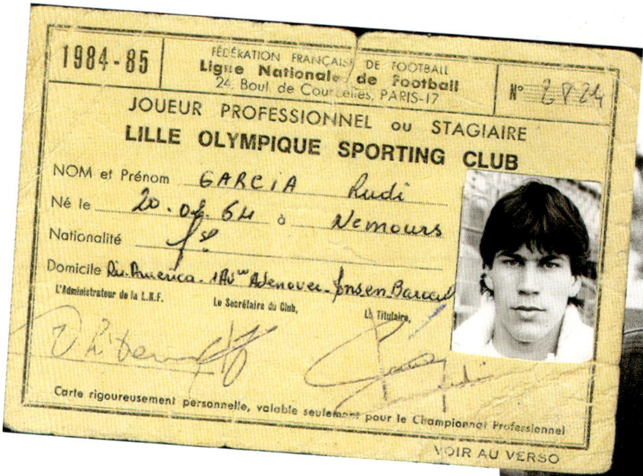

1984-85

FÉDÉRATION FRANÇAISE DE FOOTBALL
Ligue Nationale de Football
24, Boul. de Courcelles, PARIS-17

N° 2824

JOUEUR PROFESSIONNEL ou STAGIAIRE
LILLE OLYMPIQUE SPORTING CLUB

NOM et Prénom GARCIA Rudi
Né le 20.02.64 à Nemours
Nationalité Fse
Domicile

L'Administrateur de la L.N.F. — Le Secrétaire du Club, — Le Titulaire,

Carte rigoureusement personnelle, valable seulement pour le Championnat Professionnel

VOIR AU VERSO

Dal Corbeil-Essonnes (*sotto*) al Lille (*sopra*) passando per il Caen (*a fianco*), José Garcia ha seguito con attenzione e orgoglio l'inizio della carriera del figlio.

Con il Corbeil-Essonnes in Division d'Honneur, nel 1996, per un turno della Coppa di Francia. Rudi (*in piedi al centro*) è vicino all'amico Fred Bompard (*a destra*), portiere e suo compagno di strada.

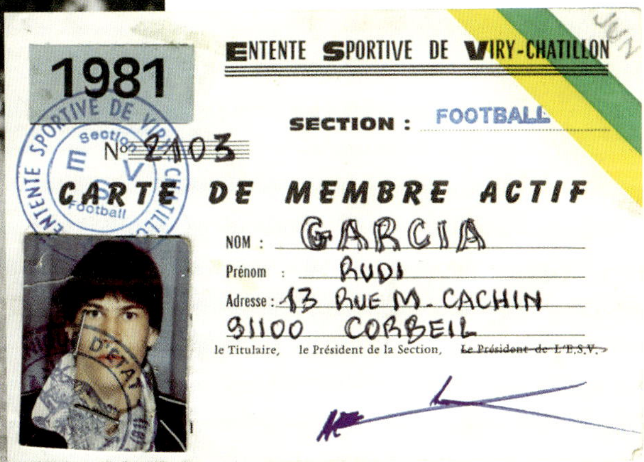

1981

ENTENTE SPORTIVE DE VIRY-CHATILLON

SECTION : FOOTBALL

N° 2103

CARTE DE MEMBRE ACTIF

NOM : GARCIA

Prénom : RUDI

Adresse : 13 RUE M. CACHIN

91100 CORBEIL

le Titulaire, le Président de la Section, ~~Le Président de L'E.S.V.~~

Il controllo di palla è anche controllo del gioco. E mantenere il controllo del gioco significa mantenere il controllo (con i cadetti della nazionale francese a Viry-Châtillon, nel 1980).

Attento a sinistra, attento a destra: attento a te, il pericolo è alle tue spalle (Caen-Olympique Marseille, con Éric Di Meco).

I *Dogues* sono pronti: al Parc des Princes, prima di affrontare il Racing CP. Con l'amico Éric Péan (*in piedi a sinistra*), Rudi (*in basso a sinistra*) gioca nel suo ambiente naturale.

Una parte della famiglia Garcia riunita: Raymonde, Rudi, Carla (*in alto*), Marie-Augustine, Sandrine, Léna (*in mezzo*), Eva, Anne-Sixtine, Anaïs, Rémy, Virgile, Véronique (*in primo piano*). Più di un rifugio, un'oasi di pace.

Al Dijon (*in alto a sinistra*), al Le Mans (con Gervinho e Sessègnon, *qui sopra*), o al Lille (con Michel Seydoux e Eden Hazard): ovunque, Rudi si è sentito a casa.

Un *double* festeggiato con la mamma, Raymonde, e le figlie Carla, Eva e Léna: ora il capo del clan è lui.

Di fronte
alla stampa
nostrana:
«Parli italiano?»
«Sì, naturalmente!»

Sulle orme
di Francesco Totti,
re di Roma
e del pallone.

Con Fred Bompard e Claude Fichaux:
i due «complici».

Catena umana, catena romana, catena di vita (con Pjanić, Taddei, Benatia,
De Rossi e Totti).

provera. Ma per me era arrivato il momento di guardare avanti, non più indietro. Avevo ripreso il controllo di me stesso: ora dovevo riprendere anche le redini. Sii forte, mi dicevo: ormai devi dare il buon esempio.

Riprendere la fiaccola

Mio padre era un vero appassionato, uno dei migliori di quell'esercito di eroi grazie al quale il mondo del calcio resta in piedi.

Da giovane era stato un ottimo giocatore, al punto da diventare capitano, negli anni Sessanta, della squadra di Parigi e della nazionale francese dilettanti, con la quale aveva viaggiato all'estero, per esempio a Berlino e Mauritius. Partecipò persino ai Jeux de l'Amitié di Dakar nell'aprile del 1963, l'ultima edizione, con Jacky Braun. Condivise anche un pezzo di strada con il Sedan nei professionisti, poi andò a Dunkerque, a Bagneux-Nemours, ad Abbeville e infine a Corbeil-Essonnes, dove giocò prima di allenare la prima squadra.

Avrebbe potuto avere una carriera più gratificante se le condizioni dei giocatori, all'epoca, fossero state diverse. Come padre di famiglia, forse temeva che non avrebbe potuto provvedere ai nostri bisogni se si fosse imbarcato in una carriera considerata piuttosto avventurosa. Quando giocava a Nemours, i dirigenti dello Stade Français gli rivolsero degli inviti discreti per ingaggiarlo. Li ricevette educatamente, ma senza prenderli in seria considerazione. Preferì andare sul sicuro privilegiando un'attività regolare e retribuita e realizzandosi comunque nella pratica calcistica, anche se a un livello inferiore.

L'ho sempre visto lavorare sodo, in un'azienda elettrica, in una fabbrica di vetri ottici e in una banca. Di giorno aveva il suo mestiere e la sera indossava le scarpe da calcio e andava ad allenare per arrotondare lo stipendio. La sua vita cambiò quando divenne direttore sportivo della città di Corbeil. Un ruolo che ben si accordava con la sua responsabilità nella locale squadra di calcio e che gli imponeva una presenza costante sul campo, in particolare nei fine settimana. A un certo punto della sua vita, avrebbe potuto pretendere di entrare nella Federazione francese di calcio e diventare consigliere tecnico regionale o dipartimentale. Conosceva molto bene, del resto, Jean-Pierre Morlans e François Bacquart, che seguirono questo iter per diventare direttori tecnici nazionali. Mio padre, però, aveva troppo bisogno dell'adrenalina del campo e della competizione per cercare di allontanarsene.

Visse la mia carriera di giocatore e poi quella di allenatore per procura un po' come se fosse la sua. Quella che, forse, gli sarebbe piaciuto fare. Mi fu sempre accanto per darmi consigli; nei nostri rapporti, che conobbero solo degli alti e mai dei bassi, la relazione padre-figlio si mescolava alle discussioni tra due professionisti del calcio.

Confrontando i nostri punti di vista, capivo chiaramente che la sua visione delle cose era un po' più rigida della mia. È normale: non appartenevamo alla stessa scuola. Lui era stato solo al comando, mentre io dovevo scendere a compromessi con uno staff tecnico allargato dalle responsabilità estese, davanti a un gruppo di giocatori molto più solido. I metodi, i discorsi, la prassi da seguire non erano più gli stessi.

Avevamo un rituale irrinunciabile: gli telefonavo prima di ogni partita per parlargli qualche istante. Lo sento ancora chiamarmi «figlio», com'era solito fare. Non c'era quasi mai il tempo di approfondire, ma quel rapido scambio bastava a renderci felici. L'abitudine era tale che, dopo la sua morte, ho continuato a comporre lo stesso numero. Un riflesso, come un automatismo che non volevo abbandonare. Come lanciare un appello: non si può mai sapere. Mia madre ora utilizza il suo numero di telefono e, da allora, non perdo occasione per chiacchierare con lei, nei giorni delle partite, come facevo con mio padre. Ne abbiamo bisogno entrambi. Era un uomo di carattere, come si suol dire, e anche intransigente. I miei amici Thierry e Jean-Philippe, ai quali dava del lei, erano sempre un po' spaventati all'idea di incontrarlo. Ovviamente non avevano nulla da temere, perché mio padre non è mai stato sgradevole con loro, ma stavano in guardia. Nel suo carattere c'era una forma di severità che li paralizzava.

So bene da chi ho preso il mio temperamento, e i miei valori: comportarmi correttamente con gli altri, non lasciarmi mai abbattere, essere positivo, guardare avanti. Era lui, era mio padre. Personificava il patriarca «all'antica» delle vecchie famiglie spagnole, con un lato talvolta abbastanza duro, che non lasciava alcuno spazio ai sentimenti. Eppure sapevamo che amava profondamente sua moglie e i suoi figli, anche se non sempre lo diceva. Non era espansivo, tutto qui.

La sua scomparsa mi ha, se non altro, permesso di ridimensionare tutti quei piccoli eventi che costellano la vita quotidiana e che, in definitiva, sono insignificanti. L'ho intesa anche come un passaggio di testimone. Ora toccava a me essere all'altezza della situazione. E riprendere la fiaccola che gli era sfuggita di mano in un'odiosa sera di ottobre.

Divenni a mia volta il capo del clan Garcia.

XI
Ritorno al futuro

Il Lille viene in esplorazione

Quando Jean-Michel Vandamme entrò in contatto con me, verso la fine del novembre 2007, gli manifestai subito il mio stupore. Non avevo più avuto sue notizie dopo la mia partenza da Lille, nel maggio del 1988, perciò era quasi uscito dalla mia vita; il semplice fatto di sentire la sua voce mi rituffò negli anni della giovinezza. Ah, Jean-Mich'! Un giocatore di enorme talento, che avevo potuto misurare sul campo. Negli anni Ottanta era considerato una delle grandi speranze del LOSC, ma le sue capacità atletiche insufficienti lo privarono della carriera internazionale che sognava. Apprezzavo la sua estrema gentilezza. Era cordiale con tutti, e all'altro capo del filo mi sembrò uguale a vent'anni prima: simpatico, aperto, comunicativo. Bisogna dire che, quel giorno, si faceva portavoce di una richiesta fuori dal comune: a nome della direzione del Lille, al cui interno era responsabile della formazione, desiderava incontrarmi per sapere se un ritorno al Nord avrebbe potuto interessarmi. Una proposta in piena regola.

Non volli richiudere bruscamente una porta che si era aperta con tanta delicatezza. L'appuntamento venne fissato qualche giorno più tardi in un ristorante nel cuore di Parigi, dove ritrovai con piacere Jean-Michel insieme al direttore sportivo del club, Frédéric Paquet, del quale ignoravo l'esistenza, e che in seguito imparai a conoscere. Non girarono a lungo intorno all'argomento: la successione di Claude Puel sembrava aperta, almeno a livello ufficioso. Ascoltando attentamente i miei interlocutori, capii che il Lille stava per separarsi dal suo allenatore e che questo divorzio programmato sarebbe stato annunciato, con il consenso di entrambe le parti, a fine maggio. Si erano stancati di lui? Puel intendeva rilanciarsi altrove? O il motivo era un altro? Non ne sapevo nulla, ma i risultati deludenti della squadra, collocata agli ultimi posti in classifica, probabilmente pesavano sullo stato d'animo dell'uno e degli altri. Jean-Michel confessò di osservarmi a distanza ormai da molto tempo e mi assicurò che, nella *short list* dei possibili successori, ero in pole position. Rimasi lusingato da un tale segno di attenzione e fiducia. Non trapelò nulla di questo incontro segreto e, al mio ritorno a Le Mans, mi guardai bene dal parlarne con qualcuno, tantomeno con il mio presidente, Henri Legarda, che non avrebbe accettato questo trasferimento improvviso.

Fu solo nel marzo del 2008 che il Lille diede nuovamente segni di vita. Il messaggio di Vandamme non poteva essere più chiaro: in estate non si muoverà nulla, alla fine terremo Puel. Non mi diede spiegazioni per giustificare questo radicale cambiamento di strategia. Ne presi atto. Senza dubbio, all'origine doveva esserci la rimonta compiuta dalla squadra nella seconda metà del campionato. Escluso dall'Europa per la seconda stagione consecutiva, il Lille alla fine si era classificato settimo, due posizioni davanti al Le Mans, che aveva ottenuto il miglior piazzamento della sua breve storia. Prima di andare in vacanza negli Stati Uniti (era la prima volta), avevo convinto Legarda ad assumere Fred Bompard, che desideravo al mio fianco. Anche se durante la stagione tutto si era svolto senza intoppi, volevo un vice con il quale poter scambiare opinioni e collaborare. Fred sbrigò le incombenze necessarie per lasciare il Dijon, non senza difficoltà. In compenso, tutto andò per il meglio con

Legarda, che diede la sua parola qualche giorno prima di partire per un viaggio d'affari in Cina. «Al mio ritorno firmerà il suo contratto» assicurò a Fred. Invece non dovette mai apporre la sua firma ad alcun documento ufficiale.

Nel turbine delle trattative

A Lille il vento soffiava forte, e in tutte le direzioni. Il Lyon, infatti, si era messo in testa di reclutare Claude Puel come successore di Alain Perrin, del quale Jean-Michel Aulas voleva liberarsi a tutti i costi, nonostante la duplice e gloriosa vittoria nel campionato e nella Coppa di Francia. La vita degli allenatori talvolta è complicata e il loro destino ingiusto! Ebbi la certezza che a Lille c'era bisogno di un cambiamento quando Jean-Michel Vandamme tornò alla carica, una mattina, mentre mi rilassavo su una spiaggia della Florida. «Puel se ne andrà, adesso è sicuro. Ci piacerebbe molto lavorare con te, lo sai. Saresti pronto a unirti a noi?» A migliaia di chilometri di distanza, il mio spazio di manovra era ridotto al minimo. Inviai immediatamente un SMS a Frédéric Dobraje, in modo che si recasse sul posto per rappresentarmi. Mentirei se dicessi che quella proposta mi lasciò indifferente. Al contrario, essa risvegliò in me un desiderio profondo, quello di proseguire il mio cammino, di confrontarmi con una nuova realtà, di progredire, di «mettermi alla prova». Inoltre, restavo convinto del fatto che il Le Mans, che ero riuscito a far arrivare al nono posto della Ligue 1, avesse raggiunto il massimo delle sue possibilità. Mi sembrava illusorio prevedere un piazzamento migliore per il futuro, tanto più che le prospettive del gruppo si rivelavano incerte: i contratti di De Melo, Matsui, Yebda e Calvé, quattro titolari, stavano per scadere, e nessuno di loro aveva manifestato l'intenzione di restare. Come già accennato in precedenza, non capivo questa gestione dell'effettivo, che lasciava la direzione del club con le mani legate. Senza contare che anche Basa, Romaric e Sessègnon avevano espresso, a più riprese, il desiderio di cambiare aria: sapevo che sarebbe stato molto difficile convincerli a rinunciare. In contatto con Puel, che riuscì subito a raggiungere telefonicamente, Fred mi confermò il quadro che mi aveva descritto Jean-Michel Vandamme: gli eventi stavano precipitando sotto la pressione insistente di Jean-Michel Aulas, al quale nessuno poteva resistere. Neppure Michel Seydoux, il cui fratello, Jérôme, lo ricordavo bene, era azionista di riferimento dell'Olympique Lyonnais. All'improvviso, le trattative andavano in tutte le direzioni e si moltiplicavano: tra Puel e Lille, tra Lille e Lione, tra Puel e Aulas, tra Lille e Le Mans, tra Le Mans e me. Un vero turbine. Il presidente del Lille prese contatti con Henri Legarda, il cui atteggiamento, devo riconoscerlo, fu da gran signore. Mentre Bernard Gnecchi mi mise i bastoni tra le ruote quando gli comunicai la mia intenzione di lasciare il Dijon, il presidente del Le Mans si mostrò comprensivo, anche se i suoi interessi avrebbero dovuto indurlo a rifiutarmi una buonuscita. Chiese a Seydoux un'indennità di circa quattrocentomila euro, e riuscì a ottenerla dopo che quest'ultimo ebbe strappato a viva forza, ad Aulas, un cospicuo risarcimento per l'ingaggio di Puel. Nessuno sembrava averci rimesso.

Al ritorno dalle mie vacanze americane, quindi, posi fine al contratto con il Le Mans, ma ricordo di aver chiesto a Fred: «Non ho ancora firmato il contratto con il Lille. Sei sicuro che sia normale?». Mi rassicurò: andremo a Lille con la clausola di rescissione, che invieremo alla Ligue una volta firmato il contratto con il club. Dopo un lungo scambio di e-mail con Fred Pasquet, che aveva preso in carico il dossier per la direzione del LOSC, il mio agente aveva trovato un terreno d'intesa con il Lille. Accettai un contratto di due anni che attendeva solo la mia firma per essere ufficializzato. Comprendeva gli incentivi in caso di vittoria che avevo chiesto e che Fred Dobraje aveva contrattato. Prima di sottopormelo, precisò: «Il Lille ti vuole, è evidente». E io, a mia volta, ero pronto ad accettare la sfida.

Tutta un'altra cultura

Lavorare a Lille significava tornare alle origini, poiché proprio al LOSC avevo debuttato come calciatore professionista. Era anche un motivo di orgoglio perché, in un certo senso, stavano affidando a uno dei loro «figli» la responsabilità di guidare la squadra verso nuovi successi. Pesai e soppesai questa opportunità. Potei valutarla ancora meglio quando scoprii gli impianti di allenamento di Luchin, che erano appena stati messi a disposizione della squadra professionistica. Che differenza con la realtà che avevo conosciuto a Grimonprez-Jooris! All'epoca ci allenavamo su un campo rosso stabilizzato sul quale una striscia erbosa di settanta metri di lunghezza e quindici di larghezza ci permetteva di... lavorare sui placcaggi. Per arrivarci dovevamo attraversare una strada a quattro corsie che costeggiava lo stadio e poi passava da una stazione di servizio: un tragitto spogliatoi-campo tanto insolito quanto folcloristico. Ormai ero su un altro pianeta. Anche il club si era notevolmente evoluto: la sua struttura e la sua organizzazione lo rendevano simile a un'azienda americana, lontana anni luce dal club senza pretese che avevo frequentato. Non respiravo più l'atmosfera tradizionale di un club calcistico francese, e ne rimasi vagamente sconvolto. In seguito mi sarei accorto che questo fattore avrebbe avuto delle conseguenze sul mio lavoro. Come potevo parlare di calcio e scambiare opinioni sul gioco o i giocatori con Michel Seydoux, Xavier Thuilot o Fred Paquet? Forse potevo discutere di football americano, dal cui ambiente arrivavano Thuilot e Paquet, ma riflettere e argomentare sul calcio, quello «vero», che rappresentava il cuore della nostra attività, era tutt'altra cosa! A volte pensavo che Puel, forse, era giunto all'esasperazione a forza di avere a che fare con loro. Seydoux mi accordò senza battere ciglio quello che ero riuscito a strappare a fatica a Legarda: Fred Bompard venne con me e la sua presenza rappresentò una grande consolazione. Avevo bisogno del suo entusiasmo e della sua complicità. Sapevo che bisognava essere almeno in due per affrontare il «dopo Puel», ovvero il personale che aveva collaborato con lui e che si aggirava ancora nel club. Avendo già affrontato il «dopo Hantz» al Le Mans, dubitavo che avrei avuto difficoltà a gestire le tracce lasciate dalla politica del mio predecessore. Ma non potevo neanche immaginare fino a che punto avesse segnato, con la sua impronta autoritaria, tutto il personale alle sue dipendenze. Per Fred, che lavorava nell'ufficio dei vice, la vita quotidiana fu spesso insopportabile, e l'aria talvolta irrespirabile. Ritrovarsi in un ufficio dove i tre vice del vecchio allenatore serrano i ranghi può risultare assai faticoso. Jean-Pierre Mottet, Vincent Espié, che veniva dal mondo dello sci (!), e Pascal Plancque non gli resero la vita facile. Per quel che riguarda Pascal, con il quale in passato avevo giocato nel LOSC, ai miei occhi aveva un grave difetto: avendo conseguito il diploma di allenatore di calcio professionista, aspirava a svolgere questo mestiere. Niente di strano, ma non vedevo motivi logici per tenerlo nel mio staff. Glielo avevo detto durante un colloquio faccia a faccia, in modo chiaro e trasparente. Non sono sicuro che questo abbia contribuito a migliorare i nostri rapporti.

Mavuba, il mio capitano di strada

Naturalmente dovetti prendere le misure del gruppo di giocatori che ereditavo. C'erano state due defezioni importanti: Jean II Makoun, che era andato al Lyon con Puel, e Tony Sylva, che avevo cercato di trattenere ma che preferì esiliarsi in Turchia, con mio grande rammarico. Per quanto riguarda i nuovi arrivi, il Lille pensava a Florent Balmont, che era in procinto di lasciare la Costa Azzurra, in una sorta di remake del film *Giù al Nord*. Venni a sapere che Puel non era molto favorevole al suo ingaggio, ma approvai comunque la scelta del nostro team di osservatori. Feci di tutto, inoltre, per convincere Rio Mavuba a firmare un contratto con noi, dopo che era stato prestato al Villareal. Mi vedo ancora misurare a grandi passi il parcheggio dell'hotel di Deauville dove eravamo in ritiro, con il telefono incollato all'orecchio: ora dopo ora, non mi stancai di utilizzare tutti gli argomenti possibili e immaginabili per fargli dire di sì. Alla fine ci riuscii. Questa fu, per me, una grande notizia. Volevo un centrocampo tecnico, attivo e complementare per favorire la messa in pratica del mio calcio di attacco. Con Cabaye, Balmont e Mavuba, disponevo di un trio straordinario. Ed ero convinto che Rio sarebbe stato un grande capitano di strada.

Per tutta la durata della preparazione, che si protrasse per cinque settimane, ricevetti ogni singolo giocatore per un colloquio approfondito. Volevo sapere che cosa pensavano e sentivano, ma intendevo anche esporre loro le mie intenzioni: il mio metodo, il mio modo di gestire la squadra, il mio progetto di gioco e il posto che ciascuno poteva trovarvi, la mia volontà di creare un consiglio dei saggi. Ripresi a grandi linee il metodo già sperimentato al Dijon e consolidato al Le Mans, ricomponendo via via tutte le tessere del puzzle. Avevo avvertito un certo stupore generale, e molti giocatori mi chiesero: «Ah, bene, allora possiamo parlarci?». Evidentemente non erano abituati a farlo.

Anche Jean-Michel Vandamme e Fred Paquet, del resto, a partire dal novembre del 2007 si erano aperti con me. Cercavano un allenatore capace di andare d'accordo tanto con il suo gruppo di giocatori quanto con la dirigenza del club, che a loro parere era stata tenuta un po' troppo al di fuori delle decisioni. Rimproveravano a Puel il suo carattere ottuso e la sua ostinata convinzione di essere sempre nel giusto. Queste riserve, tuttavia, non impedivano a Vandamme, e a quanto sembra non gli impediscono neppure oggi, di intrattenere ottimi rapporti con Puel. E penso che, se avessero chiesto a Thuilot chi preferiva tra Puel e Garcia, avrebbe risposto senza esitare.

La promessa fatta a Seydoux

Dal punto di vista sportivo brancolavo un po' nel buio perché non conoscevo il potenziale della squadra, ma rifiutai la sfida che Seydoux mi propose al momento della firma del mio contratto: terminare la stagione tra le prime dieci. Mi sembrava un obiettivo troppo modesto, che non corrispondeva alla mia ambizione. Gli risposi con una certa sicurezza, che stupì il pubblico presente: «Ho concluso al nono posto con il Le Mans e voglio raggiungere un piazzamento migliore. Avete chiuso il campionato al settimo posto e ho intenzione di portarvi un gradino più in alto». Non si trattava di una spacconata o di una frase a effetto per stupire la platea radunata intorno a noi. Anche se non lo ostento sempre pubblicamente, ho un amor proprio che mi spinge a voler dimostrare ogni volta quello di cui sono capace. Sono anche un eterno insoddisfatto, al punto che non riesco a godere abbastanza del presente. Non posso accontentarmi di quello che ho: voglio sempre fare di meglio. È una ricerca incessante. Meglio del settimo posto? Fu la mia battaglia quotidiana, come un'ossessione che mi invase nel profondo, accompagnandomi sempre. Senza offesa per Grégory Malicki e Nicolas Fauvergue, se avessi potuto contare su uno dei cinque migliori portieri del mondo e su un centravanti dello stesso calibro, ci saremmo riusciti più facilmente. È il motivo per cui, l'anno successivo, mi concentrai su questi due ruoli strategici. Se da un lato mantenevo lo sguardo fisso sulla linea che divideva le squadre europee dalle altre, volevo anche far assimilare in fretta una nuova filosofia di gioco. Potevo contare su elementi di alto livello come Ludo Obraniak e Yoann Cabaye, i quali lasciavano la loro impronta con capacità tecniche, fantasia e varietà. C'erano gioco, intenzioni, ritmo, gol, spettacolo, e tutto questo sembrava piacere al pubblico. Michel Bastos, che avevo sostituito a un'ala, ebbe una stagione eccellente (quattordici gol, dieci assist). Non appartenevo alla stessa scuola di pensiero di Vahid Halilhodžić e Claude Puel, le cui concezioni tattiche non corrispondevano alle mie. Tuttavia, non intendevo capovolgere ciò che avevano previsto e messo in pratica: volevo semplicemente continuare il lavoro che avevo iniziato al Dijon e proseguito al Le Mans. La loro strategia, del resto, non era stata meno efficace. Erano entrambi riusciti a far qualificare il Lille per la Champions League, bisognava riconoscerlo. Partecipare alla più grande competizione calcistica internazionale: il *must* per un club e una città. E un importante riconoscimento per un allenatore.

La stagione fu densa e ricca, segnata da innumerevoli peripezie e colpi di scena. Come non ricordare i nostri due incontri in campionato con il Lyon di Puel, che battemmo (2-0) «in casa», allo Stade de France, tanto per prepararci a travolgere il grande stadio di Lille, e costringemmo al pareggio (2-2) a Gerland? Come dimenticare il nostro successo (3-2) contro quella stessa squadra, agli ottavi di finale della Coppa di Francia, grazie ai gol di Michel Bastos, Eden Hazard e Nicolas Fauvergue nei minuti di recupero? Senza la crisi vissuta in marzo, che derivò da un momento di debolezza di alcuni giocatori e fece scoppiare qualche frizione interna, avremmo senza dubbio evitato lo spavento degli ultimi minuti della trentottesima giornata e potuto vivere un finale di stagione più tranquillo. In un gruppo, però, non tutto gira necessariamente per il verso giusto, nonostante gli sforzi congiunti. Anche un meccanismo ben oliato può incepparsi. Prima dell'ultima partita che avrebbe deciso il nostro destino, sentivo la pressione salire a poco a poco e l'impazienza serpeggiare nei ranghi. Questi sentimenti, però, erano del tutto relativi: il Lille era senza dubbio una squadra più esposta del Le Mans, ma l'ambiente mediatico che la circondava non era neanche lontanamente paragonabile a quello di Parigi, Marsiglia o Saint-Étienne. Con i *Verts*, durante lo scandalo dei passaporti falsi, mi ero dovuto confrontare con un fermento unico nel suo genere. A

Lille ne eravamo ben lontani: c'era del *battage* organizzato, ma nessun rischio di trovarsi nell'occhio del ciclone. A novanta minuti dall'obiettivo, non pensavo potessimo fallire. Ma le mie doti di veggente non mi permettevano certo di immaginare ciò che sarebbe accaduto in seguito.

XII
La mazzata

Tripudio delle curve, gelo in tribuna d'onore

Ah, il gol di Nicolas Plestan! Non era certo abituale per un giocatore le cui reti segnate dall'inizio della carriera raggiungevano la cifra astronomica di... due. Capirete bene allora che vederlo realizzare a Villeneuve-d'Ascq, quel sabato 30 maggio 2009, mi procurò insieme gioia e sbigottimento. Mi ricordo quell'azione nei minimi dettagli: calcio d'angolo di Obraniak da destra, deviazione di testa di De Melo e Plestan colpisce la palla per spedirla sotto la traversa. Gol, la nostra terza rete della serata. Non si trattava certo di un gesto scontato da parte sua, per giunta in una partita che non lo era affatto: Lille-Nancy, trentottesima e ultima giornata di campionato. La prova della verità per noi, come per altre squadre impegnate in una lotta all'ultimo sangue per la qualificazione in Europa League.

Con il gol segnato dal nostro difensore centrale a un quarto d'ora dalla fine, il Lille raggiunse il suo obiettivo primario: vincere. Restava da sapere che cosa avrebbero fatto il Paris Saint-Germain e il Rennes, poiché la nostra sorte dipendeva anche da loro. Davanti alla panchina, non riuscivo più a stare fermo. Il mio corpo era al Lille, lo sguardo puntato sui miei giocatori, ai quali continuavo a dare indicazioni, ma la mia testa era altrove. Del Rennes mi aggiornarono subito: si era arreso 4-0 a Marsiglia, il suo futuro era segnato. Un primo avversario era eliminato. Fuori uno! E il Paris Saint-Germain? Che cosa stava facendo? Ci stava superando in classifica? Cosa stava succedendo al Parc des Princes? La suspense rimarrà fino alla fine, tanto da diventare opprimente. Il pareggio 0-0 conquistato da un Monaco eroico finirà per sconvolgerci tutti! QUA-LI-FI-CA-TI: eravamo entrati in Europa al termine di una serata memorabile. Anche se il Lille aveva gli stessi punti del PSG (64), una miglior differenza di reti (+12 contro +11, bastava questo!) ci collocava al quinto posto, davanti al nostro avversario diretto. Avevamo vinto la scommessa. Che atmosfera nello stadio! Che felicità contagiosa! Che emozione condivisa! Ci si abbandonava tra le braccia del primo venuto, le risate si mischiavano alle lacrime, le grida ai canti, le braccia alzate verso l'alto. Tutto il popolo del Lille si muoveva all'unisono per festeggiare l'evento. Ero arrivato per mantenere la squadra nella prima metà della classifica, la portavo nel primo quarto. La direzione del LOSC doveva essere soddisfatta! Tutto il popolo all'unisono? Lo credevo, ma forse mi sbagliavo. Seppi un po' dopo, nel corso della serata, che la tribuna d'onore non si era alzata come un solo uomo nel momento in cui furono annunciati i risultati, che alcuni dirigenti, in primo luogo Xavier Thuilot, direttore generale, e Jérôme Lestir, suo vice addetto al settore commerciale, marketing e comunicazione, non avevano manifestato una gioia debordante. Per usare un eufemismo, perché la realtà era ancora più incresciosa. A vederli da vicino, facevano pensare che il Lille fosse appena andato incontro a una terribile delusione. Il contrasto fra il tripudio delle curve e il gelo della tribuna d'onore era sorprendente. Imparerò in seguito, a mie spese, che questo comportamento sconcertante aveva le sue ragioni che la ragione non saprebbe giustificare.

Un management all'americana

Alle dodici del giorno dopo, nella sede della Comunità urbana di Lille, le facce erano tirate, gli occhi semichiusi e le gambe traballanti. Normale: la notte era stata breve e festosa ma, per niente al mondo, avrei voluto perdermi la presentazione del modellino del nuovo stadio, che simboleggiava i sogni di grandezza del LOSC. C'era tutta la dirigenza del club, lo staff tecnico, i giocatori, le autorità municipali e regionali. La famiglia riunita al gran completo. Piovevano ringraziamenti, fioccavano congratulazioni, sgorgavano incoraggiamenti. Basta, basta! Erano tutti carini, tutti gentili. Bisogna dire che questa qualificazione all'Europa League aveva un gusto particolare, che tutti desideravano assaporare. Alla fine del ricevimento, Thuilot mi intercettò: «Rudi, ricordati l'appuntamento di domani a Luchin nel pomeriggio...». Certo, Xavier, certo, come avrei potuto dimenticarmene: era il mio ultimo compito prima di andare in vacanza. Avevo bisogno di riprendere fiato dopo una stagione condotta a tamburo battente. Qualche giorno prima, mi aveva segnalato che il mio colloquio di valutazione annuale sarebbe stato lunedì 1° giugno, nella sala riunioni del centro di allenamento deserto per la Pentecoste. Plasmato dalle pratiche delle aziende americane, ci teneva a questo faccia a faccia per soppesare il bilancio del mio operato e darne una valutazione. Perché no? In questo management particolare, eredità di un mondo fino a quel momento estraneo al calcio, ci sono cose positive da prendere, altre meno buone, e alcune perfino da scartare. Per esempio, quell'abitudine di comunicare sempre attraverso e-mail mi era insopportabile. Invece di alzare il telefono o andare a parlare di persona con il proprio interlocutore, no, ci si attacca alla tastiera del computer! Ah, questi manager «moderni»! Io non ero Rudi Garcia ma RG, e intorno a me c'erano FB, CF, JMV, FP o XT. Sigle, abbreviazioni, mai nomi. Non c'è niente di più impersonale in questo modo di procedere: è un'usanza che purtroppo tende a distruggere il rapporto umano. Che, in una squadra, è fondamentale.

I miei rapporti con Thuilot erano di natura strettamente professionale. In un anno di collaborazione non si era creata la minima complicità tra noi, e non cercavamo, né io né lui, di fare alcuno sforzo in direzione dell'altro. Nessuno modificava il proprio temperamento. Di tanto in tanto mi capitava di andare nel suo ufficio per avere un aiuto o un appoggio, cosa che non sempre ottenevo. A volte pretendeva che io dicessi ai giocatori di togliersi il cappellino o le cuffie e di indossare la tenuta ufficiale della squadra. Non era il mio lavoro, ma quello del direttore generale, cioè il suo. Il mio ruolo era quello di allenatore, e non volevo spingermi oltre la mia carica sportiva. L'averglielo fatto presente non mi attirò la sua simpatia né la sua benevolenza, e d'altro canto, con il passare delle settimane, mi accorgevo che i nostri rapporti si andavano deteriorando.

«Non proseguiremo insieme!»

Mentre lasciavo l'auto nel parcheggio di Luchin, lunedì, verso le due e mezzo, non stavo pensando ai problemi della nostra collaborazione. Avevo di meglio da fare. Stavo ripassando mentalmente la stagione in vista del colloquio di valutazione. Una sorta di prova generale: quinto posto in classifica, qualificazione in Europa League, il Lille aveva realizzato il secondo record in termini di punti della sua storia, era stata la seconda miglior squadra in casa del campionato e batteva il suo record di spettatori, con una media di 17.911 a partita. Con Michel Bastos avevamo il miglior assistman e uno dei bomber più efficaci. Infine, secondo la maggior parte dei commentatori il nostro gioco veniva giudicato vivace e interessante. Forse durante quei dieci mesi non era stato tutto rosa, ma avevamo evitato il grigiore: la squadra aveva ripreso colore verso la fine del campionato, e mi sembrava che il bilancio fosse nell'insieme positivo. Era ciò che stavo per dire a Thuilot aprendo la porta del suo ufficio. Ma non ebbi il piacere di farlo. Immediatamente, si dimostrò diretto e offensivo. Nessuna delicatezza, niente giri di parole. Dritto al punto! Seduto davanti a me, mi annunciò senza ipocrisie:

«Non proseguiremo insieme!»

«Scusa?»

«Hai sentito bene, Rudi.»

«Che cosa vuoi dire?»

«Non proseguiremo con te: non sarai più l'allenatore del LOSC nella prossima stagione.»

Cadevo dalle nuvole. Era come se mi fosse crollato il mondo addosso. Che cosa? Non sarò più l'allenatore del LOSC? Ma mi restava un anno di contratto e, nella preparazione del mio colloquio, avevo pensato di affrontare anche il discorso di un prolungamento. E mi cacciava? Alla fine di un solo anno? Dopo questa stagione? Dopo la vittoria contro il Nancy? Dopo aver raggiunto un posto in Europa? Dopo la parata dei tifosi allo stadio? Dopo tutti i complimenti che ricevevamo da quarantotto ore? Ah, iniziavo a capire il perché di tante facce contrariate tra le alte sfere, sabato sera: avevo ostacolato il loro piano. Sarebbe senza dubbio stato meglio che fallissi, questo ai loro occhi avrebbe legittimato una decisione che doveva essere già stata presa da diversi giorni. Garcia incapace di condurre la propria squadra sulla grande scena europea? Fuori! Salvo che il copione non era stato quello. L'esatto contrario, anzi.

Mi ero estraniato, nella mia testa si affollavano molte cose, che ascoltavo a metà. Sentivo vagamente i rimproveri che metteva in fila come una litania: non lavori abbastanza, non fai giocare a sufficienza i giovani, non sai unire il gruppo, sei troppo autoreferenziale, hai tentato di vendere i tuoi servizi altrove... Che altro? Mi accusava di ogni male. Era aggressivo, duro, violento, bugiardo. Con parole scelte per ferirmi, Thuilot stava facendo il resoconto del comitato direttivo che si era svolto il mercoledì precedente intorno al presidente. Chiaramente, mi avevano fatto la festa! Seppi in seguito che Isidore Partouche non era stato invitato, e che aveva minacciato di abbandonare il club nel caso Thuilot fosse rimasto.

Mi stava salendo il nervoso, ma cercai di trattenermi e mantenere la calma. Soprattutto non innervosirsi, non arrabbiarsi, non ribaltare la scrivania. Zen, Rudi, zen! Non dire nulla, non fare nulla che possa metterti ancora più in difficoltà. L'elaborazione di una strategia di contrattacco occupava i miei pensieri, che si allontanavano sempre più da Thuilot e da quel posto. Pur essendo ancora di fronte a lui, mi sentivo già «altrove».

A un certo punto, mi porse un documento che voleva firmassi, per prendere atto della nostra separazione. Rifiutai, senza nemmeno accennare a leggerlo. Evitando di alzare la voce, mi spiegò che un buon accordo era meglio di un cattivo processo, e nelle sue parole si sarebbe trattato di un risarcimento economico «consensuale», pari a diverse mensilità. Non volevo infilare nemmeno un dito in una procedura che rischiava di stritolarmi il braccio. Di una cosa ero certo: ero fuori, e non pensavo ad altro che alla prospettiva di dovermela battere immediatamente. Ci eravamo detti tutto e non avevo motivo di tirarla per le lunghe nel suo ufficio. Esaurito l'argomento. E un po' anch'io. Girai i tacchi. Non mi era sembrato un uomo turbato all'idea di dovermi comunicare il mio funesto destino. La scuola americana, senza dubbio.

Fuori, con la morte nell'anima

Mi ritrovai all'esterno, solo, come rintronato. Knockout tecnico. Luchin era il mio universo lavorativo da un anno, e non lo sarebbe più stato. Pensarlo mi faceva soffrire. La prima telefonata la feci al mio vice, Fred Bompard, che era stato sacrificato insieme a me sull'altare di una ragione di Stato di cui non coglievo il senso. Stava per raggiungere Digione con sua moglie per qualche giorno di vacanza. Aspettava notizie da me, visto che gli avevo parlato dell'incontro. Cosa del tutto normale, io e lui non ci nascondevamo nulla.

«Rudi, tutto bene? Hai visto Thuilot, com'è andata?»

«Non proseguirà con noi.»

«Stai scherzando?»

«No, non terrà né me né te. Me lo ha appena comunicato, e non aveva l'aria di scherzare.»

«Non è possibile!»

«Temo di sì. Mi ha detto che tu sei arrivato con me e con me te ne andrai. Volevo fossi il primo a saperlo. Dobbiamo metterci in testa che ne avremo per un po', Fred. Ti chiamo più tardi, devo sentire i miei agenti e i miei avvocati...»

La seconda telefonata fu a Sébastien Boisseau, il mio nuovo agente. Non ci credeva nemmeno lui.

«Sébastien, sono fuori!»

«In che senso "fuori"?»

«Fuori! Licenziato!»

«Piantala, non sei divertente. Questo scherzo non mi piace...»

«Non sto scherzando. Sono fuori: me lo ha appena comunicato Thuilot!»

Se io non avevo più un lavoro, a lui almeno non sembrava mancare! Frédéric Dobraje mi aveva detto che avrebbe avuto un posto di responsabile sportivo alla direzione del Dijon, dunque erano ormai Sébastien e Pascal a difendere i miei interessi. Stavano aspettando di capire se mi sarebbe stato proposto un prolungamento del contratto dalla dirigenza del LOSC per entrare ufficialmente in azione. Tutto a monte. Almeno per quanto riguardava il prolungamento del contratto; quanto all'entrare in azione, erano serviti!

Si resero subito conto di quanto fossi scioccato, tanto che organizzarono una sorta di unità di crisi per occuparsi dei problemi più urgenti. Sébastien si mise prima in contatto diretto con Thuilot per tentare di avere qualche chiarimento riguardo a quella decisione incomprensibile. A sentire lui, non si trattava di una mancanza professionale o tecnica da parte mia, ma di un problema di persona. Venivo dunque cacciato dall'oggi al domani, senza alcun rispetto per le regole più elementari a cui ha diritto qualsiasi lavoratore, per «un problema di persona»! In serata, tentai di raggiungere il presidente, Michel Seydoux, per avere le spiegazioni che non si era ancora degnato di darmi. Lo volevo sentire, mi sembrava il minimo! Era sulla sua barca, non so bene dove, per rilassarsi. Così mi disse. Il suo discorso sulla mia espulsione mi parve cervellotico, era chiaramente in difficoltà, ma in fondo questo non cambiava nulla per me. Era stata un'espulsione bella e buona. Copriva Thuilot, il suo primo e principale collaboratore. Non diceva sempre in pubblico che solo una linea sottile li separava? Ne presi atto. Decisi di tirare una riga sopra il Lille. Vi ero stato costretto, la morte nell'anima.

Per diversi giorni ho rimuginato su questa vicenda nel tentativo di sbrogliare tutti i fili visibili e invisibili. Prima di firmare il contratto con il Lille, nel giugno del 2008, non avevo ancora visto né Seydoux né Thuilot, avendo avuto contatti diretti durante la trattativa solo con Paquet e Vandamme, che mi avevano già contattato nel dicembre del 2007. Non sono convinto che l'idea della mia assunzione fosse condivisa da Thuilot, che fu costretto a adattarsi perché, con le dimissioni improvvise di Puel che se ne andava al Lyon, bisognava muoversi in fretta. Ora, Thuilot rivestiva un ruolo di direttore operativo e il suo peso, all'interno della struttura dirigente, era reso ancora più strategico dal fatto che Seydoux si distingueva per la sua assenza. Non ero l'uomo di Thuilot, che rimaneva tuttavia il mio unico interlocutore gerarchico. La mia posizione ne era indebolita. Ma ero stato vittima di colpi più insidiosi: Grégory Tafforeau e Grégory Malicki, per esempio, si presentavano spesso nell'ufficio del direttore generale per tentare di mettermi alla porta. Non erano contenti della loro situazione e volevano farmene pagare il prezzo. Ah, traditori! In particolare Malicki, che avevo fatto diventare titolare del Lille per i primi trentaquattro incontri della stagione, prima di decidere di affidare la difesa dei pali a un altro per gli ultimi quattro. L'unica volta della sua carriera in cui aveva potuto collezionare una simile serie di presenze da titolare gliel'avevo offerta io. Che delusione! Negli spogliatoi erano i primi a prendersela con Thuilot, con parole talvolta molto offensive, addirittura insultanti, nei suoi confronti, ma, superata la soglia del suo ufficio, si gettavano tra le sue braccia per difendere la loro causa e distruggermi. Che ipocriti!

Attestati di simpatia e... di collera

Le poche persone che incrociai a Luchin, dove ero andato a chiudere gli scatoloni, rimasero incredule di fronte a questa situazione rocambolesca. Mi facevano domande alle quali non ero assolutamente in grado di rispondere. Era difficile capire quello che stava succedendo intorno alla squadra. C'era anche malcontento. Qualche amico mi «inoltrava» tutti i commenti che giravano in rete, inclusi i blog che, per lo più, salutavano il mio lavoro alla guida del LOSC. Mia sorella Sandrine mi segnalò tutti gli articoli che uscivano in quel periodo sulla carta stampata. Facevano capire lo stato d'animo dei tifosi, che davano un giudizio severo su chi mi aveva fatto fuori. Qualcuno incitava anche alla rivolta.

Alla fine della settimana, mentre mi trovavo nello studio dei miei avvocati a Parigi, in rue de Malakoff, ricevetti una chiamata di Federico Maenza, il capo dei Dogues Virage Est, i Mastini della curva Est. I DVE sono un'associazione di tifosi con un peso indiscutibile nella realtà del Lille. Molto attiva in curva, partecipava alla gestione del tifo organizzato. È influente e ascoltata. Non si può fare nulla senza chiedere la sua opinione. «Manifesteremo in tuo favore» mi assicurò. Ne facevano una questione di principio perché erano in sintonia con il gioco attuato dalla squadra. In seguito mi verrà rinfacciato di aver manipolato i tifosi per metterli contro il club, visto che Thuilot aveva ricevuto minacce più o meno velate. Ma io non c'entravo assolutamente nulla. Non avevo cercato il loro appoggio, e tantomeno avevo voluto suscitare dell'astio. Seppi invece che Seydoux non era rimasto insensibile a tutti quegli attestati di simpatia (nei miei confronti) e di collera (verso il club) che probabilmente pesarono sul cambiamento radicale che avvenne più tardi. Mi dissero anche che il mio ex (e futuro) presidente aveva apprezzato la mia apparizione televisiva, lunedì 8 giugno, su Canal+, nella trasmissione «Les Spécialistes». Avevo rifiutato qualsiasi intervento pubblico fino a quel momento, e quando l'emittente mi cercò insistentemente per una settimana, giorno dopo giorno, dopo il mio allontanamento, ritenni opportuno parlare. In diretta, e senza intermediari. Appuntamento negli studi della trasmissione condotta da Romain Del Bello, a fianco di Jean-Pierre Bernès, e di fronte a Frédéric de Saint-Sernin e a Guy Roux. L'argomento della puntata era adatto alla mia situazione attuale: *Allenatori: usa e getta o mercenari?* Tutto un programma: come usa e getta ero l'invitato ideale!

In ogni mio intervento cesellavo le frasi con la massima cura in vista della fase giudiziaria che sarebbe inevitabilmente seguita: avrei senza dubbio ricevuto una lettera ufficiale da parte del club che mi invitava a un colloquio preliminare al licenziamento. Dovevo evitare passi falsi per non intralciare la difesa dei miei interessi! Dichiaravo un proposito su cui avevo riflettuto a lungo: mi inserivo nel progetto della squadra, coltivavo l'ambizione di entrare nel Grand Stade, volevo diventare campione di Francia con il Lille, non avevo preso alcun contatto con altri al di fuori del club, non mi era stato notificato alcun richiamo ufficiale, andavo verso un periodo di disoccupazione inevitabile... Non dovevo inventare nulla, recitare una parte imparata a memoria o cercare le parole: mi veniva tutto spontaneamente, durante un dibattito che si dilungò per oltre un'ora. Roux denunciò giustamente «gli uomini nell'ombra» la cui influenza nel club può rivelarsi nefasta. Bernès, invece, parlò di «complicità nelle sfere decisionali» e Saint-Sernin respinse l'idea che mi sarei candidato a Rennes, come Thuilot aveva lasciato intendere per destabilizzare la mia posizione e indebolirmi. Avevo avuto l'ultima parola: «Mi prenderò del tempo per cercare di capire e farmene una ragione». Dopo una simile mazzata in testa, però, pensavo che avrei fatto fatica a riprendermi a breve.

XIII

La chiamata del 18 giugno

La telefonata non era una trappola

Quale posto migliore per ritemprarsi e sottrarsi alla brutalità del licenziamento della mia oasi di pace andalusa? Come ogni anno nello stesso periodo, avevo posato le valigie a Garrucha, sul mare, in provincia di Almeria. In compagnia delle mie figlie, per troppo tempo trascurate durante una stagione calcistica che mi assorbiva completamente, ritrovavo il conforto della famiglia e l'emozione della mia Spagna. Avevo bisogno di mettere da parte le preoccupazioni e, in un certo modo, di ricaricarmi. Nemmeno la lettura della stampa sportiva, sull'aereo che mi portava dall'altra parte dei Pirenei, era riuscita a ostacolare i miei primi passi da vacanziere. Si faceva il nome di Raynald Denoueix, che era stato avvicinato da Seydoux per riprendere le redini del Lille. Ma veniva citato soprattutto Paul Le Guen come colui che avrebbe occupato un posto che io non avevo ancora lasciato ufficialmente. Ma sembrava si fosse inceppato qualcosa nell'operazione pilotata da Thuilot: le richieste salariali del tandem Le Guen-Colleu. Esorbitanti, a quanto leggevo. Fuori portata per le finanze del club, assicuravano. "Toh, bell'affare!" riflettevo tra me e me, a metà fra il contrariato e il sarcastico.

Bastarono tre giorni perché i miei ex (e futuri) datori di lavoro si ricordassero di me. Con mia grandissima sorpresa. Ero rientrato dalla spiaggia e, prima di mettermi a tavola per un pasto frugale, me ne stavo sdraiato in terrazza a dare un'occhiata distratta ai giornali spagnoli. Suonò il cellulare: sullo schermo il nome di Thuilot. Proprio così, avevo letto bene: Thuilot. Pensai a uno scherzo. Impossibile! Al secondo squillo, mi dissi: "Che diavolo vuole questo?". Al terzo squillo ero deciso a non rispondere, ma al quarto il mio indice schiacciò il tasto verde. Un riflesso, sicuramente. Il contatto era stabilito. Dopo i convenevoli d'obbligo, mi chiarì il motivo della chiamata. «Domani mattina si riunirà il consiglio di amministrazione del club intorno a Michel Seydoux. Saresti disponibile a riprendere il tuo posto di allenatore?» Mi prese un colpo. Scusa? Che cosa mi stava chiedendo? Di riprendere il mio posto di allenatore? Al Lille, dove mi avevano appena indicato l'uscita? Non seppi che cosa rispondere, pensai a una trappola. Voleva giocarmi un altro brutto scherzo? Ma perché l'avrebbe fatto? Che cosa nascondeva questa proposta? Borbottai qualcosa di molto vago, ma dentro di me pensavo: "Parlerò solo in presenza del mio avvocato!". Mi sollecitò, dando l'impressione di essere di fretta, ma rifiutai di entrare nel suo gioco così poco trasparente: «Fammici pensare, ti richiamo più tardi». Le mie figlie erano fuori, e un po' lo ero anch'io, mentre cercavo una sedia su cui appoggiarmi. Avevo bisogno di fare il punto. E di bere un bicchier d'acqua ghiacciata. Che storia: cacciato come un disonesto quindici giorni prima, reintegrato come un benefattore oggi. Tutto si muoveva decisamente molto in fretta laggiù! Ne conclusi che le trattative con Le Guen erano saltate e che anche le altre strade verso nuovi allenatori, se c'erano, non avevano portato da nessuna parte. Questo era anche il parere dei miei agenti e dei miei avvocati che, unanimi, mi chiesero di stare fermo. «Non fare assolutamente nulla, aspetta.» All'ora della siesta era un invito perfetto. Era bastato immergermi nel benessere estivo perché le linee telefoniche cominciassero ad arroventarsi. Come sempre. Nel giugno del 2007, Jeandupeux mi distolse dai miei bagni spagnoli per propormi di sostituire Hantz al Le Mans. Dodici mesi dopo, Vandamme e Paquet mi offrirono di succedere a Puel al Lille mentre mi crogiolavo al sole di una spiaggia americana. E ora Thuilot, che mi invitava a riprendere le attività a cui credevo di dover rinunciare. Non c'è due senza tre!

Seydoux fa marcia indietro

Sapevo che i miei avvocati in pochi giorni avevano ultimato un dossier importante che metteva la dirigenza del LOSC in una posizione estremamente debole: c'erano stati errori strategici nell'attuazione della procedura di licenziamento, che non rispettavano le più elementari regole del diritto del lavoro. Rischiavano di pagarla cara. Prima ancora che venisse ufficializzato il mio licenziamento, erano già apertamente in trattativa con un altro allenatore, come riportavano i giornali. Era stato un grosso errore da parte loro, e un vero danno per me. La situazione del mercato giocava, in questo senso, in mio favore: nove squadre di Ligue 1 avevano cambiato allenatore, e non c'era dunque più nessun posto disponibile. Non potevo andarmene e sperare di ricominciare da un'altra parte: da licenziato, il Lille mi trasformava in un disoccupato. Un considerevole danno si abbatteva sulla mia carriera. Quando Thuilot propose un risarcimento consensuale di quattrocentomila euro, i miei avvocati rilanciarono con un importo otto volte superiore, motivato da tutti gli elementi in nostro possesso. Gli venne un colpo. Come a Seydoux, che scartò l'ipotesi di dover firmare un assegno simile. «E allora ci rivolgeremo al Consiglio dei probiviri e vedremo...» gli aveva notificato Sébastien Boisseau. Nel braccio di ferro successivo la nostra posizione diventava sempre più vigorosa. E forte. Suo fratello, Pascal, che lavorava dalle parti di Siviglia, fece una deviazione in macchina per venire a trovarmi a Garrucha.

La sua presenza mi fece bene in un momento in cui, mentre gli eventi precipitavano, era necessario che mantenessi tutta la lucidità di cui ero capace e che riflettessi bene su una situazione che andava complicandosi. Avevamo cenato insieme in un ristorante in riva al mare, e questa parentesi mi calmò. Seppe trovare le parole per aiutarmi a chiarirmi le idee. Il giorno dopo la telefonata di Thuilot, una nuova chiamata da Parigi avrebbe cambiato radicalmente la situazione, nella serata. Questa volta era Seydoux in persona che cercava di entrare in contatto con me. Non attesi il quarto squillo per rispondergli.

«Rudi, lei sa che abbiamo appena riunito il consiglio di amministrazione...»

«Sì, presidente, Thuilot mi ha avvertito ieri mattina.»

«Ecco, Thuilot non fa più parte del club.»

«Che cosa intende?»

«Che mi sono separato da lui.»

«Come?»

«Non è più il direttore generale del LOSC, ho posto fine alle sue funzioni. È stato un errore volerci separare da lei. Sarebbe d'accordo di proseguire?»

«Ma il club mi ha convocato per un colloquio preliminare di licenziamento al quale devo presentarmi tra qualche giorno!»

«Dimentichi tutto. Le propongo di vederci al più presto. Giovedì le andrebbe bene?»

«Mi prende alla sprovvista...»

«Bisogna fare in fretta, Rudi...»

«Mi conceda un po' di tempo. Devo riflettere!»

«Faccia presto Rudi, la prego...»

Dopo essermi consultato con Pascal, decisi di richiamarlo due ore più tardi per dargli la risposta. Era chiaro che il rapporto di forza, improvvisamente, era mutato in mio favore.

«Buona sera, sono ancora Rudi. Va bene, d'accordo, accetto di incontrarla.»

«Molto bene, Rudi, molto bene.»
«Mi dia il tempo di prenotare un volo e sono da lei...»
«Appuntamento giovedì a Parigi. L'aspetto.»

Ero lontano mille miglia dal ritenere possibile un tale capovolgimento della situazione. Che cosa era potuto accadere per arrivare a quel punto? Perché tanta fretta, così improvvisa? E come dovevo reagire? Ebbi subito una certezza: Le Guen non aveva mantenuto il proprio interesse e, se stavano tentando un recupero con me, era esclusivamente per il fallimento della trattativa con lui. Avrei salvato la pelle, ma sarebbe stato per contumacia. Il mio temperamento latino, per non dire sanguigno, mi spingeva in un primo tempo a voler rifiutare con forza qualsiasi mossa di riavvicinamento. Mi avete buttato via ieri? Volete recuperarmi oggi? Ma andate al diavolo! Cuocete nel vostro brodo e arrangiatevi senza di me! Morivo dalla voglia di farla pagare a tutti per la loro ingratitudine, ma poi, passato il momento di esasperazione, sono tornato ad altre considerazioni. Più ponderate. Più sagge. Anche più realistiche. Ero in una grande squadra francese dai progetti ambiziosi; conoscevo l'effettivo, che era possibile migliorare; ero quasi sicuro di poter ottenere un piazzamento migliore del quinto posto; volevo essere l'allenatore che entrava per la prima volta, con la sua squadra, nel Grand Stade; a Luchin avevo a disposizione una struttura sportiva valida: era nel mio interesse mettere da parte l'orgoglio e afferrare la mano che il club mi tendeva. Tanto più che dovevo arrendermi all'evidenza: tutte le squadre di Ligue 1 avevano trovato un allenatore e la mia unica prospettiva, a essere onesti, era di andare a gonfiare le liste dei tecnici disoccupati. Si muoveva tutto talmente in fretta che Sébastien mi chiamò per informarmi che Seydoux aveva contattato anche lui. Stava trattando con Martin Jol ad Amsterdam l'ingaggio di Dorian Dervite, suo rappresentato, quando lo chiamò il presidente del Lille. «Ho buttato fuori Thuilot. È necessario che lei sia a Lille questa sera per discutere con Fred Paquet le modalità di un nuovo contratto per Rudi...» Tutte le tessere del mosaico stavano andando al loro posto. Ero al Lille e, dopo una misteriosa interruzione, sarei stato di nuovo al Lille.

La volubilità degli uomini

Salendo sull'aereo ad Alicante, la mattina di giovedì 18 giugno, partii, se non con la coscienza tranquilla, almeno con la certezza di andare nella direzione giusta. La sera prima Sébastien aveva raggiunto Lille, dove aveva potuto chiarire le mie condizioni contrattuali con Paquet, che, da parte sua, grazie all'espulsione di Thuilot, poteva ottenere un avanzamento di carriera. A Orly presi un taxi al volo per arrivare puntuale negli uffici di Seydoux, al 19 di rue de la Trémoille, vicino agli Champs-Élysées. Mi aspettava al terzo piano di Camera One, e mi accolse con un largo sorriso. Avevo bisogno di vederlo faccia a faccia e di guardarlo dritto negli occhi. Per capire, e per chiarire tutto. Seydoux praticava l'arte consumata della schivata, cercando sempre di scansare il conflitto. In quell'occasione ne ebbi un'ulteriore prova. Ripercorse la storia degli ultimi quindici giorni in maniera assolutamente personale: mi ripeté che il mio licenziamento era stato un errore, la cui responsabilità era da attribuirsi esclusivamente a Thuilot, e non si preoccupò di fornirmi delle spiegazioni supplementari che ero in diritto di aspettarmi e che non arrivarono mai. Preferì volgere la conversazione al futuro, cosa che in fondo non mi dispiaceva. Alla fine ammise che il nostro rapporto doveva essere più stretto di quanto non lo fosse stato in precedenza, che non si sarebbe più fidato del punto di vista fuorviante di una terza persona, frapposta tra lui e me. Io sentivo il bisogno di avere dei contatti diretti con il mio presidente, simili a quelli che avevo stretto, in passato, con Bernard Gnecchi, al Dijon, e con Henri Legarda, al Le Mans. Questa collaborazione senza intermediari mi è sempre apparsa indispensabile per il buon andamento di un club.

Approfittai dell'occasione per ricordargli che trovavo inammissibile che un direttore generale accettasse di prestare un orecchio compiacente ai dipendenti che andavano a piangere sulla sua spalla per lamentarsi dell'allenatore. Sapeva che mi riferivo ad alcuni membri dello staff tecnico, ma anche a qualche giocatore più interessato al proprio ombelico che all'interesse generale. Recepì il messaggio e mi promise che il metodo di direzione del LOSC sarebbe stato più collegiale e che non avrebbe più permesso simili disguidi. Citò anche il ruolo di allenatore «alla Ferguson» ma, siccome in quel momento non desideravo ricoprirlo, l'argomento si esaurì subito. Quando uscii dal suo ufficio avevo con me un nuovo contratto che includeva due anni supplementari e una rivalutazione salariale che mi venne riconosciuta sia per il successo della stagione passata sia per le conseguenze dell'improbabile vicenda di cui ero stato vittima. D'altronde, prima che raggiungessi Seydoux, Sébastien mi aveva fatto un breve resoconto della sua chiacchierata con Paquet: «Ho ottenuto tutto quello che ho chiesto...». Era il primo atto ufficiale che faceva nel mio interesse, e aveva avuto la strada spianata... Praticamente non mi ero mai mosso: disoccupato – o quasi – la mattina, ripartivo nella mia veste di allenatore a metà pomeriggio. Riabilitato nelle mie funzioni! Sull'aereo che mi riportava in Spagna, a fine giornata, mi passavano per la testa diverse idee. E non sempre le più pacifiche. Pensavo prima di tutto a Le Guen, che non conoscevo personalmente, ma di cui apprezzavo, almeno fino ad allora, la personalità e il percorso professionale. Trovavo deplorevole il suo atteggiamento che giudicavo scorretto nei miei confronti. Non aveva avuto né l'eleganza né il coraggio di chiamarmi in tutti quei giorni di grandi scosse anche se non poteva ignorare che il mio contratto sarebbe stato valido ancora per un anno. Era chiaramente pronto a prendere il mio posto senza preoccuparsi per nulla dei danni che avrebbe provocato. All'improvviso quel Le Guen mi apparve molto meno simpatico. Meditavo anche sul caso di Thuilot, una sorta di innaffiatore innaffiato,* al tempo stesso vittima e carnefice, sul quale però non mi sembra il caso di versare la minima lacrima di dispiacere. Non aveva forse cercato di uccidermi a sangue freddo con una boria e una determinazione che mi ossessionavano ancora? Ero riuscito a scampare alla sua condanna in modo abbastanza miracoloso. Ed era lui che, curiosamente, si trovava ormai espulso dal Lille! Strano destino.

Infine, come potevo non interrogarmi sull'atteggiamento di Seydoux e del suo consiglio di amministrazione, lo stesso che, nell'arco di quindici giorni, mi aveva condannato senza darmi la possibilità di difendermi prima di discolparmi senza che fosse necessario giustificarmi? A dir poco bizzarro. Da un processo a porte chiuse si passava a una riabilitazione pubblica. Ancora oggi cerco inutilmente le ragioni di questo voltafaccia.

Nella telefonata del 18 giugno non vedevo solo un lieto evento che mi avrebbe permesso di proseguire il mio lavoro e di alimentare la fiamma del calcio del Nord, ma toccavo con mano tutta la volubilità degli uomini, la loro durezza, anche, e perfino l'incoerenza delle loro decisioni. E ne traevo almeno una conclusione: arriverà il giorno in cui non farò regali a nessuno. Nessuno. Perché così va il mondo, lo avevo appena imparato.

* Riferimento a uno dei primi cortometraggi dei fratelli Lumière, *L'arroseur arrosé*: un giardiniere sta bagnando le piante con la canna quando un ragazzino, non visto, blocca con un piede il flusso. Il giardiniere guarda all'interno della canna che cosa la occlude e in quel momento il ragazzino toglie il piede innaffiando l'innaffiatore.

XIV

Sul tetto della Francia

Nient'altro che il mio posto, ma tutto il mio spazio

Lo choc procuratomi da questo doppio cambiamento assolutamente imprevedibile mi aveva provato. Cacciato dall'oggi al domani, ero stato recuperato nello stesso modo. Vittima dell'ingiustizia degli uomini? Senza dubbio. Chi potrebbe smentirmi? Chi oserebbe affermare il contrario? Sacrificato all'inizio dell'estate, rifiutato, sballottato, disorientato. E alla fine rimesso in sella, per un intervento dell'ultimo minuto. Forse dell'ultima chance. Come se non fosse successo nulla. Ero sconcertato. Non volevo compatirmi, fare il martire. Troppo facile. Non era il mio stile. Riprendendo servizio, volevo soprattutto capire come e perché si era arrivati a quel punto.

Mi sono interrogato a lungo: non era possibile che fossero completamente in torto, anche se avevano riconosciuto il loro errore. Avevo di sicuro la mia parte di responsabilità. Doveva esserci una pecca, o due. Toccava a me agire per riprendere il mio posto. Nient'altro che il mio posto, ma tutto il mio spazio. Primo proposito, fondamentale: dovevo stabilire con Seydoux dei rapporti che non fossero episodici. Sapendo che non era facile da seguire, in senso proprio e figurato, visto che non viveva a Lille ma a Parigi, dove stava più spesso, per questioni sia familiari che lavorative. Con la scusa di mantenere una certa convivialità e di ostentare sempre il buon umore, non pronunciava tre frasi senza inserire uno scherzo o un'osservazione ironica. Mi piace lo humour sagace che gli è abituale, ma può rivelarsi destabilizzante quando si insinua in una discussione seria. Si perde il filo, e qualche volta il senso e l'interesse. Conversare con Michel Seydoux è una vera ginnastica. Ciò non toglie che in un club l'unico legame che conta davvero è quello tra il presidente e l'allenatore. Una lezione che mi servirà, anche più avanti. A Roma, ovviamente. Secondo proposito: anche se non aspiravo a ricoprire il ruolo di allenatore-dirigente come il mio predecessore, era indispensabile che andassi oltre le mie prerogative sportive. Per esempio, avrei dovuto seguire il nostro vivaio e impegnarmi nella sua costruzione. Infatti, notavo che se la struttura di Luchin era molto valida, il nostro rendimento lo era decisamente meno. Quanti giocatori uscivano ogni anno dal centro di formazione per andare a integrare la cerchia dei professionisti? Troppo pochi, se non addirittura nessuno. Ho voluto tentare di farmene carico, nell'interesse del club. Al termine della mia seconda stagione, durante un seminario, avevo chiesto alla dirigenza una maggiore coerenza lungo tutta la filiera: «Sapete che la prima squadra ha una certa filosofia di gioco. Sarebbe auspicabile che anche le giovanili crescessero nello stesso stile di gioco». Che cosa avevo chiesto! Sembrava pretendessi di organizzare una spedizione sulla Luna. Il sipario calò davanti a me, sui miei piedi. Della serie: non metteremo i tuoi uomini al centro di formazione, dovrai collaborare con quelli che ci sono già. Non seguono la tua stessa filosofia? Pazienza. Non è un problema tuo. Fine di un tentativo di coordinamento morto sul nascere.

L'episodio dell'espulsione-reintegro portò alcuni giornalisti a spingersi un po' oltre: divenni un incantatore, un calcolatore, per non dire un manipolatore e uno stregone. Cos'altro? Quale altro epiteto mi avrebbero affibbiato? Tra le righe, si insinuava che se mi avevano bacchettato forse me l'ero voluta. Insomma, meritavo quanto era successo...

Non mi ero mai negato alla stampa, prima, forse per il futuro avrei dovuto mettere un po' di distanza tra me e loro. Per preservarmi. Per proteggermi. Solo per proteggermi.

Inserire la quarta

In una settimana avevo sentito Michel Seydoux quanto durante tutta la stagione precedente. Cominciavamo bene. Rapporti diretti, come speravo. Senza intermediari a confondere i messaggi o a far passare soltanto i loro. Seydoux doveva affrontare un problema spinoso. E di conseguenza anch'io. «Rudi, dobbiamo rimpinguare le casse e vendere un giocatore a un prezzo alto.» Il valore sul mercato di Michel Bastos e di Adil Rami non lasciavano alcun dubbio sulla scelta di chi ci avrebbe lasciati. Bastos non desiderava abbandonare la nave e io, il comandante, volevo che restasse. Chi dovevamo buttare a mare? Rami, che aveva già una bolla di accompagnamento per raggiungere l'Olympique Marseille! Tenendo conto delle finanze del LOSC, Seydoux aveva sparato troppo alto. Tredici milioni di euro: è quanto dissi a Didier Deschamps, l'allenatore dell'OM, facendogli venire un colpo. A quel prezzo, il suo club non sarebbe stato fra gli acquirenti. A undici milioni sì. Ma non oltre. La situazione rimase per il momento congelata. Fino a che non entrò in gara il Lyon, all'improvviso, per tentare di comprare Michel Bastos, con un'offerta talmente incredibile da non poter essere rifiutata: diciotto milioni. La trattativa si chiuse presto. Un affare, ma non per me. Da un lato perdevo il miglior bomber del Lille (quattordici gol) e il miglior assistman della Ligue 1 (dieci solo nell'ultima stagione), dall'altro recuperavo un Adil Rami molto irritato, per non dire adirato, per il pessimo esito della trattativa che lo aveva coinvolto. La parola *tradimento*, che usò per definire il tacito accordo improvvisamente rotto, forse non corrispondeva a ciò che pensava davvero. Tuttavia, non ci furono rotture irrecuperabili: la disputa in famiglia fu contenuta e lui rientrò nel gruppo normalmente. Adil è proprio un bravo ragazzo. La stagione del calciomercato è così: strapazza il cuore e l'anima dei giocatori. E complica il lavoro degli allenatori. Guarda caso, dopo quattro giornate, avevamo un solo punto in classifica. Diciottesimi su venti: da retrocessione. Un inferno. Ma, calmi durante la tempesta, abbiamo mantenuto decisi la rotta sullo stile di gioco. E in pieno autunno, la squadra inanellò una serie di otto vittorie consecutive, anche con diverse reti di differenza, l'ultima finita con un 3-0 e senza errori. Infilammo anche una serie di cinque vittorie sul finire della stagione così da ottenere quindici punti. Una bella continuità che ci avrebbe aperto le porte della Champions League... che si richiusero purtroppo su di noi, a causa di una sconfitta per 2-1 a Lorient, durante l'ultima giornata, in circostanze molto spiacevoli. Conducevamo 1-0 e, sull'1-1, sbagliammo un rigore che avrebbe cambiato tutto. Morale: non avremmo disputato il più bello dei tornei europei ma soltanto l'Europa League. Non male come premio di consolazione. E poi, come si poteva non essere soddisfatti di questo quarto posto che rappresentava comunque un progresso rispetto alla stagione precedente? Ricordo che sull'aereo che ci riportava a Lille avevo detto ai giocatori che dovevamo sentirci orgogliosi, non tenere la testa bassa, cosa che alcuni facevano: «Ragazzi, sono molto contento, abbiamo fatto una stagione straordinaria, con settanta punti, abbiamo battuto il record del numero di punti del club, abbiamo segnato settantadue reti che fanno di noi la squadra con il miglior attacco del campionato, altro record del club, e otto volte su dieci, queste statistiche bastano per salire sul podio. Abbiamo anche ottenuto la miglior media punti in casa. Dimentichiamo la delusione e cerchiamo di essere soddisfatti del nostro percorso. Grazie per quello che avete fatto». Il posto che occupiamo, alla fine del campionato, è quello che meritiamo. Ne sono convinto. E come dimenticare, nel bilancio, il nostro percorso in Europa League, con la qualificazione contro il Fenerbahçe, o gli ottavi di finale contro il Liverpool di Steven Gerrand? Vincitori all'andata grazie a un gol di Eden Hazard, ci siamo piegati al ritorno, perché la marcia era ancora un po' troppo alta per noi. Ma avevamo fatto un sacco di esperienza.

A me stesso, invece, dicevo che la stagione seguente, a condizione di mantenere il mio effettivo, avrebbe dovuto essere l'occasione per un miglioramento. E al di sopra del quarto posto non ce ne sono molti a disposizione. Uno dei tre mi andava bene. Ma puntavo al primo.

Il controllo della comunicazione

Al Lille, nel 2008, non mi ci era voluto molto tempo per capire dove mi trovavo. Non sentivo altro che: «Con Claude Puel facevamo così», «Con Claude Puel facevamo cosà». E questo, alla lunga, mi creò un certo fastidio. Ne avevo fin sopra i capelli! Durante le cinque settimane di preparazione di pre-stagione, sempre lo stesso ritornello. Non ne potevo più. Una delle mie prime decisioni? Togliere il ruolo di capitano a Grégory Tafforeau. Non avevo nulla contro di lui, ma dovevo compiere un gesto forte per imporre la mia autorità. Lui sembrò capire, almeno in un primo tempo. Gli avevo chiesto di far parte del consiglio dei saggi, una novità per il club. Ne facevano parte Rio Mavuba, che aveva appena firmato il contratto, e i più anziani Grégory Malicki, Stéphane Dumont e Nicolas Plestan. Durante la prima riunione avevo inquadrato la nostra collaborazione all'incirca in questi termini: «Siete calciatori importanti e riconosciuti. Prima di tutto da me, che vi ho scelto per partecipare a questo consiglio. Ma lo sarete presto anche dai vostri compagni, che riconosceranno in voi i propri delegati. Affronteremo insieme le questioni legate alla preparazione tattica delle partite, fin nei minimi dettagli se ne sentite il bisogno. Ma avremo occasione anche di occuparci di casi più personali, sempre con l'intenzione di unire il gruppo e adottare un comportamento positivo. Un giorno ci potrebbero essere dei vostri compagni in difficoltà che bisognerà aiutare. Riguarderà sia me che voi. Se sentite che cova un conflitto non esitate a parlarne per disinnescarlo subito. Ma alla fine sappiate che sarò sempre io a decidere». E per concludere assegnai il ruolo di capitano a Rio Mavuba, perché avevo bisogno di potermi appoggiare su una personalità nuova per incarnare la mia filosofia. Lui sarebbe stato il mio uomo di riferimento all'interno del gioco, nel quale avevo completa fiducia. Ho avuto la fortuna di poter contare su ragazzi rispettosi, in sintonia con le regole della squadra. Nessuna delle nostre riunioni diede luogo a scambi aggressivi e, se la composizione del consiglio cambiò da una stagione all'altra, a seconda dei mutamenti dell'effettivo, nel mio ufficio non arrivò la minima tensione. A volte mi accorgevo che nelle interviste i giocatori riprendevano idee espresse e discusse tra noi. Vederle riutilizzate rappresentava una vera soddisfazione per me, e anche uno strumento valido per misurare la loro capacità di ascolto e di assimilazione. L'anno del titolo di campione di Francia, un interrogativo alimentò le nostre discussioni a partire da febbraio: quando saremmo usciti allo scoperto annunciando di puntare al primo posto? I ragazzi erano prudenti, non c'erano spacconi, e nessuno voleva imboccare una strada così scivolosa. Da quando la stampa iniziò a ventilare questa ipotesi, al punto da prenderci garbatamente in giro e insinuare che ci mancava l'ambizione, tutti corsero ai ripari! In consiglio, dopo la discussione, ci eravamo detti: «Manteniamo la rotta fino alla partita a Saint-Étienne. Se otteniamo un buon risultato in quella occasione, ci scopriremo». Fu come un giuramento. Avevamo vinto allo stadio Geoffroy-Guichard e, la sera stessa, a tre giornate dalla fine, ci sfogammo. Sì, pensavamo al titolo di campioni di Francia. Il controllo della comunicazione!

Monaco, OM, tutto bene

Se la vittoria sul campo dei *Verts*, dove l'accoglienza del pubblico del Saint-Étienne nei nostri confronti fu eccezionale, rappresentò un momento importante sulla strada maestra verso il titolo, la sconfitta a Monaco, paradossalmente, non fu affatto inutile. Due giorni dopo, convocai due giocatori per un faccia a faccia. Gli interessati? Adil Rami prima, per le dichiarazioni eccessive del dopopartita: aveva diretto ai suoi compagni delle irresponsabili accuse pubbliche. Poi Gervinho, espulso stupidamente e con piena responsabilità. Si presentarono nel mio ufficio, singolarmente. Sequenza video e debriefing. Avevo parlato a Adil a quattr'occhi: «Le tue dichiarazioni ai microfoni di Canal+ sono di una stupidità assurda, sono senza fondamento e rispecchiano solo la tua frustrazione. Hai messo i tuoi compagni in una posizione difficile. È inammissibile». Ebbe l'onestà intellettuale di ammetterlo. Dopo questo richiamo all'ordine avevo riunito il consiglio dei saggi: Mickaël Landreau, Rio Mavuba, Florent Balmont, Mathieu Debuchy e Stéphane Dumont, un connubio di esperienza internazionale e radicamento locale. Avevo incontrato prima i miei quadri. E solo dopo, di fronte all'effettivo riunito, il mio discorso andò dritto al punto: «Si vince insieme, come abbiamo fatto spesso in questa stagione. E si perde insieme. Ci sono stati degli errori nella partita contro il Monaco, ma sono solo errori. Tutti possono farne. Usiamo quanto successo per migliorare. Per non cadere più in trappola. Di calci, ne prenderemo ancora, provocazioni ne subiremo... Se riusciremo a gestire bene questi elementi, forse diventeremo più forti!». E proseguii: «Restano otto giornate di campionato e una semifinale di Coppa, possiamo arrivare in fondo a tutte e due le competizioni». Sulla lavagna, avevo affisso due fogli: la classifica, con la scritta «1° Lille» sottolineata, e un calendario con un solo appuntamento, «sabato 16 aprile: Bordeaux». Il dopo non mi interessava. Serviva una comunicazione tranquilla. E tranquillizzante. Non si fanno migliorare i giocatori sbraitando contro di loro o mettendoli all'indice. E quando si bloccano, per una ragione o per l'altra, non bisogna innervosirsi ma individuare le difficoltà da superare. Dire le cose, certo. Affrontare i problemi, senz'altro. Ma mai drammatizzare, né ribaltare la scrivania per sfogarsi. Non serve a nulla.

Anche la nostra vittoria sul campo dell'Olympique Marseille, a una decina di giornate dalla fine, ebbe un'importanza determinante per liberare le menti. E per la dinamica di gruppo che ne scaturì. Raggiunta durante i minuti di recupero grazie al gol di Pierre-Alain Frau, che colpì una palla su cross di Emerson – due riserve che sapevano rendersi molto utili –, dimostrava che il Lille aveva la capacità di imporsi in un incontro di capitale importanza contro una delle squadre più forti del campionato. E parlando di capitale, stavamo per essere accontentati. E doppiamente.

Vedo doppio

Nel 1955 in Francia Citroën presentava il suo nuovo modello, la DS, il gioco da tavola Scarabeo faceva la sua comparsa nei negozi e la stazione radio Europe 1 cominciava a trasmettere. Nel mondo del calcio, l'anno fu segnato dalla nascita di Michel Platini, di Maxime Bossis e di Dominique Rocheteau. E da un avvenimento che tutto il Nord del paese ricordò allorché ci qualificammo per la finale della Coppa di Francia 2011 contro il Paris Saint-Germain: ovvero l'ultima vittoria del LOSC in quella competizione. Per cinquantasei anni il club non aveva più vinto! Il 29 maggio 1955 allo stadio Yves-du-Manoir di Colombes, il Lille batteva 5-0 il Bordeaux. Marceau Somerlinck, recordman con cinque Coppe di Francia, vinceva il suo ultimo trofeo. Un'epoca intera. Una vita intera, o quasi. Nello sport più che in qualsiasi altra attività umana, gli anni che passano accrescono la nostalgia. Il grande ritorno del Lille sulla ribalta dell'élite francese dava una formidabile ventata di gioventù agli anziani e fugava i complessi dei più giovani. Quel 14 maggio 2011 il LOSC univa le radici di ieri e i progetti di domani. E l'exploit lo collegava al presente. Un gol di Ludovic Obraniak su calcio di punizione diretto negli ultimi minuti di gioco ci sarà sufficiente per vincere: 1-0 contro il PSG, a Saint-Denis, praticamente a Parigi. L'exploit non era da poco. Per noi era addirittura colossale. Provai la più bella emozione che mi abbia mai dato una partita. Era il mio primo titolo. Il primo della mia carriera di allenatore. Ma anche il primo di tutta la mia vita da professionista. Comunque sia, la prima volta ha sempre un sapore speciale. L'atmosfera rimarrà impressa in maniera indelebile nella mia mente: metà dello Stade de France aveva i colori del LOSC. Una gioia indescrivibile si impadronì dei giocatori e degli allenatori, sull'erba e in panchina. Sentivamo una comunione profonda con il nostro pubblico, accresciuta dalla lunga attesa, davvero interminabile, specialmente per i tifosi. Alcuni anziani mi dissero con gli occhi lucidi: «Non pensavamo di poterlo rivivere». Per un po' mi unii al pianto collettivo. Ero fiero del Nord, fiero del Lille. Partecipavamo alla scrittura della bella storia di un club prestigioso. Dicevo a me stesso che mi sarebbe piaciuto giocare in questa squadra. Il piacere che provavo, seppur per procura, era totale. Per un momento, nell'euforia generale, dopo la consegna del trofeo, ricordo di avere alzato lo sguardo verso il cielo stellato. Da lassù mio padre doveva apprezzare. Ne ero convinto. Rispondendo alla domanda di un giornalista televisivo, avevo pronunciato qualche parola in spagnolo. Per lui. Perché mi ascoltasse. La sera, dopo la partita, tutta la mia famiglia e gli amici si riunirono in un angolo del ristorante dell'hotel Costes, a Parigi, vicino a Place Vendôme, dove volevo condividere con loro questo successo emblematico. Erano arrivati anche dalle Ardenne per festeggiare! Mia mamma, le mie figlie, Véronique, alcuni cugini, mio nipote, mia nipote e i miei amici: tutti lì, fisicamente presenti, venuti apposta per l'occasione. E per me. Un clan in fermento. Una cinquantina di persone in festa. Ero talmente felice di vederli così felici. Mi ero appartato per un momento con Serge. Per scambiare due parole, due idee, due riflessioni. «Ti rendi conto? Mi rifiutavo di pensare che un giorno sarei diventato allenatore. Ce l'avevo troppo con questo mestiere che aveva portato via tanto tempo ed energie a mio padre. E ora, eccomi qui, davanti a te, con la Coppa di Francia tra le mani...» Insistetti: «Ti rendi conto? Quindici anni fa allenavo il Corbeil, in Division d'Honneur...». Il bisogno di rievocare il passato per apprezzare il presente. E stupirsene. Quanta strada percorsa. Con Serge ricordai ancora la figura di mio padre, l'unico assente la cui presenza irradiava la serata. Mi parlò del suo. Condividemmo alcuni episodi delle nostre vite, come due fratelli. Il tempo passava, era tardi, ma più nulla aveva importanza. Stavamo ridisegnando il mondo, un po' alla volta: «Sai Serge, quando si è giovani alcuni sogni non vengono esauditi ma, dopo, se ne realizzano altri ed è ancora più bello...».

Sette giorni dopo, il pareggio (2-2) al Parc des Princes contro il Paris Saint-Germain, decisamente il nostro miglior «nemico» della settimana, ci permise di aggiudicarci il terzo titolo di campioni di Francia della storia del LOSC, dopo quello del 1946 e del 1954. E il secondo *double*, dove il primo era stato realizzato dalla squadra del 1946 con giocatori come René Bihel e Roger Vandooren. Altri illustri calciatori che riportammo all'attualità. Paradossalmente, l'entusiasmo fu meno acceso che allo Stade de France, senza dubbio perché si trattava di una lunga maratona che giungeva finalmente al termine. Non aveva la «violenza» di una partita secca dal ritmo martellante che assomiglia più a una corsa dei cento metri, in cui l'intensità raggiunge il suo apice in un tempo minimo. Ma non avrei rinunciato al piacere! Più di qualsiasi altra sera, intendevo festeggiare con la «mia» squadra. Ricordo di essere arrivato nella sala stampa del Parc des Princes, una buona mezz'ora dopo la fine della partita, circondato da cinque giacche bianche con i profili rossi. «Il mio staff!»

avevo annunciato ai quattro venti. Alla mia destra: il dottor Franck Le Gall, Jean-Pierre Mottet, allenatore dei portieri, Claude Fichaux, il mio vice. Alla mia sinistra: Fred Bompard, mio... braccio destro, e Greg Dupont, il preparatore atletico. Ai giornalisti presenti feci un breve discorso: «Se non mi sono presentato da solo è perché per una volta volevo mettere in luce tutti quelli che lavorano con me. Sono loro che hanno permesso ai giocatori di realizzare questo storico *double*. Formiamo una vera squadra, complementare, unita, al servizio dei giocatori. Hanno fatto di tutto per giungere a questo risultato formidabile». Avrei potuto citare anche i nomi dell'«altra» mia squadra, quelli di Rio Mavuba, la mia sentinella, il mio capitano, il mio ripetitore e altro ancora, di Yoann Cabaye o di Florent Balmont, i suoi indispensabili compagni di centrocampo. Ma come dimenticare le fasce: Mathieu Debuchy, che avevo rimesso sull'ala con successo, e Frank Béria; o i due difensori centrali, Adil Rami e Aurélian Chedjou (rimesso in questa posizione su mia richiesta), che, davanti a Mickaël Landreau, assicuravano alla difesa del Lille la reputazione di una cittadella inespugnabile? E come non insistere sul genio e la complicità di Gervinho e di Eden Hazard, che nell'efficacia di Moussa Sow, reclutato a costo zero alla fine del mercato, avevano trovato il prolungamento ideale della loro frenesia d'attacco? Infine, come non vantare i meriti di tutte le riserve – Túlio De Melo, Pierre-Alain Frau, Emerson, Stéphane Dumont, Barel Mouko o Ludovic Obraniak –, senza le quali il gruppo non avrebbe potuto funzionare? A inizio di stagione, temevo di perderne uno o due, ma Seydoux era riuscito nello sforzo di mantenere intatto l'effettivo. Una bella fatica che diede i suoi frutti. Non esiste altra ricetta per assicurare il miglioramento di una squadra e il suo livello di prestazione: lavorare con continuità, cementare le relazioni tra gli uni e gli altri, imprimere una cultura di gioco comune nel lungo periodo. La «mia» squadra e l'«altra» mia squadra formavano in realtà un unico e medesimo gruppo. Unito nel bene. E mai nel male.

La dimostrazione più evidente fu domenica, per le strade di Lille, dove tutta la gente del Nord si ritrovò per festeggiare il *double*. Una parata indimenticabile, sull'autobus a due piani, che attraversò il Boulevard de la Liberté, tra Place de la République e l'Esplanade, in un'atmosfera decisamente sovreccitata. Credevo di trovarmi contemporaneamente immerso nei festeggiamenti per la celebrazione della Liberazione di Parigi nel 1944, nella festa popolare che accompagnò la vittoria della nazionale ai Mondiali nel 1998 e nella... Braderie, il mercatino delle pulci, una delle più famose attrazioni della città. Festeggiamenti elevati al cubo! Esplosivi. Era indescrivibile, e quelle immagini di tripudio e di allegria mi diedero i brividi.

Ero fuori di me, sia per la fatica sia per l'eccitazione, e nessuno riusciva a farmi tacere. Solo il dispiegamento dell'artiglieria pesante avrebbe potuto ridurmi al silenzio! «È per voi che abbiamo vinto la Coppa di Francia, è per voi che siamo campioni di Francia»: scandivo al microfono qualche parola semplice e capace di unire, sulle note di *We are the champions*, per mantenere l'atmosfera. Prima di presentare, nel clamore più totale, i singoli giocatori, a cui affibbiavo soprannomi affettuosi: «il mio piccolo» per l'uno, «il mio pulcino» per l'altro. Meraviglioso momento di comunione, in mezzo a un mare di bandiere rosse. Mi davo i pizzicotti per essere sicuro di non sognare: tutte queste persone erano venute per noi, per questo *double* di cui erano tanto fiere, per il calcio che amavano tanto?

Ma non fui l'unico ad animare il piano superiore scoperto del bus, tutt'altro. Come un direttore del coro, Adil Rami, occhiali scuri e cappellino nero in testa, e Rio Mavuba, vistosi occhiali verdi sul naso e bandiera dello Zaire sulle spalle, battevano il tempo con la stessa passione che dimostravano in campo. E perfino di più... Sicuramente con molta più esuberanza.

A pochi metri da noi si ergevano da un lato gli ultimissimi resti dello stadio Grimonprez-Jooris in corso di demolizione, e dall'altro l'ombra dello stadio Henri-Jooris, che conobbe i momenti gloriosi del LOSC, in particolare il *double* del 1946.

Tra passato e presente, la squadra di calcio del Lille era riuscita a organizzare il vasto raduno di un popolo di tifosi fieri dei suoi colori.

Guardando la lista di tutti gli allenatori che avevano ottenuto il *double,* lista alla quale il mio nome andava ormai associato, mi pizzicavo per essere sicuro di non sognare. Io tra di loro? Fra tutti questi grandi nomi? C'era Albert Batteux, di cui mio padre mi parlava quando cominciavo a interessarmi alla storia del calcio. Lo Stade de Reims e il Saint-Étienne: due squadre che allenò per portarle sulla cima. C'era anche Robert Herbin per il quale ho nutrito sempre una grande ammirazione. Di lui si diceva che fosse la «Sfinge», e la sua naturale autorità mi colpiva. Aveva la fortuna – e l'onore – di essere l'allenatore di una squadra che la Francia intera amava. C'era poi Aimé Jacquet, che per me rappresentava la semplicità e l'umiltà. Era stato stoico in mezzo alla tempesta che precedette la Coppa del mondo del 1998 e, alla fine, mostrò un aspetto essenziale del successo di un allenatore: può raggiungere i suoi obiettivi solo con il coinvolgimento totale dei suoi giocatori. Una lezione fondamentale che va oltre la nozione di tempo. Non era anche la mia alla fine di una serata in cui vedevo doppio?

XV
La fine di un ciclo

Il primo dei perdenti

Ci avevo creduto davvero fino all'ultimo. Con tutte le mie forze. Nemmeno il pareggio del Saint-Étienne, intorno all'ora di gioco, mi aveva fatto vacillare, convinto che la vittoria avrebbe finito per sorriderci, prima o poi. Salomon Kalou, autore di un gol nel primo tempo, stava per raddoppiare! Era a un passo dal segnare, una prima volta su un assist non sfruttato, la seconda su colpo di testa respinto sulla linea da un giocatore del Saint-Étienne. Una sfortuna. Eppure non si arrese. Sicuro che avrebbe segnato la rete indispensabile alla qualificazione per l'Europa. Ancora uno sforzo, Salomon, e ci siamo. Per convincerlo a unirsi a noi quando ancora giocava con la maglia del Chelsea, lo avevo intercettato un giorno in cui era venuto a Lille per incontrare Gervinho, suo compagno nella nazionale ivoriana: «Vieni da noi, ti divertirai. Siamo una squadra che gioca...». Pensavo fossimo proprio adatti a lui, che si sarebbe trovato a suo agio. Ci mise molto, purtroppo, prima di raggiungere il suo massimo stato di forma. E io, da parte mia, ci misi un po' di tempo a concepire l'organizzazione giusta della fase offensiva. A furia di rifletterci, alla fine ci ero riuscito. Da una posizione più defilata, passò al centro dell'attacco e questo spostamento tattico lo rivitalizzò: autore di due gol nella prima parte della competizione, arrivò alla fine a segnarne quattordici. Questa nuova soluzione, in cui riponevamo grandi speranze, fu inaugurata al Parc des Princes, all'inizio di gennaio, contro il Paris Saint-Germain, ma diede prova della sua efficacia qualche giorno più tardi, a Lione, dove la usammo al meglio.

La corsa contro il tempo era cominciata. Per tre mesi, il ritmo infernale che riuscimmo a mantenere ci portò in alto in classifica, malgrado la nota stonata della sconfitta in casa contro il Sochaux. Fino alla partita contro i *Verts*, che decideva il nostro destino. Salomon correva da una parte all'altra del campo. E Dimitri Payet, dal canto suo, tentava l'impossibile. Aveva aiutato la squadra con il massimo dell'impegno per diversi mesi e, in dirittura d'arrivo, non riusciva più a mantenere gli stessi standard di gioco. Peccato. Difficile, per lui, proseguire. Spossatezza fisica? Un'ipotesi da non escludere. Ma forse, inconsciamente, pensava che il suo destino lo avrebbe portato a giocare altrove. Sembrava ripiegato su se stesso e il suo gioco ne soffriva. Ah, se almeno lui avesse potuto infilare il gol che ci avrebbe mandato in Europa League! Ma né Kalou, né Payet, né nessun altro ingannò più Stéphane Ruffier, che riuscì a garantire il pareggio alla sua squadra. Fermi sull'1-1. Terzi nella stagione precedente, il Lille chiudeva al sesto posto. Il primo dei perdenti. Quella classifica significava non ottenere alcun biglietto per una coppa europea. Come il quarto posto nella finale olimpica dei cento metri: non serve a nulla, se non ad avere eterni rimpianti. Dentro di me montava la rabbia. E tornai velocemente nello spogliatoio per tenere sotto controllo la mia delusione. Troppo stupido fallire per così poco. Oggi ho un solo rimpianto: quello di non essermi preso il tempo sufficiente per trascorrere un momento con i tifosi, rimasti all'interno dello stadio ad assistere ai fuochi d'artificio organizzati dalla dirigenza del club. Quello che non avevano visto in campo lo avrebbero almeno potuto ammirare nel cielo. Avrei dovuto salutarli e ringraziarli. Rimanere con loro. Ma se non lo avevo fatto è perché pensavo che li avrei rivisti all'inizio della stagione successiva. Al triplice fischio dell'arbitro non avevo pensato che quella sarebbe stata la mia ultima partita sulla panchina del Lille. Non lo pensavo assolutamente. E tuttavia, quella domenica 26 maggio 2013 segnò la fine di un'epoca.

La frustrazione europea

La stagione iniziò con addosso una pressione fortissima. Dal mese di agosto, la Champions League ci chiamò a partecipare a un turno preliminare molto rischioso contro l'FC Copenhagen. Riuscimmo a passare, e potemmo accedere alla fase a gironi, con le sue squadre prestigiose e i suoi milioni di euro. Inciampammo, e come risarcimento ci fu l'Europa League, con le sue squadre di livello inferiore, almeno all'inizio, e le sue entrate più modeste. Non avevo mai visto i dirigenti del Lille tanto agitati prima della partita di ritorno di Champions e tanto contenti dopo. Si trattava di una guerra di nervi, a fior di pelle. D'altronde, dopo la qualificazione ottenuta nel nostro Grand Stade, inaugurato quattro giorni prima contro il Nancy, in Ligue 1, Fred Paquet non ne poteva più: «Non mi voglio trovare mai più in una situazione simile, Rudi! Mai più! Dobbiamo smetterla di fare castelli in aria. È troppo pericoloso, non serve a nulla...».

Come dargli torto? C'erano voluti i supplementari, al ritorno, per riuscire a cavarcela. Il successo di un club legato a un tiro dentro o fuori? A una prodezza inaspettata di un centravanti? A una parata miracolosa del portiere? A una decisione arbitrale favorevole? Anche per lo staff e i giocatori lo stress fu duro da gestire. Per questo mi chiedo se non ci sentimmo appagati già subito dopo la qualificazione. Obiettivo raggiunto, come se il resto della competizione fosse secondario. L'avremmo pagata cara. Molto cara. Contro il Bayern Monaco, sapevo che il confronto rientrava nelle missioni impossibili. All'andata, in casa, avevamo creato rare occasioni da gol, d'altro canto anche loro non avevano fatto molto meglio. Ma un rigore inventato assicurò al Bayern la vittoria. Il condizionamento psicologico delle grandi squadre, senza dubbio. Nella partita di ritorno avevo voluto essere più ambizioso, cercando di proporre il nostro gioco, e perfino di imporlo. Il fulmine si abbatté su di noi. Il tabellone segnava 6-1. Nel primo tempo, sul 5-0, feci appello all'orgoglio dei giocatori per evitare di incassare le otto o nove reti che rischiavamo di lì alla fine. Lahm ci aveva massacrati dal suo lato, ma l'incapacità fu collettiva. Sono convinto che rimanendo in difesa ne avremmo presi comunque almeno quattro. Avevamo tentato, avevamo fallito. Me lo rimproverarono all'interno del club: «Questo risultato non va bene, Rudi!». Inutile dirmelo. Lo sapevo già. Non c'era bisogno di girare il coltello nella piaga. Qualche settimana dopo, in semifinale, il Bayern Monaco infilava quattro gol nella rete del grande Barcellona all'andata, tre al ritorno. Senza incassarne nemmeno uno. 7-0 nei centottanta minuti complessivi. Questa incredibile eliminazione, per la sua ampiezza, rivalutava parzialmente il nostro pessimo risultato. Il Bayern Monaco si imponeva come la miglior squadra d'Europa. Il Lille non era da solo a mangiare la polvere! Ma nessuno, intorno a me, fece il minimo accenno alla sbandata del Barça. Silenzio in aula. Dopo la prima campagna di Champions League, nel 2011-2012, quando eravamo stati eliminati per un solo gol durante l'ultima giornata della fase a gironi, e per l'assenza non compensata di Marko Basa durante la prima giornata contro il CSKA Mosca, pensavo di avere tratto diversi insegnamenti, in vista di quella successiva. Avevamo subìto un salasso con le partenze di Adil Rami, Yohan Cabaye e Gervinho. L'intera colonna portante della squadra distrutta, e quindi da ripensare. Non fu così semplice ricostruirla. D'altronde, questa è da sempre la mia principale preoccupazione: perché le squadre che alleno riescono meglio nella seconda metà della stagione che nella prima?

Bisogna trovare, ogni volta, il tempo necessario per far ripartire il tutto. Dimenticare gli ex, inserire i nuovi, riunire lo spogliatoio, creare delle complicità, elaborare un gioco comune; tutto questo non si fa in un giorno, schioccando le dita. Sarebbe stato perfetto giocare la prima fase a gironi da gennaio a maggio. Peccato che il calendario le imponesse da settembre a dicembre. Spesso era stata la miglior qualità dei giocatori a fare la differenza. Sono loro che decidono le sorti di una partita. Doumbia del CSKA Mosca o Pazzini dell'Inter, per esempio, furono incontenibili. Anche Javier Zanetti, assolutamente sorprendente. Gli italiani mi impressionarono per la disciplina. Non erano chiaramente al massimo, anzi, in una forma mediocre per il campionato nazionale, ma non ci concessero nessuna occasione. Seri, solidi, pragmatici. Insuperabili. Il mio preparatore atletico mi aveva avvisato: «Moltiplicano le corse, fanno scatti più intensi e prolungati, coprono maggiori distanze. Danno di più, insomma. La Champions League li esalta, è molto semplice...». Una vera cultura di alto livello. Quando consultavo le statistiche delle grandi competizioni internazionali, Coppa del mondo, Europeo o Champions League, le conclusioni mi spingevano con maggior convinzione verso il mio progetto di gioco: la squadra che controlla di più la palla, che tira di più e che crossa di più – tre delle principali caratteristiche rilevate – ha più possibilità di imporsi. Riponevo le statistiche e insistevo sulla mia strada: «Hai ragione a voler creare incertezza nel tuo avversario, continua così!». Peccato però che mi mancasse ancora qualcosa, visto il fallimento in Europa: per esempio, una squadra che fosse già abituata a giocare insieme da più di una stagione. Non potevo continuare a essere schiavo della mancanza di titolari fissi. Forse non facevo sufficientemente appello alla motivazione dei giocatori per ribaltare l'ordine stabilito, come l'Inter o il Bayern, e per far superare loro il senso di inferiorità. Per imporsi, i giocatori devono scendere in battaglia, impegnarsi nei duelli, non cedere terreno. Lottare, e ancora lottare. Non mollare mai, come si dice. Talvolta, avrei dovuto difendere di più, essere maggiormente prudente, meno audace e mettere da parte certe idee. Forse, in qualche occasione, forse... Per ottenere un riconoscimento internazionale bisogna vincere qualche incontro a livello europeo. Allora, lo sguardo degli altri cambia completamente. Il Lille ci è riuscito, ma troppo poco. Vincere contro il Liverpool non è da tutti. All'andata, vittoria! Che soddisfazione per una squadra come la nostra, eravamo orgogliosi. Ma al ritorno, prima della partita ad Anfield Road, ero stato vittima della sindrome della squadra inesperta. Credo di aver alzato la voce con i miei giocatori: «Smettetela di chiedervi quale maglia indosserete alla fine della partita! E smettetela anche di farvi fotografare nello stadio! Giocate, qualificatevi e poi si vedrà...».

Prima di quella partita di Champions League, Eden Hazard mi aveva detto, tutto contento: «Quando sento l'inno risuonare in campo, mi sembra di essere ai confini della realtà...». Va in estasi! Eden è proprio un bravo ragazzo, *cool*, tranquillo, sempre molto attento e con una grande fiducia in se stesso. Pensa di poter vincere il Pallone d'oro, un giorno, e anch'io ne sono abbastanza convinto. Non è necessario ripetergli due volte la stessa cosa, è molto piacevole allenare un giocatore come lui. Capisce, accetta, cresce. Da giovanissimo, pensava che il calcio iniziasse quando si riceve la palla. La sua cultura tattica era ridotta alla sua più semplice espressione, ma era del tutto normale a quell'età. Migliorò in fretta e comprese, in particolare, che la sua formidabile visione di gioco e la sua capacità di essere decisivo potevano permettergli di diventare un grande giocatore, sempre a condizione di lavorare molto. Cosa che ha fatto egregiamente.

Dopo il titolo di campioni di Francia 2011 ci trovammo costretti a scegliere: chi, tra Gervinho e Hazard, doveva rimanere nel nostro effettivo? Economicamente, il club non aveva la disponibilità per tenerli entrambi. Gervinho era stato il più decisivo durante l'intera stagione, la scelta ricadde quindi su Eden, il cui valore sul mercato sarebbe stato decisamente superiore nella stagione successiva. Contavamo molto su di lui anche in Champions, ma purtroppo il suo rendimento fu inferiore alle aspettative. Splendido in campionato, dove fece esplodere le sue statistiche, si era tenuto in disparte nella competizione europea. Troppo giovane, troppo tenero forse, per quel livello. Peccato, perché un grande giocatore è l'unico ad avere la capacità di ribaltare le sorti di un incontro. Quando ho capito che era pronto per delle sfide più importanti, era già troppo tardi. Dovevamo lasciarlo andare. Ricordo che nel 2011, nello spogliatoio a Luchin, Gervinho ricevette una telefonata dal suo amico Didier Drogba, che era al Chelsea. Didier gli chiese se Hazard era accanto a lui. «Sì, è qui!» «Passamelo, c'è qualcuno che vuole parlargli.» All'altro capo c'era Roman Abramović, che non fece giri di parole: «Non so quanto prendi al Lille, ma ti do il triplo!». Eravamo stati costretti a rivedere il contratto di Eden, in tutta fretta e in modo non trascurabile. Per un anno, non oltre. Impossibile fare di più. Sarebbe andato al Chelsea prima dell'inaugurazione del nostro Grand Stade. Avrei voluto davvero che un gioiello simile avesse potuto esprimersi nel nostro nuovo scrigno! Come avrei voluto disputare la Champions League con la squadra che aveva fatto il *double* nel 2011. È importante non rimpiangere nulla. Non bisogna nemmeno dimenticare, però. La Champions rimane ancora per me un mondo da esplorare. Attendo con un po' di impazienza il giorno in cui ci incontreremo di nuovo. Farò di tutto perché avvenga con la Roma la prossima stagione.

Richiami all'ordine e sfoghi personali

Nel cuore della stagione 2012-2013, con la partenza precipitosa di Mickaël Landreau e Mathieu Debuchy, i risultati meno buoni e l'uscita dalla Champions League, i media non ci risparmiarono, omettendo deliberatamente i risultati positivi che comunque stavano ottenendo. Mi dispiace che alcuni giocatori, con le loro dichiarazioni inopportune, abbiano talvolta gettato benzina sul fuoco. Ah, quei discorsi rilasciati ingenuamente in conferenza stampa! Certo, tutti avevano la possibilità, come fece un giorno Florent Balmont, di lamentarsi e buttarsi nella mischia. «È una merda! Del 2011 sono rimasti solo tre titolari. Dove sono andati gli altri?» Ma a che cosa serviva? Come avrebbe potuto aiutare la situazione una dichiarazione simile? Lamentarsi non è mai utile per un piano d'azione. In consiglio, avevo richiamato tutti all'ordine spiegando le ragioni per cui non eravamo allo sbando, ma in difficoltà. E cercavo di essere ottimista su alcuni aspetti cruciali per risvegliare e mantenere la motivazione del gruppo. Bisognava sgomberare l'orizzonte. Altrimenti si finiva nell'apatia e si sprofondava nella tristezza! Nella definizione di «consiglio dei saggi» c'è la parola *saggio*, non dimentichiamolo. La scena si svolse al ristorante de l'Arbre, nascosto in mezzo al verde nella storica piana di Bouvines, sul pavé della Paris-Roubaix. Un bellissimo locale dove andavo ogni tanto. Avevamo alle spalle una settimana impegnativa, con l'eliminazione in Coppa di Francia a Valenciennes e una sconfitta in casa contro il Bordeaux (4-5) che aveva scosso tutti. Era stato dopo il mercato di riparazione invernale che ci aveva alleggeriti di Moussa Sow e di Ludovic Obraniak, la cui partenza aveva risollevato le finanze del club ma indebolito il nostro potenziale sul campo. Entro il mese di febbraio del 2012 avrei voluto riunire intorno a un tavolo Rio Mavuba, Florent Balmont, Franck Béria, Mathieu Debuchy, Benoît Pedretti e Mickäel Landreau per fare un bilancio e rinsaldare i legami dello spogliatoio. Ritenevo urgente fare fronte comune per evitare lo scompiglio. Micka arrivò in ritardo. Sapevo che era molto preoccupato per la situazione della squadra e conoscevo il suo stato d'animo. Non aveva una visione ottimistica riguardo al futuro, per usare un eufemismo. Un giorno, nello spogliatoio, davanti a tutti i suoi compagni, fu il bersaglio indiretto di Frédéric Paquet, a cui non piaceva il suo comportamento, che giudicava spiacevole e fuori luogo. Micka ne fu amareggiato e, diversi giorni dopo, non era ancora riuscito a mandare giù l'attacco di cui era stato vittima. Ce l'aveva con me per non averlo difeso. Ma io avevo preferito non intervenire. Con un tono pacato Micka ci spiegò che non si sentiva più in sintonia con la politica del club. Di conseguenza avrebbe lasciato il consiglio, dove pensava non ci fosse più posto per lui. Accettò di bere un bicchiere con noi, ma si rifiutò di raggiungerci per il pranzo. La sua sedia rimase vuota. Il suo discorso aveva creato il gelo. Ricordo la faccia di Fred Bompard quando ci raggiunse per il caffè. Vedendoci esclamò: «Cos'è questo funerale?». Non sapeva quanto avesse ragione. Dentro di me covavo una collera che tentavo di non lasciar trasparire. Ma, francamente, visto l'atteggiamento di Micka, troppo deciso a farla pagare a qualcuno, era meglio che non partecipasse più alle nostre riunioni. La rinuncia di Mathieu Debuchy, più tardi, mi apparve meno problematica, sia nella forma sia nella sostanza. A causa degli Europei 2012, ai quali aveva partecipato, aveva saltato la preparazione di inizio campionato e la sua voglia di fare un'esperienza in un club straniero lo spinse a prendere le distanze dal consiglio. Mi aveva assicurato che il meglio di sé lo avrebbe dato in campo, che potevo contare su di lui finché rimaneva con noi, ma che preferiva uscire da un organismo al quale non intendeva più dare il suo contributo. Trovavo logico il suo modo di fare e lo accettavo senza riserve: avevo bisogno di giocatori concentrati al cento per cento. La gestione degli uomini richiede un'attenzione continua e, in questo ambito, non si può prendere niente alla leggera. Il minimo cedimento, e l'uscita di strada vi attende alla prima curva. Da giocatore ero consapevole dei miei limiti personali. Sapevo che sarebbe stato inutile tentare di emergere da solo. Non avevo alcuna speranza! Ero incapace di vivere senza gli altri, ma grazie agli scambi, che assicurano il legame tra i calciatori, grazie alla tecnica che rende il gioco più fluido, potevo sperare di trovare la mia strada. La mia filosofia di allenatore mosse i primi passi nella realtà del campo dei miei anni giovanili: ho sempre incoraggiato il sentimento collettivo e stimolato la mia squadra a raggiungerlo, senza mai contrastare l'espressione delle singole personalità. E se fosse questo il consiglio valido da non dimenticare?

Il momento delle grandi decisioni

La fine della stagione mi spinse a farmi diverse domande. Anche la mancata qualificazione in Europa League, seppur tanto agognata, non aveva fondamentalmente cambiato la mia visione delle cose. Che fare? Rimanere al Lille? Andarmene? E per andare dove? Per fare cosa? E la dirigenza del club che cosa voleva esattamente? Proseguire con me? Con un altro? Per portare avanti quale strategia? Sul mio avvenire, e di conseguenza su quello del Lille, incombevano molte incertezze. Dopo la conquista del *double*, nell'estate del 2011, il mio contratto era stato rivisto dal punto di vista salariale, ma la durata dell'ingaggio non era cambiata. Sarei rimasto in carica fino al 2014. Di comune accordo, avevamo deciso di darci un anno di tempo per riflettere e discutere. E andare, passo passo, senza precipitare le cose, verso una soluzione che potesse soddisfare entrambe le parti. Pascal e Sébastien Boisseau, i miei agenti, seguirono il caso molto da vicino, mantenendo un atteggiamento di dialogo e di apertura costante. L'idea di base del club, all'inizio, era mettere in piedi un nuovo progetto di tre anni, puntando su una politica più decisa verso i giovani. Certo, il Grand Stade offriva un quadro ambizioso, con la prospettiva di entrate più interessanti, ma la situazione finanziaria del club imponeva un cambio di orientamento. Con il trascorrere dei mesi, venne definita la strategia e, a un certo punto, non si sapeva più se si basava su una visione del budget esclusivamente restrittiva o se si potesse avviare un piano di sviluppo. L'idea di vendere diversi giocatori, fra una stagione e l'altra, prendeva sempre più piede. Non ero contrario all'idea di ripartire con un «progetto giovani», ma ad almeno due condizioni: che non riguardasse un periodo di un anno o due, ma fosse di più ampio respiro; e che il progetto fosse accompagnato da una buona comunicazione da parte del club. Ogni anno l'effettivo veniva amputato dei tre o quattro suoi migliori elementi, che passavano a un'altra squadra, e gli obiettivi rimanevano comunque gli stessi. Temevo che questa volta mi chiedessero di giocare in Europa con mezzi ancor più limitati. Queste mie riserve vennero male interpretate? La dirigenza del club immaginò che io non avessi che un'unica intenzione: andarmene. E che i miei agenti non avessero che un'unica intenzione: organizzare la mia partenza. Era falso. Sébastien scelse la trasparenza: «Sì, alcuni club sono interessati a Rudi. No, non è stata avanzata alcuna proposta seria». Periodo precario, instabile, periodo di dubbi, all'interno del quale ognuno faticava e non riusciva a proiettarsi verso un futuro incerto. E poi, cammin facendo, fu evidente a tutti che eravamo giunti alla fine di un ciclo. Era senza dubbio meglio, per il presidente del Lille e per me, che lasciassimo perdere. Contenti della strada percorsa insieme, ed entrambi soddisfatti di cogliere l'opportunità di una separazione consensuale. Senza clamore, senza acredine, senza secondi fini. Tutto si svolse in piena armonia con Michel Seydoux, che si comportò da perfetto gentiluomo. Il Lille mi aveva lanciato nel 1983. Venticinque anni dopo, mi aveva affidato una missione esaltante, alla quale ponevo fine. Non c'è due senza tre? Avrei vissuto un'altra avventura, un giorno, al Lille? Probabilmente non ci sarà una terza volta.

Certo, non si può mai dire. Ma alla consapevolezza profonda della fine di un periodo si univa la convinzione altrettanto solida che una nuova vita si sarebbe aperta davanti a me. E avevo intenzione di viverla fino in fondo.

XVI
Una scoperta dopo l'altra

«... Sono tornato»

Nella mia esistenza ho varcato i Pirenei più volte delle Alpi. La Spagna dei miei avi, l'Andalusia, Almería, Mojácar, Garrucha... tutte mete assolate che mi hanno permesso di trascorrere vacanze indimenticabili con la mia famiglia. Ogni estate si partiva quasi in pellegrinaggio, una lunga processione per raggiungere il Graal, con i miei genitori e mia sorella, da piccolo e da adolescente, e con le mie figlie più tardi. Non concepivamo la pausa estiva senza muoverci in direzione di questa regione della Spagna tanto bella e accogliente. Lei ci tendeva le braccia e noi non sapevamo resistere al suo fascino. I viaggi sulla Citroën 2CV, la salita verso Andorra, gli alberi di limone, gli ulivi, la casa bianca, il pavimento in terra battuta, la spiaggia, la sabbia, il mare, la pesca, le sonorità dello spagnolo: che ricordi meravigliosi riaffiorano in me al semplice rievocare questi momenti di pura felicità. L'Italia? Per molto tempo ai miei occhi ha rappresentato soltanto la gita a Venezia con la mia classe di terza superiore. E un viaggio in Sicilia dove, dopo una tappa a Taormina, avevo fatto il giro delle Eolie in scooter con Véronique. Ho dovuto raggiungere una certa età per recarmi per la prima volta a Torino, sotto l'ala protettrice dei miei amici, i fratelli Massucco, albergatori a Digione e grandi tifosi della Juventus. Feci anche un veloce giro a Milano e poi a Portofino. Roma mi avrebbe svelato il suo fascino solo molto più tardi.

Una tregua internazionale, scivolata in un calendario sovraccarico di impegni calcistici, tre anni fa, mi concesse un po' di respiro, ideale per organizzare un weekend lungo con la famiglia nella Città Eterna. Da perfetti turisti, macchina fotografica al collo, nel più classico dei percorsi: il Colosseo, piazza di Spagna, la fontana di Trevi, la basilica di San Pietro, la cappella Sistina, villa Borghese. L'avevo trovata divina, tanto che mi ero ripromesso di tornare senza mai riuscire a ritagliarmi il tempo per farlo. Mi passò per la testa un'idea folle: se un giorno la Roma mi avesse contattato – un'ipotesi come un'altra –, almeno sapevo che la città rappresentava un posto di prim'ordine.

Quanto avevo ragione! Si dice che le cose talvolta capitano quando si smette di sognarle. Forse era il mio caso, perché in quel momento mi immaginavo di più in Spagna. Si dice anche che, desiderata dalla metà degli abitanti del pianeta, che vorrebbero visitarla, l'Italia è rimpianta dall'altra metà, che ci è stata e vorrebbe tornarci. Si potrebbe quindi adattare la celebre frase *Veni, vidi, vici* di Giulio Cesare, trasformandola in un'espressione più adatta al mio vissuto: «Sono venuto, ho visto, sono tornato». Felice di constatare che tutte le strade portano a Roma.

A scuola in Bottega

Ho una grande capacità di adattamento. Non penso mai al futuro, mi interessa solo il presente. Lasciare la Francia non mi creava alcuna apprensione particolare e trasferirmi in Italia non mi provocava alcun timore. L'unica cosa che mi preoccupava era l'insicurezza legata alla conoscenza della lingua. Se si fosse trattato della Spagna, e perfino dell'Inghilterra, non avrei avuto alcun dubbio. Ma ecco, l'Italia... Ah, sì, conoscevo due parole: *ciao* e *arrivederci*. Troppo poco per rivolgermi ai giocatori, sostenere una conversazione con i miei dirigenti e rispondere alle domande dei giornalisti. Dovevo colmare in fretta questa lacuna. A quindici giorni dall'inizio della stagione, il conto alla rovescia era partito. Non mi restava molto tempo. Una volta saputo che avrei allenato la Roma, mi sono precipitato dal mio amico Gilberto, il proprietario della Bottega, un ristorante italiano nel cuore di Vieux-Lille. Se alcuni scettici ritengono che la pizza sia un piatto banale, consiglio loro vivamente di andarci e ordinarne una. Giudicheranno di persona. In quel momento, però, il mio problema non era mangiare, anche se la cucina è eccellente, ma parlare. E lì, c'era da lavorare. «Gilberto, vado in Italia tra qualche giorno, ho bisogno di imparare le quattro o cinque formule di base per potermela cavare velocemente nella vita di tutti i giorni. Puoi aiutarmi?» In un attimo, dopo il turno di mezzogiorno, svuotò la grande sala del ristorante e, verso le tre, quando l'ultimo cliente aveva lasciato il locale, mi ritrovai di fronte a Olga, un'impiegata di origine italiana, che si dedicò completamente a me. Per un'ora e mezzo mi fece un corso accelerato di italiano. C'era tutto: le parole usuali, le regole di base, qualche norma grammaticale, alcune frasi fatte, gli errori da evitare. Alcune parole sono molto simili a quelle usate in Francia o in Spagna. Il mio compito era facilitato. Ho una certa predisposizione per le lingue straniere. Non dico di essere uscito dalla Bottega già bilingue, ma iniziavo ad avere qualche punto di riferimento linguistico e due o tre chiavi per la comprensione che si sarebbero rivelate utili al momento giusto. Ancora oggi ringrazio Olga per la sua pazienza e le sue capacità pedagogiche: se non ero autonomo, almeno ero in grado di esprimermi con qualche solido rudimento linguistico. L'italiano è una lingua agile e ricca che utilizza spesso neologismi e costruzioni particolari. Per uno straniero è stimolante. Durante i primi due mesi, a forza di frequentare italiani e di sentirli parlare, feci grandi progressi, supportato dalle lezioni di un professore che mi aiutò a migliorare rapidamente. Che risate con Fred Bompard e

Claude Fichaux, tutte le sere, dopo cena, quando passavamo sotto le sue grinfie! La stanchezza di fine giornata facilitava senza dubbio l'ilarità. Con lui ci divertivamo ma imparavamo anche, il che era decisamente più importante. La prima volta che ho avuto la sensazione di padroneggiare davvero la lingua è stato a Boston, durante la nostra tournée americana, nel corso della quale mi sono sentito più a mio agio nell'esprimermi, e poi la seconda volta dopo la nostra prima partita di campionato a Livorno, quando ho risposto alla stampa in italiano. Prima accumulavo banalità o recitavo le frasi a rotazione, giusto per variare. Ma era troppo frustrante. Non poteva andare avanti. A volte chiedevo a Pjanić, Benatia o Balzaretti di tradurmi una parola, spiegarmi il significato di un'altra, ma non volevo ricorrere sempre a loro. Non mi piace dover dipendere dagli altri: dovevo riuscire a cavarmela da solo! Per rispetto nei confronti del paese che mi aveva accolto e che mi permetteva di lavorare. E anche per comunicare con i miei giocatori, visto che un allenatore deve far arrivare i suoi messaggi senza alcun intermediario, ancora di più quando si tratta di trasmettere un sentimento o un'emozione. Il calcio è un linguaggio diretto fra gli uomini. Mi sono reso conto di essere sulla buona strada quando sono riuscito a scherzare in italiano – non era ancora finito settembre – e mi sono sentito più inserito. E ho realizzato che la mia voce, ormai, era pronta. Farsi sentire è una cosa, farsi capire un'altra. Ma le due cose devono procedere di pari passo in uno spogliatoio.

Trigoria non è Luchin

Se avete avuto la fortuna di operare nel complesso di allenamento di Luchin sapete che è quasi impossibile trovare altrove condizioni di lavoro paragonabili. Stavo pensando a questo mentre andavo a visitare Trigoria, e purtroppo avevo ragione. Gli impianti della Roma mi sembrarono piuttosto vecchi, alcuni addirittura superati, e l'unico aspetto positivo che colsi immediatamente fu il... clima! Sì, il clima: a Roma almeno non ci sarebbe stato quel vento fastidioso che disturbava i nostri allenamenti a Lille! Fine di quella corrente d'aria vorticosa quasi fissa che spazzava il campo. Fine di quel freddo glaciale che ci congelava tutti, dalla testa ai piedi! Cielo blu, sole, caldo: a Trigoria mi godevo tutto questo senza limiti. Nella sua programmazione societaria la Roma ha incluso la costruzione di un centro ultramoderno la cui inaugurazione è prevista per il 2016. Si tratterà di uno strumento perfezionato che ci permetterà, anche su questo piano, di competere con i top club. Ma tre anni sono lunghi. Troppo lunghi per aspettare con le braccia incrociate giorni migliori. Si dovrebbe procedere subito a un'indispensabile risistemazione.

Oggi il dipartimento tecnico si trova al piano terra del fabbricato principale. Avevo chiesto la trasformazione della sala riunioni in un locale riservato ai vice, dato che prima del mio arrivo non ne avevano uno tutto per loro! Avevo domandato: «Ma dove lavorano? Davanti alla macchinetta del caffè? In sala pesi? Dove?» senza ottenere una risposta soddisfacente. Nella sala pesi, appunto, feci sistemare degli schermi per permettere ai giocatori di vedere le registrazioni della squadra che stavamo per incontrare, o di rivedere la partita appena giocata. Avevo anche fatto imbiancare lo spogliatoio e applicare su ogni armadietto il nome del giocatore, il suo numero e la bandiera del suo paese, e avevo chiesto che la sala ristorante al primo piano diventasse una sala riunioni e proiezioni video. Si trattava di piccole cose, rispetto ai grandi cambiamenti che si profilavano all'orizzonte con il tanto atteso centro nuovo di zecca. Ma avevano la loro importanza. Lasciare il segno fin da subito quando si arriva in un club: dovevo questa idea a Robert Nouzaret, il cui lavoro meticoloso al Saint-Étienne rimane per me un esempio. Altri piccoli gesti che fanno la differenza: ogni giocatore doveva scrivere il suo nome sulla borraccia e indossare i parastinchi per qualsiasi contrasto o partitella. Tutto questo non lo facevo per imporre un regime dittatoriale, ma per dare il giusto peso al rigore. Volevo far capire loro che avremmo seguito un'altra strada, più sicura e organizzata. Ho avuto fin da subito un'ottima impressione riguardo alla serietà dei giocatori e alla cultura del lavoro che c'era a Roma, ma la necessità di un sistema razionale si faceva sentire. In gruppo, è indispensabile stabilire delle regole di lavoro e di vita.

«Al massimo possono essere tifosi della Lazio»

A due mesi dalla sconfitta in finale di Coppa Italia contro la Lazio, intorno al club c'era ancora una tensione che si tagliava con il coltello. Da quando avevamo ripreso gli allenamenti una decina di ultras avevano appeso degli striscioni al cancello di entrata del centro sportivo di Trigoria. Si leggevano messaggi minacciosi contro Osvaldo, ritenuto responsabile di ogni male, o Pjanić, accusato (a torto) di essersi complimentato con il suo compatriota Lulić, autore dell'unico gol della finale contro la Roma! Ma ce n'era per tutti: Balzaretti, criticato per i suoi continui viaggi a Parigi, dove va a trovare la moglie étoile all'Opéra; De Rossi, il cui rendimento veniva giudicato superiore in nazionale e troppo basso in giallorosso se paragonato ai suoi compensi. Ma anche la presidenza americana si ritrovava nel mirino degli ultras: insomma, si trattava di un processo accusatorio che non risparmiava nessuno. Un ambiente intossicato! I contrasti aumentarono ulteriormente quando Osvaldo mostrò il dito medio, arrivando quasi allo scontro fisico durante il nostro ritiro a Brunico. Il gesto li rese ancora più furiosi, non molto furbo da parte sua. Questo circo doveva finire al più presto. In conferenza stampa mi rivolsero alcune domande sull'atmosfera malsana che ci circondava. Non usai mezzi termini: «Quelli che criticano il club e i giocatori non possono essere tifosi della Roma. Quando si ama la propria squadra, la si incoraggia. Al massimo possono essere tifosi della Lazio». Ovviamente, ero andato giù pesante, rischiando di scatenare reazioni ancora più forti. Ma rifiutarsi di rispondere o girarci intorno sarebbe stato peggio: il silenzio non risolve niente. Qualcuno una volta ha detto che il silenzio è una virtù che ci rende più gradevoli ai nostri simili. Non volevo piacere, ma nemmeno essere sgradevole; e porre fine a questi attacchi brutali prima dell'inizio della stagione era quasi un intervento di salute pubblica. Per farmi capire meglio, chiarii il concetto: «Non voglio dire che siano davvero dei tifosi laziali, ma che, in questo caso, sono al massimo dei tifosi della Lazio. Perché se tu sei un tifoso della Roma, non critichi la Roma. Capisco che i supporter non siano contenti dei risultati, ma questo non deve impedire di avere rispetto per il club e i giocatori. Ci lascino lavorare con fiducia e ci giudichino dai risultati». Conoscevo uno slogan romanista ampiamente condiviso da tutta la comunità dei tifosi: «La Roma non si discute, si ama». Su questo avevo basato la mia argomentazione.

Nei minuti successivi, gli ultras batterono sul tendone della sala stampa scandendo rabbiosi: «Non siamo laziali, non siamo laziali...». Non si arrendevano. Ma io non ero disposto ad abbassare le armi. Dopo la conferenza stampa, ero andato incontro ai tifosi all'uscita dello stadio per firmare gli autografi. Pian piano mi avvicinavo a tutti questi energumeni che mi aspettavano immobili. Lo sapevo. Li vedevo. Li sentivo. Percepivo la loro presenza «fisica». C'era un solo addetto alla sicurezza, ma non mi sentivo in pericolo. Alla fine mi sembravano più bellicosi a parole che nei gesti, mai violenti. Quando mi sono ritrovato di fronte a loro, un tipo piuttosto grosso, ricoperto di tatuaggi su tutto il corpo, mi prese da parte: «Guarda il mio tatuaggio della Lupa, sono di Roma! Lo vedi che non sono della Lazio!». Con le poche parole d'italiano di cui disponevo in quel momento, gli recitai il famoso slogan, diventato la mia frase di riferimento: «La Roma non si discute, si ama». La mia risposta aveva un unico fine: farli smettere di insultare i giocatori e, soprattutto, convincerli a utilizzare tutte le loro energie per aiutarli, e non per criticarli. La scena fu riportata dai quotidiani, il giorno dopo, e i commenti si sprecavano. Un editorialista mi aveva addirittura paragonato a José Murinho, per il coraggio avuto nell'affrontare a quattr'occhi gli ultras. Feci un intervento a Roma Channel, il canale televisivo del club, per chiarire meglio una posizione che rischiava di essere fraintesa: «Se voglio che diano il massimo per la maglia che indossano, devo difendere i miei giocatori». Questo naturalmente non significa non riprenderli per i loro comportamenti riprovevoli. Il gesto di Osvaldo nei confronti dei tifosi era, a mio parere, inaccettabile. Doveva essere punito severamente, e avevo chiesto ai dirigenti del club di infliggergli una multa pesante. Ne avevo discusso con lui, chiedendogli di non farlo mai più: «Ma Mister, che io faccia bene o meno sono due anni che nessuno mi dice mai niente...» si giustificò. «Hai carattere, e io non potrei chiedere di meglio, ma non tollererò più alcun eccesso simile. È inaccettabile!». La faccenda si chiuse lì. Per quanto riguarda l'accanimento dei tifosi contro di lui, Osvaldo ricevette il miglior sostegno che potesse sperare durante un'amichevole contro i turchi del Bursaspor. Quando l'arbitro fischiò un rigore in nostro favore, Francesco Totti prese il pallone e, invece di posarlo sul dischetto, lo mise nelle mani di Osvaldo, ancora fortemente contestato dai soliti ultras: «Tira te». Come se il popolo della Roma, attraverso il «suo» giocatore simbolo, avesse preso apertamente posizione in questo conflitto aperto con i tifosi. Osvaldo pareggiò guadagnandosi l'ovazione di buona parte del pubblico e, una volta nello spogliatoio, twittò: «Anche se questo gol non conta, per me vale tanto per il tuo gesto. Grazie amico mio. Grazie immenso capitano». Un'atmosfera conviviale dominava un gruppo di calciatori legati fra loro. Era quella la cosa più importante, in vista di una stagione in cui lo spirito di solidarietà avrebbe giocato un ruolo importante.

Rafting e cena nel rifugio

Avevo deciso che il nostro ritiro di precampionato a Riscone, quasi al confine con l'Austria, dovesse durare un tempo ragionevole. Su mia richiesta venne abbreviato di qualche giorno e fu annullata un'amichevole. Le due settimane previste inizialmente rappresentavano una durata eccessiva a mio parere, tanto più che dopo questa prima fase di preparazione ci aspettava la tournée americana. Dovetti lottare un po' contro l'organizzazione perché capisse. Aveva preso degli impegni? Ne sono certo, ma poteva ridiscuterli e adeguarsi alle richieste della direzione sportiva... Allo scopo di unire maggiormente il gruppo, avevo organizzato un'uscita di rafting verso la fine del ritiro. Volevo inserire un'iniziativa originale nel nostro programma di preparazione piuttosto tradizionale. All'inizio non ottenni il plauso dei giocatori, che sembravano piuttosto scettici, Francesco Totti in testa. L'idea non era solo quella di fare allenamento, ma anche di aumentare la coesione della squadra praticando un'attività insolita. Con un messaggio sotteso: "Siamo tutti nella stessa barca, dobbiamo lavorare insieme qui come in futuro, durante la stagione". Divisi in canoe a sei posti, i ragazzi alla fine si divertirono come matti. E al ritorno, nel bus, dai sedili si levarono cori e inni. Non sembravano particolarmente dispiaciuti di questa gita che rompeva con la tradizione. La sera stessa, per chiudere una bella giornata di relax, Totti organizzò una cena in un rifugio abbarbicato sulla montagna come un nido d'aquila, a 1400 metri. D'inverno vi si accede solo grazie a un gatto delle nevi e la discesa avviene su una slitta dotata di fanali anteriori per illuminare la pista. In quella bella estate l'accesso era fortunatamente molto più agevole. Marco, il ristoratore, aveva percorso settecento chilometri da Roma per prepararci la cena. Uno dei suoi ristoranti, I Carnivori, è tra i migliori della capitale: la sua offerta di carni provenienti da tutto il mondo è semplicemente eccezionale. Appassionato tifoso giallorosso, è amico di Francesco, e da quel giorno ha stretto amicizia anche con me. Antipasti, pata negra, grigliata, tiramisù: un menu classico, ma non per questo meno squisito, grazie alla qualità dei prodotti. Seduti intorno a tavoli da sette o otto persone, in cui ognuno poté scegliere il posto in base alle sue simpatie, avevamo trascorso una bellissima serata, davanti a un panorama sublime che dava un'atmosfera davvero particolare a quella serata. Vedendo il mio gruppo godersela, pensai: "Come potremmo fallire al nostro debutto di stagione partendo da una base così buona?".

E mi ero accostato all'orecchio di Marco per sussurrargli nel mio italiano stentato: «Adesso siamo una Squadra».

XVII

Una buona base di partenza

Di busta in busta

Ho voluto chiarire fin dalla prima riunione di lavoro con Walter Sabatini e i suoi dirigenti che mi sedevano di fronte che la Roma non avrebbe preso giocatori nuovi senza il mio consenso. «Nessun nuovo acquisto senza la mia approvazione, Walter!» D'altra parte, che interesse avrebbe avuto il club a ingaggiare dei calciatori che non avrei poi fatto giocare? Dirigenza, giocatore e allenatore si sarebbero trovati in un'impasse totale. Un disastro per tutti, uno spreco di tempo ed energie, con attriti assicurati, per non parlare della parte economica. Volevo impormi fin da subito affinché l'avvio delle trattative di acquisti e cessioni tenesse conto delle mie indicazioni. Sapevo per esperienza che questo periodo è cruciale per iniziare bene la stagione. Basta un mercato condotto con intelligenza e tutto può procedere su basi eccellenti. Se manca questo, si rischia di andare presto alla deriva. L'esperienza delle due precedenti campagne acquisti della Roma, d'altro canto, era lì a dimostrarlo: un sacco di soldi spesi per un risultato deludente. Meglio evitare un avvio di campionato con il piede sbagliato.

Una stagione si decide per buona parte in questi momenti.

Stabilito il quadro, fu facile collaborare e delineare i contorni della Roma versione 2013-2014.

C'era una sola trattativa già avviata quando occupai ufficialmente il mio posto nel club: quella di Mehdi Benatia, il centrale dell'Udinese, considerato uno dei migliori difensori della serie A. Il suo nome e la sua fama non mi erano sconosciuti: nato a Courcouronnes, nel dipartimento dell'Essonne, non lontano da Corbeil, era stato per breve tempo all'Olympique Marseille e aveva vestito i colori del Tours e del Clermont Foot, in Ligue 2. Approvai la scelta, ma suggerii un altro paio di nomi nel caso in cui non si fosse raggiunto un accordo. Alla fine, per l'ingaggio, la Roma sborsò dieci milioni di euro a cui aggiunse la comproprietà di Nicolas Lopez e Valerio Verre girati all'Udinese. Avrei presto scoperto questo sistema tutto italiano di cui dovevo capire il funzionamento per utilizzarlo al meglio. Un club può avere un giocatore in comproprietà al 50 per cento con un altro club. Le due squadre si devono accordare soprattutto per decidere con chi il calciatore giocherà per il primo anno. Si tratta della fase iniziale. Al termine di questo periodo un club ha la possibilità di mettersi d'accordo con il comproprietario per riscattare la sua parte. Se nessuno dei due lo desidera, il patto dura un altro anno, al termine del quale l'accordo è considerato scaduto. Occorre allora mettersi intorno a un tavolo per negoziare. E a quel punto ci sono due possibilità: o un club accetta di rivendere la sua quota del 50 per cento all'altro, oppure si procede con un'asta a buste chiuse. Funziona così: ciascun club scrive su un foglio il prezzo che è disposto a pagare per avere il giocatore. Chi ha offerto di più ottiene il calciatore. Le squadre italiane hanno tempo fino alla fine di giugno per risolvere positivamente le diverse comproprietà in cui sono impegnate. Walter Sabatini rimase bloccato per diversi giorni a Milano per sistemare i dossier che riguardavano direttamente la Roma. Al suo ritorno mi parlò del caso del giovane uruguaiano Nico López, che faceva parte della trattativa con l'Udinese per il trasferimento di Mehdi Benatia. Un centravanti talentuoso che avevo potuto vedere all'opera ai Mondiali contro la Francia e che non aveva ancora compiuto vent'anni. Era nostro al 50 per cento. Per il resto, Sabatini mi informò che la Roma e il Catania avevano trovato un accordo, permettendo al club siciliano di recuperare la seconda metà del contratto di Panagiotis Tachtsidis, centrocampista greco, che sarebbe diventato al 100 per cento di sua proprietà. La Roma incamerò tre milioni di euro per questa operazione. Per il ventenne ivoriano Gadij Tallo, fallito l'accordo tra la Roma e il Chievo, si andò alle buste. Fu il nostro club a vincere l'asta e a recuperare la totalità del suo contratto per la somma di duecentoquindicimila euro. In cambio, i due club prolungarono la comproprietà del giovane romeno Adrian Stoian. Ma c'erano altri dossier di cui dovevamo occuparci. Avevano un carattere prioritario. E anche piuttosto urgente.

Il portiere, una priorità

La scelta del portiere titolare è sempre stata fondamentale nei club in cui ho lavorato. È un ruolo strategico, che merita dunque un'attenzione particolare. Tenuto conto della difesa colabrodo della Roma nella stagione precedente, una delle peggiori della serie A, ci serviva un portiere di alto livello, capace di rassicurare l'intera squadra e di sopportare la pressione di un ambiente ritenuto piuttosto difficile. Per giocare all'Olimpico di fronte all'infuocato pubblico giallorosso bisogna essere solidi, soprattutto nella testa. Per un momento pensai di sondare il lato francese: Hugo Lloris, allora secondo portiere del Tottenham, o Stéphane Ruffier, del Saint-Étienne. Ma sapevo che non avevamo molti soldi a disposizione per l'acquisto di un estremo difensore. Entrambi superavano il bilancio preventivato dalla Roma. Walter suggerì il reclutamento del giovane portiere brasiliano Rafael, del Santos. Giravano altri nomi, come quelli di Diego López (del Real Madrid), Stefano Sorrentino ed Emiliano Viviano (allora al Palermo). Ma pensandoci meglio preferivo avere a disposizione un giocatore più sicuro, più esperto, che avesse già giocato nel campionato italiano e ne conoscesse i segreti. Sospettavo che ci attendessero al varco e non dovevamo sbagliare la scelta del portiere. Ci serviva un leader, in grado di comunicare con i suoi difensori. Nel club si era creata una sorta di fobia dopo la spiacevole esperienza con il portiere della stagione precedente, Stekelenburg, che parlava italiano poco o niente. Compresi la questione, e la condividevo. Il risultato fu che la dirigenza della Roma cambiò opinione.

Conoscevo Morgan De Sanctis, del Napoli, si era detto supermotivato nell'unirsi a noi. Cadeva a fagiolo. Per puro caso avevamo un amico comune, Gilberto, che vive a Lille, e che mi diede ottime informazioni su di lui. Morgan era reduce da una notevole stagione al Napoli, aveva contribuito attivamente a raggiungere il secondo posto in campionato e a qualificarsi per la Champions League. Per venire alla Roma fu disposto anche a rinunciare a importanti premi per l'accesso alla Champions, che il Napoli non ebbe la decenza di riconoscergli come pattuito. Quanto accaduto in seguito è la dimostrazione che tale acquisto fu di capitale importanza per il nostro ottimo inizio di stagione, sia in campo sia fuori, dove divenne uno dei leader dello spogliatoio.

Nel blocco difensivo, in cui la Roma mi sembrava sufficientemente coperta in tutti i ruoli, ci mancava ancora un difensore laterale destro in grado di portare al tempo stesso la sua esperienza e il suo spirito d'iniziativa. Passammo in rassegna diversi nomi, tra cui quelli del giovane Wallace (Chelsea) e di Sébastien Corchia (Sochaux), ma secondo me nessuno rispondeva ai requisiti richiesti. Quando invece, durante una discussione, emerse il nome di Maicon, pensai che fosse proprio quello giusto. Certo, la sua stagione al Manchester City non era stata trascendentale. Solo dodici partite di Premier League. Il bilancio era scarso. Ma noi potevamo offrirgli l'opportunità di rimettersi in sella in un periodo chiave: in previsione dei Mondiali che si disputeranno proprio a casa sua, in Brasile, nell'estate del 2014. «Mi va bene anche se renderà al 75 per cento rispetto al periodo in cui giocava nell'Inter» avevo dichiarato ai miei interlocutori. Walter era d'accordo con me. Procedemmo quindi per concludere. Non avevo ragioni per fare altri acquisti in questo settore.

Per il resto, ero intenzionato soprattutto a lavorare sulla difesa di squadra e perciò sulla tattica fin dai primi allenamenti. Dovevo riuscire a inculcare un forte spirito di gruppo, in cui i giocatori difendessero tutti e undici insieme. Ognuno doveva mettersi al servizio della squadra effettuando dei movimenti senza palla. Sarebbe bastato osservare più avanti un giocatore come Borriello fare degli scatti di quaranta metri sulla fascia per dare man forte alla difesa per capire che lo *spirito di squadra* non è un'espressione vuota o inutile, ma una realtà del campo.

La legge del centro

Volevo inserire in organico un centrocampista in grado di sviluppare il mio gioco. Walter pensò di dirigersi in Olanda, verso il PSV Eindhoven per l'acquisto del centrocampista Kevin Strootman. Il giocatore mi interessava: in grado di recuperare palloni, era abile a far girare la palla, e anche a spingersi più avanti e segnare. Avevo capito subito che mi mancava almeno un elemento con le sue qualità. A parte Miralem Pjanić, c'era una carenza di piedi buoni, deficit che andava colmato. Avevo quindi approvato la scelta di Kevin, per il quale la lotta fu intensa a fronte della concorrenza dei club di Premier League. Durante la nostra conversazione mi fece domande pertinenti sui movimenti dell'effettivo. Piuttosto stupito da un simile interesse, raro in un giocatore, mi era subito piaciuto. Alternative come Luiz Gustavo potevano essere interessanti ma, come per i portieri francesi, andavano al di là delle nostre possibilità finanziarie. Il caso di Pjanić mi impegnò a lungo. Durante la nostra tournée negli Stati Uniti, Walter mi assicurò che i maggiori club europei erano disposti a offrirci parecchi soldi per reclutarlo immediatamente. Ma la scelta doveva tenere conto di un fattore: «Sarà Pjanić o Lamela! Bisognerà rinunciare a uno dei due. Impossibile fare altrimenti...». Il presidente James Pallotta me lo confermò: le finanze del club ne avrebbero guadagnato. Sapevo che lasciar andare Erik Lamela rappresentava un enorme dispiacere per Walter. Mi chiese che cosa ne pensavo. Ma lasciò a me la scelta finale.

Non avrei tergiversato, dovevo essere diretto nel comunicare la mia decisione. Gli avevo spiegato che, anche se la scelta appariva un dilemma, il mio ragionamento partiva da un punto fermo della squadra: «Walter, il cuore del mio gioco è il centrocampo. Con De Rossi-Strootman-Pjanić abbiamo un trio di altissimo livello, in grado di rispondere alle mie aspettative. E anche alle tue...». Il proposito era chiaro. Una volta stabilito, avrebbe poi deciso il mercato delle vendite e degli acquisti. Lamela venne da me, un po' intimidito. «Mister, lei non ha visto il vero Lamela ma solo quello della Primavera...» Mi sembrava molto turbato, non sapevo bene che cosa fare. Né che posizione prendere. Il Napoli lo corteggiava, e lui non era insensibile alle avance dei partenopei. Il giocatore non mancava certo di talento. Gli piaceva partire da destra, lungo la linea laterale, e dopo due o tre dribbling si accentrava per colpire con il sinistro verso la porta. Era il suo pezzo migliore. Ma giocare tra le linee, che è quello che chiedo a un attaccante, non era molto nel suo stile. Non mi diede garanzie sufficienti per decidere di inserirlo nel tipo di gioco che avevo in mente. Alla fine lo comprò il Tottenham, per sostituire Gareth Bale, passato al Real Madrid. Pablo Osvaldo, intorno al quale si assembravano troppi rancori per pensare di farlo rimanere alla Roma, venne preso dal Southampton. Lamela aveva segnato quindici reti in campionato, Osvaldo sedici. In due facevano trentuno gol. Non è poco. Anzi, è decisamente molto. Tra il serio e il faceto, avevo voluto rilasciare una dichiarazione in conferenza stampa giusto per sottolineare la cosa: «Trentuno reti, non è grave. Se ne stessimo perdendo trentadue, allora sì che sarebbe una catastrofe, ma così...». Le cose presero una piega diversa da quello che mi aspettavo. Senza di loro, la Roma vinse le sue prime dieci partite della stagione e tutti dimenticarono in fretta. Tuttavia, rifletteva esattamente la situazione. Ma non potevo montarmi la testa. Volevo che Miralem Pjanić restasse con noi. Così fu. Tanto meglio. Bravo. Dotato di una tecnica al di sopra della media, possiede una grande capacità di far muovere la palla, che rappresenta il suo punto forte, ed è rara. È in grado di dettare il passaggio al momento giusto, di alternare i passaggi brevi ai lanci lunghi e di fornire occasioni da gol. Il suo piede destro è un'arma distruttrice sui calci piazzati e sui cross. Come avrei potuto rinunciare a questo enorme potenziale? Un'altra sua caratteristica è saper prendere il tempo nella costruzione del gioco d'attacco, come Daniele De Rossi e Kevin Strootman, anche loro in grado di rallentare e accelerare il ritmo così da assicurare il possesso di palla alla squadra. In attacco, tutte e tre si scambiano di posizione sul campo ed evitano così di dare punti di riferimento ai difensori avversari. Il cuore del mio gioco! Quello che doveva essere salvaguardato. Tuttavia so che la posizione di Pjanić rimane d'attualità. E scottante. Il suo contratto scadrà tra un anno e mezzo e, se deciderà di non prolungarlo, il club perderà di certo molti soldi. Per questo pensavano di lasciarlo andare quando sono arrivato. La situazione economica preoccupa i dirigenti del club, e li capisco. Ma, visto il grande talento del giocatore, mi sembra indispensabile che prosegua il suo cammino alla Roma, per consentire alla squadra di migliorare. Il prolungamento del suo contratto sembra comunque essere sulla buona strada, ne sono contento.

L'acquisto di Adem Ljajić si inseriva nella logica conseguenza della partenza di Lamela. Ma speravo comunque di ingaggiare un attaccante capace di fare la differenza nell'uno contro uno e di darci profondità nelle manovre d'attacco. Gervinho corrispondeva al profilo, per questo mi sono battuto per averlo. Ritenevo che con lui la squadra fosse sufficientemente armata per partire in battaglia. Ci sarebbe stato da combattere, lungo tutta la stagione.

XVIII
Totti, re di Roma

Un museo a Trigoria

La mia prima visita al centro sportivo di Trigoria mi diede subito un'idea di quello che rappresentava Francesco Totti per la Roma. Non c'era molta gente, tranne una parte del personale amministrativo che aveva iniziato a lavorare prima del ritorno dei giocatori dalle vacanze, previsto per qualche giorno dopo. Potei quindi passeggiare tranquillamente alla scoperta di un centro abbastanza ampio, esteso su una superficie di circa venti ettari, che comprende vari terreni di gioco e quattro edifici, collegati tra loro e circondati da un fiume artificiale. L'ultimo, costruito nel 1998, ospita, fra le altre cose, la sede della rivista ufficiale del club, «La Roma», una sala stampa dedicata al defunto giornalista Giuseppe Colalucci e la cappella Salus Populi Romani, dedicata a papa Giovanni Paolo II e inaugurata in occasione del Giubileo del 2000.

Negli spogliatoi, dall'aspetto spartano, tutti gli armadietti erano vuoti. Tutti tranne uno: quello di Francesco. Varie foto di Totti in azione decoravano il suo armadietto rimasto aperto, dove erano ammassati numerosi libri e doni ricevuti. Tutto era accessibile, quasi esposto a chi entrava nella stanza. Il suo armadietto stracolmo di tanti oggetti diversi contrastava con quelli degli altri giocatori, completamente vuoti. Anche durante la pausa estiva, Francesco sembrava abitare con la sua presenza il silenzio di quei luoghi. Era una sensazione strana, la prova che Totti, alla Roma, occupa un posto unico. Questa sensazione si rafforzò quando mi presentai al primo piano dell'edificio principale, dove, su entrambi i lati del corridoio, una serie di uffici era riservata ai vari servizi del club.

Avanzando ne scoprii uno singolare, con una caratteristica che attirava l'attenzione: mentre pochi poster o quadri decoravano le pareti, per lo più spoglie, proprio accanto alla porta di questo ufficio troneggiava un pannello di circa due metri quadrati, che raggruppava disegni realizzati dai bambini in onore di Totti. Era l'ufficio di Vito Scala, una persona che i dirigenti avevano menzionato nelle nostre conversazioni dei giorni precedenti. Dipendente del club, e retribuito come tale, Vito svolge alla Roma una funzione estremamente precisa: è il preparatore atletico ufficiale di Francesco. Un preparatore polivalente, poiché si occupa anche di molte altre cose, tra cui i rapporti di Totti con la stampa. Da molti anni si dedica esclusivamente a lui e nessuno trova niente da ridire su una prestazione individuale che non sconvolge la vita collettiva del gruppo. Entrando nel suo ufficio, dove feci una rapida incursione, rimasi sbalordito dall'incredibile spettacolo che mi si parò davanti. Mi uscì spontaneamente dalle labbra un «Addirittura!», espressione che traduceva il mio stupore. Credevo di trovarmi in un museo dedicato a Francesco Totti. C'erano le innumerevoli maglie che aveva scambiato con i più grandi giocatori del pianeta, una moltitudine di gadget che lo raffiguravano, una profusione di manifesti sui muri e un pupazzo di cartone che rappresentava Francesco, a grandezza naturale, in tenuta da gladiatore! Allucinante. Avevo pensato, quasi divertito: "Caspita! Un giocatore in attività che dispone di una stanza personale all'interno del suo club. Davvero niente male". Quello che nella gestione di altre società potrebbe apparire bizzarro non pone alcun problema alla Roma.

Vito, infatti, può vantare tre virtù fondamentali: è al tempo stesso discreto, saggio e sempre positivo. La sua presenza benevola contribuisce a creare un'atmosfera distesa nel nostro staff, alle cui riunioni tecniche, tuttavia, Vito non partecipa. La sua attività mira a soddisfare gli esclusivi bisogni di Francesco, sul quale veglia come un padre farebbe con il figlio. A inizio stagione, quando Totti si infortunò e non poté giocare per diverse partite, dimostrò la sua utilità: concentrò tutte le proprie energie perché si riprendesse e tornasse in campo il prima possibile. Il segreto della longevità di Francesco risiede tanto nelle sue sane abitudini quanto nella preparazione atletica curata nei minimi dettagli dal suo uomo di fiducia.

Era stato proprio Francesco, come per una sorta di diritto di precedenza, il primo al quale avevo indirizzato l'SMS inviato poi a tutti i giocatori che costituivano l'effettivo della Roma. Per scriverlo mi ero avvalso del prezioso aiuto di Frédéric Massara, che me lo aveva tradotto in italiano, parola per parola: all'epoca, infatti, non padroneggiavo ancora bene la lingua, pur avendo iniziato a esercitarmi. «Buongiorno Francesco, come sapete sono il nuovo allenatore della Roma. Parlerò con ognuno di voi al vostro ritorno. Lavoreremo sodo per giocare bene e insieme vincere dei titoli. Forza Roma! Rudi Garcia.» Francesco fu il secondo della mia lunga lista a rispondermi. Il più veloce era stato il giovane Alessandro Florenzi, come avevano previsto sia Sabatini sia Massara, a dimostrazione del fatto che conoscevano perfettamente le reazioni dei loro giocatori. Quando in seguito lo incontrai, Florenzi si rivelò un bravo ragazzo, simpatico e aperto per natura, che adora parlare senza però essere logorroico. Ma che dire del veterano Totti, il cui SMS mi arrivò subito dopo? Francesco aveva capito perfettamente il mio messaggio, e il suo intento motivazionale non gli era sfuggito. «Sono in vacanza in America e ho saputo la notizia tramite Internet... Intanto le do il benvenuto a Roma sperando di ottenere risultati e vittorie insieme... A presto!!!!» Poco dopo, al suo ritorno dalle vacanze, potemmo finalmente parlare dal vivo.

Gli occhi negli occhi

Sapevo, naturalmente, che era l'uomo simbolo del club, e ne ebbi piena conferma mettendo piede a Trigoria. Alcuni mi sussurravano, con l'aria convinta: «Totti è la Roma»; altri, in tono perentorio: «La Roma è Totti». Un legame e un'identificazione sottolineati da tutti. La frase funzionava in entrambi i sensi, anche se la connotazione non era esattamente la stessa. In poche parole, Totti sembrava assolutamente imprescindibile, e lungi da me, del resto, l'idea di farne a meno. Sarei stato stupido a non rivolgermi prima di tutto a lui. In compenso, rifiutai di basare la mia opinione su ciò che mi veniva riferito, spesso con intenzioni ben precise ma non dichiarate. Quante cose avevo sentito dire sul suo conto prima di trovarmelo davanti, faccia a faccia! Tutto e niente. Ogni volta facevo in modo di cambiare discorso perché non volevo lasciarmi condizionare da frammenti di informazioni che, in fondo, non mi interessavano. In ogni situazione voglio conservare il mio libero arbitrio, ovvero la facoltà di pensare ciò che mi sembra più opportuno. Questo vale, a maggior ragione, per qualcuno come Francesco Totti. Mi assicurarono che a Roma c'era il papa, ma soprattutto Totti. Mi spiegarono che non era un leader degli spogliatoi. Mi garantirono che aveva «esasperato» alcuni allenatori. Spergiurarono che se Villas-Boas, qualche mese prima, aveva rifiutato un'offerta del club, era stato per non dover gestire il caso Totti. Mi predissero enormi grattacapi se non fossi riuscito a tenerlo sotto controllo, e così via, senza tregua. Secondo un'antica massima, «dare consigli non costa nulla». Ho constatato spesso quanto ciò sia vero. Sono abituato a farmi la mia opinione senza subire imposizioni. Ridendo, gli dettai fin dall'inizio le condizioni del nostro dialogo, durante il nostro primo colloquio individuale a Trigoria, che fu seguito da un altro, più approfondito, a Riscone. «Soprattutto, Francesco, parlami lentamente in italiano, se no faremo fatica a capirci. Se fai questo sforzo, penso che funzionerà. Altrimenti...» Romano puro, perché è nato proprio a Roma, Francesco ha l'accento incomparabile della capitale, che accompagna i suoi discorsi. «Mangia» alcune parole, come fa la maggior parte degli andalusi. Sul piano dell'espressione orale ci intendiamo bene: il dialetto romano, infatti, presenta numerose somiglianze con quello andaluso, che parlo da molto tempo. Per il resto, poiché l'italiano fa parte della famiglia delle lingue romanze, come lo spagnolo, il portoghese, il francese e il catalano, riesco a capire abbastanza da poter seguire le discussioni, e non capita spesso che io mi perda. Francesco era stato perfetto: aveva articolato le parole in modo da permettermi di comprendere tutte le sue spiegazioni.

«Mister, deve sapere una cosa: il contesto, a Roma, è molto difficile. Vinci una partita e vieni proclamato re. Perdi una partita e diventi una "pippa".»

«Mi hanno avvertito. Ma qui, Francesco, il re sei tu!»

«No, no, non è vero...»

La buttava sull'umiltà, respingendo gli elogi, e durante la nostra conversazione mi accorsi che non si trattava di una posa. Non mostrava alcuna pretesa, alcuna voglia di tirare l'acqua al suo mulino. Nell'intimo era rimasto una persona semplice, e così anche nei contatti umani.

«Il ruolo che lei occupa è molto esposto. Tutti la metteranno sotto esame e daranno un giudizio radicale su di lei. Per resistere alle pressioni dovrà tirar fuori del carattere; a quanto pare non le manca, ma qui la aspetteranno al varco...»

«Ho capito subito, arrivando a Roma, che di carattere ne serve eccome!»

«Si passa rapidamente da un eccesso all'altro, in pochi istanti. Ma l'amore che ti dà questa città non te lo dà nessun'altra.»

Il destino di Francesco mi preoccupava molto più del mio. Senza smettere di guardarlo, misi a una a una le mie carte in tavola e gli feci l'unica domanda che mi interessava davvero. «Francesco, puoi garantirmi che hai ancora delle ambizioni? Hai ancora voglia di vivere qualcosa di forte con la Roma?» Mi guardò, quasi interdetto. Ripresi la parola per chiarire meglio.

«Hai vinto i Mondiali, sei diventato campione d'Italia con la Roma...»

«Mister, la interrompo subito. Se non avessi più ambizioni non sarei qui davanti a lei ad ascoltarla.»

Avevo saputo che era stato in un centro benessere di Merano per arrivare al top alla ripresa degli allenamenti. Questo dimostrava che non intendeva prendere la stagione alla leggera e voleva fare di tutto per trovare il ritmo giusto. Del resto, non rivendicava alcun diritto particolare e seguiva lo stesso regime di preparazione atletica degli altri. «Ascolta, Francesco, il mio obiettivo è vincere un titolo con la Roma. Lo scudetto o la Coppa Italia, che forse quest'anno è la competizione più abbordabile. Penso che sarebbe fantastico, per noi due, conquistare qualcosa insieme. Sono venuto qui con questo scopo e conto su di te!» Il movimento dei suoi occhi dimostrò che era pronto a collaborare.

Durante questo primo colloquio in cui non volli tralasciare nulla, mi assicurai anche che Francesco non trasformasse in un'ossessione personale il record di Silvio Piola, autore di 274 gol in serie A dal 1929 al 1954; in quel caso, infatti, sarebbe stato incline a soddisfare i propri interessi ai danni del gruppo. Sapevo che aveva appena superato Gunnar Nordahl salendo al secondo posto nella classifica dei migliori marcatori di serie A della storia, e che mirava al primato di Piola, nonostante quest'ultimo si trovasse ancora a notevole distanza. «Soprattutto, non creda che io corra particolarmente dietro a quel record. Ho voglia di vivere delle emozioni collettive, questo è sicuro! Poi, se la squadra gioca bene, vince e segna, spero anche di aumentare il numero delle mie reti, ma non voglio invertire l'ordine delle priorità...» I fatti avrebbero dato conferma a questo autentico atto di fede. Più tardi, nel corso della stagione, notai che i suoi compagni di squadra cercavano spesso di metterlo in posizione favorevole. Ricordo, per esempio, la nostra ampia vittoria con il Bologna; durante la partita andarono in rete Florenzi, Benatia, Ljajić e Gervinho (due volte) per un risultato finale di 5-0. Dopo aver svolto il loro compito, ebbero tutti un unico desiderio: che Francesco segnasse a sua volta un gol. Fecero il possibile per raggiungere questo scopo, senza risparmiarsi, ma non ci riuscirono.

La buona formula

Un giorno Arsène Wenger dichiarò di essersi reso pienamente conto del valore di Robin van Persie solo durante i suoi primi allenamenti all'Arsenal. «Nonostante l'avessi visto in televisione con la sua vecchia squadra e l'avessi osservato in diversi sistemi di gioco, l'ho scoperto davvero solo più tardi...» È questo lavoro quotidiano, il più vicino possibile alla realtà del campo da gioco, che permette a un allenatore di apprezzare le qualità intrinseche di un calciatore. Condivido l'opinione di Arsène, il quale mi riferì un aneddoto interessante: «Un giorno Alex Ferguson mi disse: "Certo che van Persie me l'hai venduto a caro prezzo!". Era appena passato dall'Arsenal al Manchester United. Gli risposi che, se lo pensava davvero, avrebbe dovuto richiamarmi qualche mese dopo perché gli rimborsassi la differenza. Non solo non mi richiamò mai, ma un giorno mi fece una confidenza: "Francamente non pensavo che fosse così bravo!". Ferguson mi confessò quello che io stesso avevo constatato qualche anno prima».

Francesco, un po' come van Persie per Arsène, suscitò in me un'impressione straordinaria durante le nostre prime sessioni tecniche di allenamento. Quello che mi colpì fin da subito, in lui, fu l'eccezionale tocco di palla, che lo distingue da tutti gli altri giocatori. Vedendolo all'opera si ha la certezza di avere a che fare con un calciatore di classe internazionale, paragonabile a Platini o Maradona. Fino ad allora non avevo mai avuto sotto la mia responsabilità un giocatore di quel livello. Tuttavia, davanti alla televisione, avevo sempre notato che i più grandi possiedono un dono raro, quello di saper giocare con semplicità. L'efficacia nella semplicità: ecco cosa caratterizza il gioco di Francesco, che riesce a confondere anche me con la sua arte del passaggio. Quel passaggio che solo lui sente e solo lui è in grado di eseguire: lo fa in un decimo di secondo, mentre agli altri occorre molto più tempo! Quando hai la possibilità di contare su un giocatore di quel calibro, devi trovargli un ruolo centrale nella tua organizzazione. Potevo scegliere tra due opzioni, ma non si trattava di un vero e proprio rompicapo: affidargli il ruolo di numero 10 in un quadro tattico di 4-2-3-1 o collocarlo fra i tre attaccanti in un 4-3-3 più classico. Il primo sistema presenta un inconveniente: il lavoro difensivo indispensabile per aiutare i due centrocampisti centrali. Il secondo ha un doppio vantaggio: permette una vera libertà ai tre attaccanti perché i recuperi sono facili da effettuare; in poche parole, è il sistema che preferisco. Pensavo di farlo giocare sulla fascia sinistra, dove i suoi passaggi e il suo tocco danno un enorme aiuto al centravanti, o proprio in quest'ultimo ruolo, che mi sembra perfettamente adatto a lui. Francesco, in quel caso, ha meno bisogno di lavorare sulle fasce laterali per la difesa e di sprecare le sue energie più utili per l'attacco. L'obiettivo è limitare le lunghe corse, perché non ha più lo spunto necessario per mettere in difficoltà il centro della difesa. E tuttavia, è capace di fintare: l'ho visto più volte compiere sprint di spostamento anche prolungati per aiutare la squadra a recuperare la palla.

Può anche inserirsi tra l'attacco e il centrocampo: a quel punto gli avversari si chiedono chi deve marcarlo. La sua creatività individuale e la sua autentica libertà di movimento lo rendono imprevedibile e costituiscono un'arma difficile da contrastare. Qualunque sia la sua area di azione, mantiene sempre la stessa rapidità fulminea nei piedi, la stessa precisione nei tiri, la stessa visione del gioco e un'efficacia temibile nell'esecuzione dei calci piazzati. Secondo la gerarchia dei tiratori che avevo stabilito all'inizio della stagione, il compito di battere i rigori spettava prima a lui, poi a Strootman o a Pjanić, a seconda delle circostanze. Fino al suo infortunio ne tirò uno solo, contro l'Inter: le altre volte in cui l'arbitro ce ne concesse uno, Francesco era già tornato in panchina per lasciare posto a un compagno di squadra.

Il primo «artificiere» ridotto al silenzio per colpa mia, alla fine: facevamo spesso battute al riguardo. Totti, del resto, è uno dei più spiritosi tra i membri della squadra e, in questo ambito, la sua vivacità di spirito è almeno pari a quella che dimostra sul campo. Si dice che l'umorismo sia la strada più breve per unire le persone. Be', in questo Francesco è uno specialista. A quanto pare, ha inserito tutte le barzellette su di lui in due libri pubblicati qualche anno fa. Devono essere senz'altro molto divertenti.

Per i calci di punizione diretti o indiretti, tutto dipende dalla zona in cui vengono battuti. Se non li tira lui il compito può essere affidato a Pjanić, noto per la qualità del suo destro a rientrare. Non è certo un problema per Francesco, il cui altruismo dovrebbe servire da modello a giocatori molto meno famosi. Non giocherà per sempre? E chi può farlo? Anche Platini e Maradona un giorno si sono fermati. Spero proprio che la prossima stagione la Roma possa partecipare alla Champions League e che Totti dia ancora il meglio di sé, anche a costo di ridurre il suo impiego.

Una volta mi ha fatto l'onore di chiamarmi «allenatore del futuro», rispondendo alla domanda di un giornalista. Questo complimento mi ha toccato il cuore, ma concepisco il futuro solo con un Francesco Totti alla guida di una Roma vincente.

L'Europa rappresenta il palcoscenico naturale per un artista come lui.

Quando i dirigenti del club, l'autunno scorso, chiesero il mio parere sull'opportunità di prolungare il suo contratto di due anni, la mia risposta affermativa fu tanto facile quanto spontanea. Avevo capito subito che era un giocatore fondamentale per la Roma, e che grazie al suo livello di gioco avrebbe potuto restare competitivo in squadra ancora per qualche tempo. Al termine di questo prolungamento appena firmato, Francesco avrà trentanove anni. Cercherà ancora di spingersi oltre i suoi limiti per iniziare una nuova tappa con la maglia del suo unico club? Nessuno può prevederlo, anche se tutti lo sognano. Da bambino frequentava la curva Sud dell'Olimpico, dove si riuniscono i tifosi più appassionati. Pianse tutta la notte del 30 maggio 1984 dopo aver visto la sua squadra perdere ai rigori la finale della Coppa dei Campioni contro il Liverpool. Chi avrebbe potuto immaginare, all'epoca, che un giorno sarebbe diventato il re di Roma, un re senza alcuna intenzione di abdicare?

XIX
La tournée del presidente

L'estate sì, l'inverno no!

Descrivendo a grandi linee la stagione estiva prima del mio arrivo, Italo Zanzi mi aveva avvertito: «La tournée negli Stati Uniti sarà un momento importante della nostra preparazione. Ci permetterà di allenarci in buone condizioni e di confrontarci con avversari di livello mondiale. Ci darà anche l'opportunità di esporre il nostro marchio "AS Roma" su un mercato interessante». Tenuto conto della nazionalità americana del nostro presidente, capii che quella tournée rivestiva una notevole importanza, non solo a livello sportivo, e che avrei dovuto adattarmi. Una partita con gli All-Stars della Major League Soccer (MLS) a Kansas City, uno scalo a Boston da James Pallotta, una partita a Toronto, in Canada, e un'amichevole con il Chelsea a Washington: il programma, piuttosto denso, andava dal 28 luglio all'11 agosto. Comunque sia, mi ero dichiarato contrario a un'iniziativa che non mi convinceva affatto. In virtù di un accordo di partnership con la Walt Disney Company, i dirigenti della Roma progettavano di organizzare un altro viaggio negli Stati Uniti per le festività natalizie. Fare il cenone di Natale del 2013 nel parco dei divertimenti Wide World of Sports di Orlando, in Florida? No, grazie, era fuori discussione! Anche se il contratto era stato firmato nel luglio del 2011 per una durata di sei anni al fine di «sviluppare il marchio Roma», bisognava stabilire delle priorità: promuovere l'immagine del club o garantire il successo sportivo della squadra? In quel periodo dell'anno, date le circostanze, i due obiettivi non sembravano conciliabili. L'anno precedente, a fine dicembre, tutto l'effettivo era andato negli Stati Uniti. Al ritorno, una catastrofe. A Napoli, nella prima partita di campionato dopo la pausa invernale, la Roma era affondata, incassando un sonoro 4-1, con tre gol di Edinson Cavani, al top della sua forma. Nelle cinque giornate successive la squadra aveva registrato tre sconfitte e due pareggi. In un mese era scesa dal sesto al nono posto in classifica; i dodici punti che a inizio gennaio la distanziavano dalla capolista a fine febbraio erano divenuti ventuno. Come se non bastasse, la squadra aveva portato all'esasperazione un allenatore, Zeman, licenziato dalla società il 2 febbraio.

La lezione da trarre da quel periodo convulso era molto semplice: non si può compiere, in così poco tempo, un viaggio di diciassettemila chilometri andata e ritorno senza che l'organismo dei giocatori e i risultati della squadra ne risentano. Non mi sembra un buon modo per prepararsi a una competizione di alto livello. Dissi quindi ai miei dirigenti, in tono categorico: «Non ci andiamo! Una tournée in Florida nel dicembre del 2013 è fuori questione». Riuscii a spuntarla, nonostante gli accordi contrattuali firmati con gli americani. In compenso proposi che a fine stagione, in maggio, venisse organizzato un viaggio nel paese di Walt Disney per i giocatori e le loro famiglie, tanto per cercare di accontentare tutti. Se la nostra tournée estiva fosse andata bene, avrei prestato più attenzione a quella prevista per l'estate del 2014, in modo che risultasse più gratificante. Per esempio, programmare spostamenti in quattro luoghi diversi piuttosto lontani fra loro non mi sembra una formula ideale. È uno spreco di tempo ed energia che può essere evitato. La squadra del Chelsea si era installata in un campo base al quale faceva ritorno dopo ogni partita: una decisione molto più saggia. La scelta dei terreni di allenamento, inoltre, meriterebbe indagini più accurate: nel paese dei campi sintetici non si deve accettare qualunque condizione. Un club che vuole crescere e salire di livello deve considerare anche i più piccoli dettagli.

Dom Pérignon per uno, Romanée-Conti per l'altro

Il nostro passaggio a Boston, la capitale del Massachusetts, aveva un unico scopo: incontrare il presidente della Roma, James Pallotta, che abita lì. Il primo scambio avuto con lui a New York, qualche giorno prima, per ufficializzare la nostra collaborazione, mi aveva lasciato un'impressione molto favorevole. Amo le persone che, pur avendo grandi responsabilità, sanno restare umane, semplici, affabili e cordiali. Del resto, Pallotta è famoso per le sue attività filantropiche. Persino il suo patrimonio, stimato in varie decine di milioni di dollari, non crea alcuna barriera tra lui e i suoi interlocutori. Mi invitò a raggiungerlo nella sua splendida dimora alla periferia di Boston, per un barbecue cui avrebbe partecipato il suo staff, costituito da una ventina di persone. In una parte del giardino, un campo da basket testimoniava la sua passione per quello sport: lo aveva praticato all'università ed era il patron dei Boston Celtics, che detenevano il record di vittorie nell'NBA con diciassette titoli. Senza mai cercare di impressionarmi a tutti i costi, mi fece visitare il vasto piano terra di una casa che, stando a quanto avevo letto sui giornali, valeva venticinque milioni di dollari. Nel seminterrato aveva allestito uno studio di registrazione, tappezzato con la sua collezione di manifesti originali di concerti dei Rolling Stones, dei Doors, degli U2 e di Jay-Z. Mi condusse anche un po' più lontano, nella sua cantina. In realtà, il termine *cantina* non rende affatto l'idea del luogo che visitai: una stanza di circa quaranta metri quadrati talmente straordinaria che si sarebbe potuto mangiare sul pavimento. Prima si girò verso Fred Bompard, che mi accompagnava. «Cosa vuoi? Cosa ti piacerebbe?» Fred adora lo champagne: ebbe appena il tempo di rispondere che si ritrovò con due Dom Pérignon in mano. «E tu, Rudi?» Nel periodo in cui avevo vissuto a Digione, in Borgogna, ero diventato un estimatore dei vini locali. Pallotta afferrò un piede di porco, aprì il coperchio di una cassa di La Tâche 1988 Domaine de la Romanée-Conti e mi regalò due bottiglie. «Tieni, sono per te!» Un dono preziosissimo: ciascuna doveva costare qualcosa come millecinquecento euro! Classificato tra i *grands crus* della Côte de Nuits, il Romanée-Conti è considerato il miglior vino della Borgogna. Il resto della serata, trascorso nel clima mite di Boston, fu piacevolissimo. Mi resi conto che un team molto unito circondava Pallotta, il quale passava da un gruppo all'altro per parlare con tutti gli invitati. Quell'uomo ha un autentico senso dello scambio e della condivisione che me lo rende simpatico.

Progetti per il presente e per il futuro

Ovviamente avevamo trovato un po' di tempo per affrontare i problemi del momento, in particolare la campagna acquisti. Espressi a Pallotta il desiderio di mantenere l'effettivo già esistente e di rafforzarlo con due o tre nuovi giocatori. «Credo nel suo progetto di fare della Roma uno dei più grandi club europei, sul modello del Paris Saint-Germain e del Monaco in Francia...» La mia proposta, tuttavia, non incontrò subito il suo favore: pur mantenendo un obiettivo elevato, Pallotta voleva prima di tutto fare il punto della situazione. Il club, infatti, al termine della stagione 2012-2013 vantava un giro d'affari di centoventiquattro milioni di euro, ma aveva un deficit di quaranta milioni. Dopo due campagne acquisti che gli erano costate circa cento milioni e avevano dato risultati modesti a livello sportivo, Pallotta cercava di tirare il freno. Prima di comprare intendeva vendere, per ristabilire un equilibrio nel bilancio. Ecco perché, alla fine, Lamela lasciò la Roma per il Tottenham, Osvaldo per il Southampton e Marquinhos per il PSG, tre trasferimenti che fruttarono ottanta milioni di euro. Questa ondata di partenze, se non altro, permise al club di acquistare Benatia, Strootman, De Sanctis, Maicon, Gervinho, Ljajić e i giovani Jedvai e Skorupski, con l'idea di rafforzare soprattutto il settore difensivo, molto carente nella passata stagione. Giocare un buon calcio e puntare sull'attacco non significa aprire le saracinesche delle linee di difesa! Pallotta voleva rimettere in sesto i conti per ripartire su basi più solide, e aveva senza dubbio un'idea in mente: tentare di attirare, in questo modo, nuovi investitori interessati a partecipare allo sviluppo di una strategia di conquista. Non c'era altra possibilità che accettare la sua decisione.

Il presidente ne approfittò per parlarmi del progetto del nuovo stadio da cinquantaduemila o sessantamila posti che avrebbe dovuto sorgere a Tor di Valle, lungo il Tevere, a metà strada fra il centro di Roma e l'aeroporto di Fiumicino. Il progetto architettonico, opera dell'americano Dan Meis, si sarebbe ispirato al Colosseo. Il complesso avrebbe ospitato megastore di partner della Roma come Nike, Volkswagen e Disney, oltre alla sede amministrativa del club. Il costo totale dell'operazione si aggirava fra i duecento e i trecento milioni di euro. Pallotta si emozionò mentre descriveva il progetto: «Dal punto di vista tecnologico sarà lo stadio più avanzato d'Europa». Sperava che la sua inaugurazione ufficiale avrebbe coinciso con la prima partita della stagione 2016-2017. «Penso che il marchio della Roma sia sottovalutato nel mondo, e conto di rimediare insieme a te» furono le sue ultime parole alla fine di una serata perfettamente riuscita, che mi diede la conferma di aver fatto la scelta giusta unendo il mio destino a quello di un club molto ambizioso.

Le confidenze di Henry, i complimenti di Mourinho

Due giorni prima della nostra partita contro gli All-Stars della MLS, durante la conferenza stampa, avevo incontrato

Thierry Henry. Ero venuto insieme a Totti e Bradley, che i rappresentanti della stampa americana volevano intervistare. La nostra star planetaria da un lato, la nostra celebrità americana dall'altro: la presenza di quei due giocatori rispondeva a richieste legittime. Dopo la manifestazione ufficiale, Thierry e Francesco, che sembravano stimarsi a vicenda, scambiarono due chiacchiere. Il giorno dopo, sul campo di Kansas City dove ci allenavamo, ebbi l'occasione di parlare per la prima volta con lui. Ne approfittai per affrontare un problema che mi stava molto a cuore fin dai Mondiali del 2010. Volevo sapere, e soprattutto capire. Perché era finita in quel modo? E perché lui, Thierry Henry, non aveva cercato di cambiare le cose e impedire l'irreparabile? Il mio ragionamento, visto dall'esterno, poggiava su una constatazione semplice, quasi da tifoso. Potendo contare su un giocatore del calibro di Henry, con tutta la sua esperienza nella nazionale francese, l'allenatore avrebbe dovuto affidargli un ruolo importante nel gruppo, anche se non come titolare. Aveva tutto l'interesse a puntare su di lui e a coinvolgerlo nella vita della squadra. Thierry avrebbe potuto appianare le tensioni, evitando, per esempio, il famoso problema dell'autobus.* Forse la mia riflessione era utopistica, ma volevo condividerla con lui. «Magari ti sembrerò indiscreto, Thierry, ma c'è qualcosa che non capisco. Anche se avessi deciso di relegarti a un semplice ruolo di riserva, come allenatore dei *Bleus* mi sarei affidato a te al duemila per cento...» Scrollò il capo, poi mi spiegò nei dettagli come si erano deteriorati i suoi rapporti con Domenech, tanto che quest'ultimo lo aveva tagliato fuori dai Mondiali sudafricani. All'inizio tutto andava per il meglio tra loro ma, a un certo punto,

* Durante i Mondiali del 2010 il giocatore della nazionale francese Nicolas Anelka litigò violentemente con l'allenatore Raymond Domenech e per questo fu escluso dalla squadra. I suoi compagni, in segno di solidarietà, si rifiutarono di partecipare all'allenamento successivo: scesero rapidamente dal loro autobus per salutare i tifosi, ma vi risalirono subito dopo.

Thierry sentì che si era rotto qualcosa e che l'allenatore non gli attribuiva più la stessa importanza di prima. Non aveva più la minima influenza presso gli altri giocatori, non contava più né ai loro occhi né a quelli di Domenech. Si sentiva ridotto a un ruolo subalterno. La conversazione durò un quarto d'ora abbondante, e non dovetti porgli un'altra domanda, perché parlò senza fermarsi. Il suo tono infervorato mi fece capire che l'argomento era ancora doloroso da affrontare. Allo stesso tempo, mi rendevo conto che per lui il nostro dialogo aveva un effetto liberatorio e che voleva giustificarsi. Rievocò anche la vicenda del suo fallo di mano, che aiutò la Francia a qualificarsi ai Mondiali nello spareggio di ritorno con l'Irlanda allo Stade de France. Attaccato da tutte le direzioni, criticato per la sua mancanza di fair play, additato come colpevole, constatò con dispiacere che nessuno, all'interno della Federazione, gli aveva dato una mano. «Sono stato lasciato solo, abbandonato a me stesso, non un colpo di telefono, nessun sostegno, niente...» Sembrava provare ancora una grande amarezza; la ferita non si era rimarginata. Ho sempre ammirato molto i suoi successi all'Arsenal e in nazionale, anche se spesso è stato detto che non aveva la stoffa del leader. Preferisco attenermi ai fatti: le sue partite, i suoi gol, il suo palmarès; la carriera di Thierry depone a suo favore.

Dopo la partita mi salutò e mi parlò con gentilezza: «La tua squadra ha già un'identità di gioco. In così poco tempo è davvero una cosa eccezionale. Buona fortuna». Non conoscevo l'uomo Henry. Il nostro incontro resterà, per me, un momento molto piacevole.

A Washington, una decina di giorni più tardi, ricevetti un altro elogio, questa volta da José Mourinho, qualche minuto dopo la fine dell'ultima partita della nostra tournée americana, giocata contro il Chelsea. Bussai alla porta del suo spogliatoio per portargli un regalo: la maglia di Totti con dedica. Pensavo che gli avrebbe fatto piacere e che, se fosse stato un collezionista, l'avrebbe messa in bella mostra nel suo armadio dei ricordi. Stava facendo la doccia e, quando uscì, gli diedi la maglia. Mi ringraziò calorosamente, mi mise la mano su una spalla e si complimentò. «La tua squadra fa davvero un buon lavoro...» Uscendo dallo spogliatoio non dimenticai che, sebbene il primo gol della partita fosse stato segnato dal nostro Lamela, Lampard aveva pareggiato e Lukaku aveva assicurato la vittoria al Chelsea. Forse la mia squadra si era difesa bene, ma non aveva vinto. Era questo che la Roma doveva imparare, ormai: vincere, anche contro le squadre più forti del continente.

XX
Una partenza alla grande

Tabellone, dove sei?

Avevo immaginato il mio debutto ufficiale in serie A in modo assai diverso: tutt'altro cerimoniale, molto più sfarzo, un maggior prestigio. Per me l'Italia rappresentava a tal punto l'avanguardia del calcio europeo che confesso di avere provato un pizzico di delusione. Con il Lille avevo giocato un turno di Europa League a Genova, in uno stadio all'inglese, con le tribune vicinissime al campo, dove qualche pilastro lasciava intravedere inquietanti tracce di ruggine. Due anni dopo, a Milano, in Champions League, avevo scoperto lo stadio di San Siro, immenso vascello carico di storia ma con spogliatoi troppo vecchi per una struttura di quelle dimensioni. Lo stadio di Livorno, antiquato com'è, si collocava a un gradino ancora più basso; lo scoprii con un misto di sorpresa e di costernazione. Mi colpì subito un dettaglio, che era la prova di una realtà anacronistica: non c'era il tabellone per registrare il punteggio della partita! E questo in serie A, uno dei campionati più conosciuti e seguiti al mondo: se non lo avessi visto con i miei occhi, non ci avrei creduto! In tutta la mia carriera di allenatore non mi era mai capitato, né in Francia né in altri paesi. Scambiai due parole al riguardo con Francesco Totti, che fu d'accordo con me: «L'Italia dovrebbe candidarsi a ospitare gli Europei o i Mondiali per costruire degli stadi nuovi di zecca. Ne ha un gran bisogno».

Ma non ero certo lì per deplorare lo stato delle infrastrutture sportive del paese che mi ospitava, e neppure per dare consigli al riguardo. Promosso in serie A, il Livorno era appena stato eliminato dal Siena in Coppa Italia. Quella sconfitta poteva avere qualche conseguenza sul morale dei giocatori. Li avrebbe abbattuti o li avrebbe galvanizzati, con quell'ansia di riscatto che si prova dopo un insuccesso? Una squadra appena promossa che gioca la prima partita del campionato in casa rappresenta sempre un rischio, perché procede sull'onda dell'euforia. Non si sa mai cosa possa riservare. È sempre meglio restare in guardia, e io lo feci.

Due telefonate, due riti

Ero dentro la «mia» partita, completamente teso verso l'obiettivo. A un'ora dal calcio d'inizio, non c'è niente che possa farmi uscire dalla mia bolla. Rifletto su determinati aspetti del gioco. Penso ai minimi dettagli, sperando di non aver dimenticato niente. Per esempio, la posizione da adottare sul campo in caso di calci piazzati in difesa e in attacco, così importanti nel calcio moderno, è già affissa negli spogliatoi, perché i giocatori la memorizzino un'ultima volta.

Prima delle partite sono inavvicinabile, quasi inaccessibile. Ci sono però due rituali di cui ho assoluto bisogno. Quando i giocatori vanno in campo a fare il riscaldamento preferisco ritirarmi in un angolo, da solo, in tranquillità. Creo il vuoto attorno a me. A volte mi lucido le scarpe, oppure mi capita di fumare una sigaretta. E allora prendo il telefono. La prima chiamata è per mia madre. Lei è a casa sua, non lontano da Corbeil, davanti alla televisione, ad aspettare la diretta della partita. Me l'immagino ogni volta sul divano del salotto. Usa il tipico tono di una madre con il figlio. «Stai calmo in panchina! Non ti innervosire! Andrà bene, non ti preoccupare, andrà bene...» La rassicuro a mia volta e la prego di non agitarsi, andrà tutto per il meglio, non ha nessuna ragione di stare in pensiero. Lei cerca ancora di tranquillizzarmi. «Ti ho acceso una candela. Ti porterà fortuna.» È bello avere una madre che ti protegge. La conversazione dura due o tre minuti. Fa bene a entrambi. La seconda chiamata è di natura professionale: telefono a Christophe Prudhon, che fu il mio vice a Corbeil-Essones, quando allenavo la squadra di CFA2, molti anni fa. Dal periodo in cui passai al Dijon abbiamo intrapreso una nuova forma di collaborazione: su mia richiesta, Christophe studia tutti i miei futuri avversari. All'epoca doveva tenere d'occhio prima le squadre del National poi quelle di Ligue 2, con particolare attenzione per le formazioni della regione parigina, come il Paris FC, il Créteil e il Beauvais. Conosce perfettamente il settore, in particolare le squadre di giovani che pullulano di talenti.

Quando assunsi l'incarico a Lille, Christophe firmò un contratto da osservatore. In funzione delle mie aspettative, che ben conosce, mi fornisce un rapporto dettagliato di una decina di pagine, nel quale raccoglie tutte le informazioni indispensabili per farmi un'opinione: organizzazione generale, tattica di base, schieramento per i calci di punizione, struttura offensiva, caratteristiche principali di ogni giocatore. Non m'interessa uno studio asettico che analizzi in modo vago la squadra: voglio che Christophe si «sporchi le mani» e faccia commenti approfonditi. Deve sapermi indicare i punti di forza dell'avversario, ma soprattutto i possibili espedienti per metterlo in difficoltà. La sua relazione può spingermi a dare agli allenamenti un'impronta diversa.

Christophe si organizza per vedere l'avversario due volte: una in casa, l'altra in trasferta, dove il comportamento dei giocatori può variare. Mi fa avere il suo rapporto all'inizio della settimana e, il giorno della partita, in base alla formazione della squadra avversaria che viene comunicata, faccio rapidamente con lui il punto della situazione; tre o quattro minuti di confronto che mi permettono di togliermi gli ultimi dubbi e di rifinire i dettagli. Dopo l'assunzione dei miei due vice, avevo convinto Sabatini che anche Christophe rappresentava un elemento fondamentale della mia strategia, pur non essendo un esperto di calcio italiano. Bisognava quindi tradurre in una qualche forma contrattuale la sua collaborazione, come avevamo fatto a Lille. «Mi sostituisce in tutto e per tutto. È come se andassi a vederle io le partite. Abbiamo entrambi così tanta esperienza...» gli avevo spiegato. Accettò di ingaggiarlo e tutto andò alla perfezione. Meglio così: il suo eccellente lavoro, unito a quello del nostro giovane prodigio dell'informatica e del montaggio video, Simone Beccaccioli, un vero genio nel suo campo, e a quello di Fred Bompard, che supervisiona lo studio dell'avversario, costituisce per me un aiuto estremamente prezioso.

Christophe, che aveva monitorato il Livorno in occasione del suo turno in Coppa Italia, fece due rapide osservazioni che attirarono la mia attenzione, in particolare un preciso accenno a una riserva divenuta titolare; il ruolo di Christophe, infatti, prevede che lui si documenti su tutto, anche sui giocatori che non compaiono regolarmente negli undici di partenza. La comunicazione telefonica era disturbata: in quello stesso istante si trovava a Parma per seguire la partita fra i gialloblu e il Chievo, due dei nostri futuri avversari. La sera precedente era andato a Verona per assistere a Verona-Milan. La settimana successiva, infatti, avremmo ospitato il Verona per la nostra prima partita di campionato all'Olimpico.

Prima mia madre, poi Christophe: ero stato fedele alla tradizione, a pochi minuti dal calcio d'inizio del mio primo incontro ufficiale di serie A. In Italia come in Francia, il mio rituale pre-partita si basa sempre sulle stesse esigenze, personali e professionali.

Il walkie-talkie è vietato!

Nel minuscolo spogliatoio dello stadio Armando Picchi non mi risultò facile prendere la parola. Un allenatore è anche un attore. A seconda della situazione recita la parte del cane pastore, del maestro di scuola, del fratello maggiore o del condottiero. Deve saper cambiare registro per adattarsi allo stato d'animo del gruppo. A Lille, per esempio, alla fine del riscaldamento, quando incrociavo lo sguardo di Rio Mavuba, il capitano della squadra, sapevo esattamente come regolarmi. Nei suoi occhi leggevo le parole: «Mister, devi farli muovere, li sento mosci...», oppure: «Tranquillo, coach, tranquillo, stasera vanno alla grande...». Avevo sempre il polso della situazione, quindi decidevo in quattro e quattr'otto di motivare le truppe con parole forti e frasi a effetto. Oppure mi limitavo a ricordare loro qualche elemento del gioco o della tattica messo a punto la sera prima. Io, in realtà, ho un carattere istintivo. Non sempre sono in grado di spiegare perché prendo una decisione invece di un'altra, ma nel profondo di me stesso sono convinto che sia quella giusta. Il mio istinto mi ha tradito molto raramente. Lì a Livorno, in quello stanzino minuscolo, non avevo praticamente nessuna parte da recitare. I giocatori si incoraggiavano l'un l'altro, si passavano le consegne, e i leader condividevano con gli altri la loro voglia di vincere. Bisognava sentire De Rossi, Maicon, Burdisso, Balzaretti, Totti e De Sanctis... Erano tutti su di giri. Subito prima di uscire, Francesco radunò intorno a sé la squadra per lanciare un grido di battaglia. Il grido risuonò negli spogliatoi e l'effetto sonoro si moltiplicò. Erano tutti pronti a eliminare qualunque ostacolo avessero trovato sulla loro strada. Maicon era così carico che lo avrei visto bene con la faccia dipinta a mo' di apache. Avevo dei veri e propri pellerossa nella mia rosa di giocatori! Fedele all'abitudine che aveva preso con me a Lille, durante il primo tempo Frédéric Bompard si sedette vicino alla tribuna stampa per avere una visione d'insieme del campo da gioco e comunicare a Claude Fichaux, con un walkie-talkie, le principali impressioni. Al posto del walkie-talkie, che in quello stadio non funzionava, utilizzò un cellulare per tenersi in contatto con me. Quando sei in una posizione sopraelevata noti più dettagli tattici, per esempio lo spostamento dei giocatori o la strategia di difesa avversaria. Fred può confermare le impressioni che ho io dalla panchina, oppure segnalarmi qualcosa che altrimenti mi sfuggirebbe. A volte, subito dopo, intervengo io per modificare qualcosa sul campo, più o meno pesantemente, o per dare qualche istruzione. «Bisogna tirare da lontano, come ha appena fatto Francesco!» mi disse rapidamente vedendo la difesa del Livorno posizionata piuttosto bassa. Trasmisi il messaggio ai ragazzi.

Soprattutto, però, annoto delle osservazioni su un quaderno, per poi parlarne con i giocatori durante l'intervallo, negli spogliatoi. Nel secondo tempo Fred torna a sedersi in panchina, accanto a me: la sua presenza sopra di noi, infatti, a quel punto non mi sembra più opportuna. Ora tocca a noi cavarcela da bordo campo. Subito dopo la partita, mi comunicarono a livello ufficiale che l'uso di qualsiasi apparecchiatura elettronica era severamente vietato durante gli incontri di serie A e che quindi sarei incorso in una sanzione, probabilmente una multa. Non capivo cosa mi stessero rimproverando. Questo era sempre stato il mio modo di procedere, anche nel corso delle nostre sei amichevoli, ovviamente: mai nessun dirigente del club mi aveva mosso la minima critica. Mi avrebbero avvertito, se fosse stato vietato! Per fortuna la polemica non durò a lungo: poiché le regole della Federazione erano piuttosto vaghe in proposito, la Roma depositò una richiesta debitamente formulata che venne accettata. In seguito, Fred ha ricominciato con il suo walkie-talkie, esattamente come prima.

Il simbolo De Rossi

Il fatto che quel giorno Daniele De Rossi avesse segnato il primo gol della stagione della Roma ebbe un bellissimo significato simbolico. Daniele venne festeggiato da tutta la panchina, che si lasciò andare a una gioia incredibilmente contagiosa. Nessun giocatore mancò all'appello quando De Rossi corse verso di noi per celebrare la sua rete: né gli undici in campo, eccettuato forse De Sanctis, che se ne restò in disparte manifestando comunque la sua esultanza, né le riserve. Anche i membri dello staff tecnico espressero tutto il loro entusiasmo. Era il gol di De Rossi, ovviamente, ma anche di un'intera squadra, anzi, di un'intera città.

Al mio arrivo molti dicevano che Daniele se ne sarebbe andato. Circolava una brutta storia: stando a un'intercettazione telefonica trasmessa da una radio della capitale, il direttore sportivo aveva intenzione di vendere De Rossi, perché il suo ingaggio era troppo elevato, e anche Osvaldo, per altre ragioni legate ai suoi rapporti conflittuali con i tifosi. La vicenda fece molto scalpore, in una città elettrizzata, e il caos ebbe fine solo quando scomparve la registrazione, ritirata dalla circolazione. Negli animi, però, rimasero tracce indelebili. Daniele era diventato uno dei bersagli di certi tifosi, pur essendo un figlio di Roma, pur avendo compiuto tutta la sua formazione a Trigoria e nonostante suo padre alleni ancor oggi la squadra Primavera. Fra l'altro, ho rapporti regolari ed eccellenti con lui.

Non avevo voluto che Daniele partecipasse al ritiro prestagione, perché doveva riposarsi dopo la fine della Confederations Cup, che aveva disputato in Brasile con la nazionale. Quindici giorni di pausa gli sarebbero stati senza dubbio utili per ricaricare le batterie. Ma avevamo avuto una conversazione telefonica che confermò i miei timori: non voleva restare alla Roma, dove l'ambiente gli pesava sempre di più. O meglio, stava prendendo in considerazione l'idea di andarsene. «Nella mia testa sono in partenza...» Tre club erano interessati a lui, e non tre qualunque: il Real Madrid, il Chelsea e il Paris Saint-Germain. Penso che Carlo Ancelotti lo volesse a tutti i costi e contasse di metterselo in valigia e di portarlo con sé a Madrid. Il Real, però, alla fine puntò tutto su Gareth Bale e il PSG, dopo la partenza di Carlo, si dedicò ad altri progetti. Mourinho lo stimava molto, ma neanche con il Chelsea si concretizzò nulla. Daniele non sopportava quello che si diceva e si scriveva sul suo conto, sui suoi compensi e tutto il resto. Mi ripeteva con insistenza: «Mister, ho un'opportunità, dovrebbe lasciarmi andare». Non mi ero impuntato, mi sembrava inutile farlo. È impossibile trattenere un giocatore contro la sua volontà, soprattutto un giocatore di quel calibro. E non potevo neppure ignorare il fatto che la sua partenza sarebbe stata un bel risparmio per il club. Gli imposi però le mie condizioni. «Capisco benissimo la tua posizione e non mi opporrò a un tuo eventuale trasferimento. Ma non posso permettermi di perderti dopo la prima giornata di campionato. È assolutamente fuori discussione che uno dei miei migliori giocatori se ne vada dopo l'inizio della stagione.» Lui comprese le mie ragioni e acconsentì. Aggressivo e dotato di una tecnica di altissimo livello, Daniele dà il meglio di sé sia nel gioco corto sia nei lanci lunghi. Davanti alla porta si dimostra abilissimo e la sua forza di carattere costituisce un'arma notevole per un allenatore. Non sarebbe stato facile sostituirlo di punto in bianco. Di certo era meglio tenerselo stretto. Avevamo deciso di comune accordo che la settimana prima della partita di Livorno rappresentava la *dead line* oltre la quale non avrebbe più potuto andarsene. E proprio a Livorno ci trovavamo, per l'inizio del campionato. Daniele era lì, e alla grande, sul campo, in mezzo ai giocatori della Roma che festeggiavano il suo gol, il primo che segnava da molto tempo.

Qualche giorno dopo il Manchester United bussò alla sua porta per proporgli un magnifico contratto pluriennale. La tentazione di accettare era inevitabilmente fortissima. Chi potrebbe resistere ai *Red Devils*? Eppure, dopo tre giorni di riflessione, Daniele rifiutò un'offerta che pure si era rivelata considerevole. Venne da me e mi fece un discorso cristallino. «Mister, le avevo dato la mia parola che dopo il 18 agosto sarei rimasto alla Roma. Rispetto il mio impegno: non andrò a Manchester!»

Erano le parole di un grande giocatore, lo sapevo. Ma anche di un grande uomo, e questo non potevo ancora saperlo.

Quel gol al sessantacinquesimo minuto contro il Livorno, segnato con una cannonata da uno dei più genuini prodotti del club, rappresentò un fantastico inizio per la nostra stagione. Fu seguito, due minuti dopo, da una rete di Alessandro Florenzi, nato anche lui a Roma e capitano della Primavera 2011, guidata da Alberto De Rossi!

Roma, ancora e sempre Roma.

Molti simboli caratterizzarono la partita di Livorno, dove risuonarono i tre rintocchi di una partenza in grande stile.

XXI

La chiesa al centro del villaggio

Combattere i preconcetti

In piena estate 2013, pare che un aereo sorvolasse le spiagge romane esponendo uno striscione sul quale campeggiava una scritta molto volgare: «Vi abbiamo messo la Coppa in quel posto». Il riferimento era alla finale di Coppa Italia, che la Roma aveva perso il 26 maggio giocando contro la sua irriducibile nemica, la Lazio. Il giorno della presentazione della nostra nuova rosa allo stadio Olimpico, fummo vittime dello stesso tipo di provocazione da parte dei tifosi laziali. Non avevo apprezzato quello scherzo di pessimo gusto, che gettava un'ombra sul nostro giorno di festa. Vi furono altre dimostrazioni lungo le vie della capitale per celebrare il presunto funerale della Roma, con manifesti che alludevano alla scomparsa della Lupa. Quella specie di farsa mi irritava. Era ora che finisse. In seguito scoprii che l'autore dell'unico gol della partita, Senad Lulić, aveva addirittura creato una linea di abbigliamento, la «71», prendendo spunto dal fatto che aveva segnato al settantunesimo minuto di gioco. E poco dopo venni a sapere, rimanendone sbalordito, che al settantunesimo minuto di ogni partita della Lazio i suoi tifosi esultavano per celebrare una vittoria ritenuta storica. Francamente trovavo che queste manifestazioni inopportune fossero davvero squallide. Possibile che, tutti quanti, non nutrissero altra ambizione che pavoneggiarsi e sfogare il proprio odio? Non sapevano fare di meglio? Preferivano guardare al passato anziché al futuro? Nessun'altra vittoria aveva mai reso così felici i laziali e nessun'altra sconfitta aveva fatto soffrire altrettanto i romanisti. Quel giorno non era in gioco lo scudetto, ma a Roma sembrava che fosse proprio così. Un successo a scapito del vicino significava esultanza per sei mesi e depressione per lo sconfitto. Figuriamoci un derby che avrebbe attribuito al contempo la Coppa Italia e un posto in Europa League... Tutte queste scaramucce presentavano quantomeno un vantaggio: servivano a ricordarmi dov'ero capitato. In pochi istanti mi ritrovai calato nei panni del perfetto romanista che abbraccia la causa della sua società. Avevo già vissuto l'atmosfera elettrica dei derby a Saint-Étienne e a Lille, e quelle esperienze francesi mi tornarono utili quando dovetti affrontare il derby della Città Eterna. All'inizio non ero più tifoso del Lille di quanto in seguito lo sarei divenuto della Roma, ma a forza di difendere i colori del Lille mi ero completamente identificato con i suoi sostenitori. Con giocatori della zona come Dumont, Debuchy e Cabaye, il mio senso di appartenenza alla comunità del Nord era totale. A Roma, sotto la mia nuova bandiera, sentivo lo stesso legame quasi viscerale.

Non tutto mi era chiaro dei rapporti fra Roma e Lazio, ma ne sapevo abbastanza per capire fino a che punto quella rivalità affondasse le sue radici nella storia. La Lazio si vanta di essere stata fondata per prima, nel 1900, ma occorre specificare che assunse la forma di una società polisportiva, contrariamente alla Roma che, fondata nel 1927, concentrò la propria attività su un solo sport: il calcio. Divenne rapidamente sempre più forte, ottenendo in serie A risultati di gran lunga migliori rispetto alla Lazio. Spesso si parla di una città divisa in due, ma la realtà non è così manichea, se devo credere a quanto mi è stato detto. È possibile trovare sostenitori della Lazio in alcuni quartieri nord di Roma, ma la maggior parte dei tifosi risiede nella zona settentrionale della regione. Tutto il resto della capitale è territorio della Roma, compresi quartieri storici come Trastevere, Testaccio, Garbatella e San Lorenzo. La Roma *è* Roma. Nel nome «Lazio» non c'è traccia della città. È una differenza importante, che va ben oltre il solo aspetto simbolico. Tuttavia, la divisione tra i due campi poggia anche, a quanto pare, su un antagonismo di tipo sociale. Da una parte i benestanti, dall'altra il popolo. Se i sostenitori della Lazio provengono per tradizione dalla borghesia, quelli della Roma hanno origini decisamente più popolari. Ciascuno rivendica la propria specificità, anche se le connotazioni sociologiche in genere si indeboliscono con l'andare del tempo.

Io, però, volevo uscire da quel contesto e combattere tutti i preconcetti che confondevano gli animi. I giornali, anche se storicamente nel derby la Roma precedeva la Lazio (con 63 vittorie, 50 sconfitte e 61 pareggi), ponevano l'accento sull'esito poco favorevole delle nostre ultime cinque partite, con quattro sconfitte e un pareggio. Facevano accenni malevoli a una cattiva sorte che rischiava di perpetuarsi. Stando ai commenti che sentivo in giro, invece, la Roma si sarebbe giocata tutta la stagione nei novanta minuti del derby, e sarebbe sprofondata nella depressione in caso di sconfitta. Nell'entourage della società, poi, percepivo un'apprensione legata al fatto che il calendario ci imponeva di incontrare la Lazio troppo presto. Il ritornello veniva ripetuto allo sfinimento: sarebbe stato meglio che la partita fosse in calendario nella quindicesima giornata anziché nella quarta.

Ormai ne avevo sentite abbastanza e tutto cominciava a esasperarmi. Non volevo farmi condizionare da tutte quelle chiacchiere allarmiste. La Roma doveva andare per la sua strada senza preoccuparsi di nient'altro che di se stessa! Il derby prometteva di essere esplosivo? Sì, certo. Un derby è pur sempre un derby. Con tutte le sue tensioni, pressioni, e intimidazioni, e con la voglia di sgominare l'avversario...

Io non vedevo l'ora che giocassimo, così avremmo potuto cancellare l'affronto della finale, rimettere in moto l'ingranaggio e calarci in uno stato d'animo più ottimista. Non ne potevo più di rimuginare in continuazione sulle vecchie storie. Ben lungi dal rappresentare un limite, il calendario ci offriva un'ottima occasione per risollevarci!

Balzaretti in lacrime

Avemmo l'eccellente opportunità di affrontare il derby nelle migliori condizioni possibili dal punto di vista matematico: tre partite, tre vittorie, nove punti all'attivo e il primo posto in classifica a pari merito con il Napoli. Certo, la Roma non aveva ancora affrontato le principali squadre del campionato, ma i tre incontri con Livorno, Verona e Parma mi avevano permesso di trarre le prime conclusioni positive. Un unico gol subìto e un attacco già lanciato con otto reti segnate da sette diversi giocatori: Florenzi, De Rossi, Maicon, Pjanić, Ljajić, Totti e Strootman; era la prova che la squadra funzionava. Avevo cercato per tutta la settimana di trasmettere la mia serenità ai giocatori, soprattutto ai «miei» tre romani, Totti, De Rossi e Florenzi, ai quali avevo consigliato di non fasciarsi la testa prima del tempo. Sapevo benissimo che cosa rappresentasse un derby ai loro occhi, un motivo in più per affrontarlo concentrati ma con disinvoltura. Con Totti e De Rossi non ci furono problemi. Ne avevano passate ben altre, e sapevano mantenere la calma. Florenzi, più giovane e meno esperto, non gestì al meglio il pre-partita e compromise la sua performance. Perse una grande occasione all'inizio, commise un errore grossolano a settanta metri dalla nostra porta, ricevette un'ammonizione e, nel complesso, dimostrò un eccesso di foga che penalizzò il suo gioco. Al cinquantesimo minuto lo sostituii per evitare che sprecasse inutilmente le proprie energie e per rafforzare l'attacco mettendo in campo Ljajić.

Nell'intervallo avevo dovuto usare tutte le mie capacità di persuasione per convincerli che potevamo vincere. Si erano lasciati tutti prendere dalla tensione nervosa. Fin troppo: «Mollate il freno a mano! Abbiate fiducia in voi! Ce la farete!». Quelle parole risuonarono negli spogliatoi e sembrarono risvegliare i giocatori. Avevo notato due o tre facce tirate prima del calcio di inizio, come quelle di certi dirigenti, che non mi erano sembrati particolarmente allegri nei corridoi. È pazzesco quanto possa risultare stressante un derby anche per gli individui più equilibrati. Dall'inizio della stagione eravamo sempre andati in rete nel secondo tempo. Contro la Lazio il copione si ripeté: nessun gol nei primi quarantacinque minuti, due gol in seguito. Mi fecero notare che si trattava di un segnale forte dato che, l'anno prima, la squadra tendeva ad avere un crollo dopo l'intervallo. Intendiamoci: non avrei avuto niente in contrario se avessimo segnato nei primi minuti! Ricordo il gol di Federico Balzaretti, messo a segno al sessantatreesimo minuto, come se l'azione si stesse ancora svolgendo sotto i miei occhi. Il corpo piegato in avanti per un sinistro al volo che andò a piazzarsi in rete. Seguì un momento di grande emozione collettiva. Balzaretti saltò oltre i cartelli pubblicitari per precipitarsi verso i nostri tifosi della curva Sud e festeggiare con loro. Era un simbolo potente. Come se non bastasse, vedendo De Rossi piangere di gioia scoppiò anche lui in singhiozzi. Da non credere. Tutto il gruppo era commosso! Fu in quell'istante che mi resi conto di quanto avevano dovuto soffrire da quel maledetto 26 maggio. Di come avessero incassato il colpo, tenendosi tutto dentro. Quel gol liberatorio significava per tutti la fine di un'enorme frustrazione. Nella curva Nord, dove si concentravano i tifosi della Lazio, lo striscione secondo il quale il derby sarebbe servito solo a commemorare la finale di Coppa Italia improvvisamente scomparve. Meglio così. Ormai apparteneva al passato. Al fischio di fine partita, pochi secondi dopo che Ljajić ebbe trasformato in gol un rigore, mi prese una felicità indescrivibile. Dopo aver salutato il mio collega Vladimir Pektović e aver stretto la mano agli arbitri, quando mi stavo accingendo a rientrare negli spogliatoi, De Rossi mi parlò: «Mister, venga a festeggiare la vittoria con noi». Mi rifiutai di seguirlo, ma Daniele mi tirò per la manica, insistendo perché condividessi con la squadra quel momento. In mezzo a loro, in una febbre che si diffondeva per tutto lo stadio, lasciai allora esplodere una gioia incontenibile di fronte ai nostri tifosi. Alcune foto divertenti testimoniano quello stato d'animo leggermente sopra le righe. Ma ce n'è un'altra che voglio assolutamente conservare e che non dimenticherò mai: raffigura il tabellone con il risultato Roma 2 - Lazio 0. Non dice tutto, ma dice molte cose. A me, per lo meno, quella foto parla. Nell'emozione che mi travolse all'inizio della conferenza stampa, una frase mi sfuggì quasi automaticamente di bocca. L'avevo già usata in passato, a Lille o altrove. «Abbiamo rimesso la chiesa al centro del villaggio». Questo detto francese lasciò perplessi i giornalisti italiani, che se ne chiesero il senso. Inutile cercare: nella lingua italiana non esiste un'espressione equivalente. Precisai loro il succo del mio pensiero: «Con questo risultato la Roma riprende il posto che le spetta».

La Roma di nuovo padrona del suo territorio: cosa c'è di più logico? Aggiunsi: «Adesso mi sento uno di voi, mi sento romanista». Da allora, niente per me sarebbe mai più stato come prima.

XXII

Non tutti i record sono uguali

La Roma di Totti raggiunge la Juve di Platini

Quando, all'inizio della stagione, i successi si accumularono, nel nostro gruppo si fece lentamente strada l'idea che la Roma potesse stabilire il record di vittorie di fila nel girone di andata di un campionato a venti squadre. Non mi ero particolarmente concentrato su quell'obiettivo perché non ci pensavo neppure. Del resto, come avrei potuto conoscere tutte le statistiche di una competizione che cominciavo solo allora a scoprire? Fu necessario che lo menzionasse la stampa, dopo la quarta o la quinta giornata, perché ne venissi a conoscenza. Non ci avevo fatto molto caso. Pensavo soprattutto ad assecondare il nostro trend positivo e a mantenerlo inalterato. A forza di vincere ricevevamo conferma dell'efficacia del nostro gioco, acquistavamo fiducia in noi stessi e volevamo prolungare la serie dei nostri successi. Una partita dopo l'altra, continuavamo a crescere: quel ritmo regolare, per step successivi, bastava a farmi felice.

La sera della nostra straordinaria vittoria sul campo dell'Inter ci rendemmo conto dell'impresa pazzesca che avevamo appena compiuto. Con sette vittorie in altrettante giornate, venti gol segnati e uno solo incassato, avevamo superato la squadra di Fabio Capello, quella dell'ultimo scudetto della Roma, che nel 2000-2001 aveva registrato sei vittorie e una sconfitta, con diciannove reti segnate e sette subite. Immediatamente tutta la città si infervorò, grazie anche all'incredibile cassa di risonanza delle radio romane, dove il calcio e la Roma dominano i palinsesti. Restava però da trovare un accordo su quale record fosse esattamente in gioco. Il dibattito era pubblico e assunse talvolta toni piuttosto vivaci: si trattava di quello detenuto dalla Juventus che, nel 2005-2006, aveva vinto le prime nove partite del girone di andata? Per me quel primato non aveva alcun valore, dal momento che la società era stata poi retrocessa all'ultimo posto in classifica in seguito allo scandalo Calciopoli. Niente più titolo, niente più serie di vittorie da record: l'evidenza era tale che non aveva neppure senso parlarne. Il mondo del calcio italiano, tuttavia, non era dello stesso parere. Il mio termine di paragone segreto era costituito piuttosto dalla Juventus della stagione 1985-1986, quella guidata da Michel Platini con la maestria di un direttore d'orchestra. Aveva inanellato otto vittorie consecutive in un campionato che all'epoca prevedeva solo sedici squadre. Era proprio quello il record che mi stava a cuore e che avevo preso di mira. Anzi, mi ero servito di quell'obiettivo per dare un traguardo alla mia squadra.

Il match contro il Napoli all'Olimpico, dove rividi con piacere Rafael Benítez, ci offrì l'occasione di eguagliare quella Juve. La nostra vittoria contro un avversario temibile, infatti, oltre a permetterci di relegarlo temporaneamente a cinque punti di distanza in classifica, ci fece anche entrare nella storia della serie A. Lo dichiarai in conferenza stampa, desiderando porre l'accento su un evento per me fondamentale: «Sono felice perché oggi la Roma di Totti raggiunge la Juventus di Platini». Totti che seguiva le orme di Platini: che magnifico simbolo per tutti noi, e in particolare per me, dato che, negli anni Ottanta, Michel era uno dei miei idoli. Mi procurò forti emozioni sia con il Saint-Étienne e la Juventus sia con i colori della nazionale francese. Un giocatore efficace davanti alla porta, che sapeva tenere la testa alta anche con un pallone tra i piedi, che con la sua visione d'insieme era in grado di valutare l'avversario e individuare il compagno di squadra, che era capace di passare la palla e far giocare bene anche gli altri: Platini metteva la sua tecnica eccezionale al servizio di un calcio realmente collettivo. Il mio interesse per i passaggi di palla e il gioco di squadra risale proprio al periodo in cui Michel era al centro della scena. Come è facile capire, l'accostamento Totti-Platini mi entusiasmava. Stavo addirittura per dimenticare che, vincendo l'ottava partita su otto con la Roma, avevo appena riportato il duecentesimo successo della mia carriera di allenatore. Cominciavo a rendermi conto che ormai dovevamo alzare l'asticella della nostra performance.

Dieci su dieci

Nella mia chiacchierata con i giocatori prima della partita successiva dovevo accennare al record a portata di mano o era meglio limitarmi a parlare dell'incontro per non creare agitazione? A volte a Lille concentravo il mio discorso sulla posta in gioco, perché l'organizzazione della squadra era già rodata e ciascuno padroneggiava perfettamente il ruolo che gli avevo assegnato. Ma a Roma non conoscevo ancora sufficientemente bene il mio gruppo da sapere in quale direzione orientare il mio intervento. La posta in gioco o il gioco? Il gioco o la posta in gioco? All'epoca mi mancava il distacco necessario. Si sarebbero spaventati o esaltati al pensiero di diventare i *recordmen* della serie A? Prima della nostra trasferta sul campo dell'Udinese mi parve più opportuno impostare il mio discorso sul gioco. La posta in gioco, infatti, si può raggiungere solo a condizione di fare una buona partita. Mehdi Benatia, il nostro difensore centrale dal fisico imponente, in quell'occasione ritrovò la sua ex squadra, che non perdeva in casa da oltre un anno, ovvero da ventidue incontri. Aveva promesso che, in caso di vittoria della Roma, ci avrebbe invitati tutti al ristorante. Dovette mantenere la promessa. Infatti, sebbene priva di Gervinho e di Totti, entrambi infortunati, e di Maicon, espulso durante la partita, la mia Roma dimostrò la forza di carattere necessaria per uscire da una situazione molto complicata. Avevamo giocato con il cuore e, per quanto ridotti a dieci, eravamo andati all'attacco nella speranza di vincere, sfidando la sorte. Un gol segnato da Michael Bradley, entrato in campo da quattro minuti, fu sufficiente. Formidabile: il record era nelle nostre mani. Eppure sentivo ancora dei commentatori, sempre gli stessi, dire che ci eravamo limitati a raggiungere la Juventus del 2006. Quel riferimento mi infastidiva sempre di più. Non ho accettato di guidare la Roma per battere un primato, per quanto straordinario e simbolico possa essere, ma per vincere dei titoli, in primo luogo lo scudetto, che le manca da dodici anni. Tuttavia, a forza di sentir parlare di quella serie incredibile di vittorie, ci avevo preso gusto. Non avevo scelta, dovevo battere il record!

Quando iniziai a parlare, il giorno in cui dovevamo giocare in casa con il Chievo, non evitai quell'argomento ineludibile. Non dovevo neppure fuggirlo: vi allusi ricordando che, in caso di successo, avremmo detenuto un record storico. Dieci vittorie in dieci partite: la posta in gioco era notevole, e fece da collante per un gruppo determinato al quale mancavano sempre Gervinho e Totti, due dei nostri migliori cannonieri dopo Florenzi (quattro gol). Fortunatamente Marco Borriello raccolse il testimone, segnando la sua prima rete della stagione. Divenne così l'undicesimo cannoniere della Roma dall'apertura del campionato, segno che il pericolo poteva arrivare da ogni parte e che ogni giocatore poteva rendersi utile. Non c'era alcuna riserva di caccia. Non sono certo di aver apprezzato realmente, lì per lì, il valore profondo di quel record. Forse ero troppo preso dal momento per assaporarlo appieno. Se ripenso a quanto, in seguito, ci fu difficile ritrovare il gusto della vittoria, mi dico, col dovuto distacco, che abbiamo compiuto un'impresa eccezionale. Dieci su dieci? Un giorno mi piacerebbe polverizzarlo, quel record!

Marco, l'eroe

Come il gol di De Rossi a Livorno o quello di Pjanić a Verona, quello di Borriello contro il Chievo aveva un significato simbolico. Anche lui avrebbe voluto lasciare la Roma e tornare a godersi la vita a Genova, dove aveva fatto faville la stagione precedente e dove il gioco era sostanzialmente organizzato intorno a lui. Lì aveva la certezza di poter contare su un posto da titolare, cosa che io non ero in grado di promettergli, sia perché non era nelle mie abitudini di allenatore sia perché Totti costituiva il perno del nostro attacco. Il fallimento dello scambio a tre destinato a trasferire Borriello al Genova, far passare Gilardino dal Genova alla Juventus e Quagliarella dalla Juventus alla Roma condannò Marco a proseguire la sua strada con noi. In parte costretto e obbligato ma conciliante, malgrado tutto. È uno di quei giocatori ai quali ritenni opportuno spiegare come la pensavo: la società avrebbe potuto separarsi da lui solo a condizione di trovargli un sostituto. Se la sua partenza non avesse portato a una compensazione numerica, non avrebbe potuto andarsene. Accettò senza fare una piega una decisione dura da mandar giù in quanto lo relegava in secondo piano tra le riserve. Ma restò comunque coinvolto nel progetto collettivo, entrò qualche volta in campo e giocò fin dall'inizio alcune partite. Marco è davvero un bravo ragazzo, sensibile, assai apprezzato nello spogliatoio, il che ha inciso molto sulla mia decisione di conservargli un posto tra di noi. Non potei far altro che compiacermi del suo atteggiamento irreprensibile. In panchina aspettavamo tutti che segnasse il gol che lo avrebbe molto probabilmente liberato da un peso. Che abbia avuto la splendida idea di farlo proprio quel giorno gli valse le lodi di un gruppo di giocatori estremamente altruisti, che non volevano lasciare indietro nessuno. Alto, robusto, abile nei colpi di testa, giocatore da area di rigore, Borriello presenta un profilo interessante in una formazione, in quanto è complementare agli altri. L'anno in cui vinsi il campionato francese con il Lille avevo in squadra Túlio De Melo, un giocatore con qualità simili. Formava un duo complice e incredibilmente efficace con Ludo Obraniak. Avrei potuto nominare Marco titolare di fronte a un avversario che, lo sapevo, non si sarebbe mai mosso dalla difesa asserragliandosi in area di rigore: avrebbe affrontato i centrali e rappresentato un vero pericolo per la difesa, perché aveva un eccellente colpo di testa. Inserire un centravanti classico offre un'opportunità che non ho mai trascurato. Se segnasse quindici gol a stagione, lo inserirei definitivamente tra i titolari! Gli preferisco comunque giocatori più mobili, che partecipano maggiormente al gioco e che vanno a cercare la palla in profondità, come faceva per esempio Moussa Sow nel Lille. Ma non mi precludo alcuna soluzione se si rivela in grado di aprirmi delle porte. Quelle del record, comunque sia, si chiusero definitivamente dopo l'exploit di Marco: non ci sarebbe stata un'undicesima vittoria consecutiva; il Torino e alcune situazioni di gioco avverse decisero altrimenti. Ma non c'era motivo di allarmarsi. Ci aspettavano nuove sfide.

XXIII

R come Roma, S come sogno

Un'arte, uno spettacolo, un'ambizione

Da più di otto mesi vivo giorni esaltanti a Roma, dove ho scoperto un mondo di cui non sospettavo neppure l'esistenza. Nella Città Eterna il calcio è una vera religione, e da decenni rappresenta il passatempo più popolare. È anche un'arte rispettata e venerata. Quest'arte, qui come altrove, deve produrre uno spettacolo di qualità, e questo spettacolo deve soddisfare coloro che ci mettono cuore, fedeltà e denaro. Sono numerosissimi, allo stadio Olimpico, in città e nella regione. Non ci ho messo molto tempo ad accorgermi che il calcio infiamma Roma e che la prospettiva di partecipare alla lotta per lo scudetto, sempre fondamentale nello spirito dei tifosi, accende gli entusiasmi. Pensate che, in quasi cento anni di storia, la Roma è stata campione d'Italia solo tre volte; la prima nel 1942, in un'epoca in cui si tendeva a scrutare il cielo per evitare le bombe piuttosto che a calcolare i punti di distanza tra gli aspiranti al titolo. Lo scudetto del 1983 ebbe tutt'altro sapore. Fu la ricompensa degli sforzi, degli investimenti e dello stile calmo e metodico dell'allenatore svedese Nils Liedholm, che era considerato una sorta di stregone. Inaugurò un'epoca nuova, quella di un calcio più vivace e dinamico rispetto al catenaccio tradizionale. E tutto questo con protagonisti come Bruno Conti, Roberto Pruzzo e Falcão. Il terzo titolo, nel

2001, fu opera di Fabio Capello, un genio della tattica che si affidò a giocatori esperti e famosi come Francesco Totti ma anche Gabriel Batistuta, Cafu e i francesi Vincent Candela e Jonathan Zebina, per guidare una squadra estremamente competitiva.

Tre volte in un lasso di tempo così ampio non è un risultato soddisfacente. È quello che ho detto ai dirigenti al mio arrivo, e da allora ci siamo sforzati di rimediare a questa anomalia.

La Roma della stagione 2013-2014 non è programmata per essere campione d'Italia, ma non ha paura di diventarlo. Nei suoi ranghi figurano due autentici campioni del mondo del 2006: Francesco Totti, che è una scintilla nel gioco collettivo e una luce nel virtuosismo individuale, e Daniele De Rossi, che appartiene a quel genere di giocatori ispirati capaci di trovare soluzioni a tutti i problemi. La squadra può contare anche su molte altre forze: quelle dei numerosi giocatori italiani confermati e dei calciatori provenienti da tutto il mondo (Argentina, Bosnia, Brasile, Costa d'Avorio, Croazia, Stati Uniti, Grecia, Marocco, Paesi Bassi, Serbia, Belgio), che formano una sorta di costellazione planetaria. Quando mi sono ritrovato alla testa di questa armata eterogenea, nel mese di giugno, mi è stato chiesto di far nascere uno stile e di alimentare un'ambizione. Ce la sto mettendo tutta.

Quarantaquattro, altro record

Alla fine del girone di andata, iniziato con una vittoria in trasferta a Livorno (0-2) e concluso con un successo all'Olimpico contro il Genoa (4-0), la Roma aveva quarantaquattro punti in classifica, il miglior risultato mai raggiunto nella sua storia. Il record precedente apparteneva alle squadre guidate da Luciano Spalletti e Fabio Capello, arrivate a quarantadue punti. Noi ne avevamo conquistati due in più. Si trattava del nostro secondo record di campionato, poiché avevamo già battuto quello del numero di vittorie consecutive dall'inizio della stagione: ben dieci dal 25 agosto al 31 ottobre. Livorno, Verona, Parma, Lazio, Sampdoria, Bologna, Inter, Napoli, Udinese, Chievo figuravano nel nostro carniere. Il pari riportato a Torino ci privò di un altro primato, che si sarebbe esteso a tutta l'Europa permettendoci di raggiungere il Tottenham. La Roma, inoltre, può vantare un terzo record, che tende a passare inosservato: quello dei gol subiti. Con sole dieci reti incassate da Morgan De Sanctis, la nostra difesa, al termine del girone di andata, presentava il miglior rendimento di tutta la storia della serie A. Quando una squadra corre il rischio di osare, come facciamo noi, può venire spontaneo pensare che si privi degli elementi necessari per una difesa implacabile. Non la Roma: la nostra difesa, con la sua attenzione costante, ha dimostrato che il calcio è anche una questione di equilibrio e intelligenza. Con quarantaquattro punti, la Juventus aveva concluso in cima alla classifica la prima parte del campionato 2012-2013; all'epoca la Roma era al sesto posto, con trentadue punti. Nella stagione attuale, i quarantaquattro punti conquistati ci permettono di occupare il secondo posto e di credere nella possibilità di una qualificazione europea. O in traguardi ancora più ambiziosi. La Juventus, leader dopo diciannove giornate con cinquantadue punti, è stata l'unica squadra di serie A a infliggerci una sconfitta, nella più pura tradizione di un calcio spietato: attendismo, marcature asfissianti e massima efficacia sui calci piazzati.

La «guerra» tra Juventus e Roma, se di guerra si può parlare, è sapientemente alimentata dalla stampa. L'argomento preferito è il sistema di gioco: una scuola contro l'altra. Ma non c'è solo questo, l'ho capito subito. Tra i titoloni come *Agnelli pensa a Garcia per il dopo Conte* e le dichiarazioni di Francesco Totti sui piccoli «aiuti» che consentono alla Juve di vincere, un'atmosfera elettrica si è diffusa intorno alla partita, terminata con la vittoria della Juventus. La Roma ha messo in campo una grande personalità controllando la situazione per la maggior parte del tempo, ma ha avuto la sfortuna di capitolare su tre lapsus difensivi e di finire l'incontro con nove giocatori. Ci hanno rimproverato di aver scherzato con il fuoco e di non essere invulnerabili. Io, però, la vedo diversamente: con il 60 per cento di possesso palla e il 60 per cento di contrasti vinti nello stadio della squadra campione d'Italia, la Roma ha dimostrato chiaramente di non avere alcun timore di prendere l'iniziativa, anche con un'avversaria illustre. Mi auguro una sola cosa: che la partita di ritorno della trentasettesima giornata, prevista per l'11 maggio all'Olimpico, possa risultare decisiva per entrambe le squadre. Quel Roma-Juventus, in poche parole, lo aspetto con impazienza.

Bastos, un nuovo matrimonio

Nel giugno del 2011 sono andato a Curitiba, in Brasile, per le nozze di Michel Bastos. Fino ad allora non avevo mai accettato l'invito al matrimonio di un mio giocatore, o forse in questo caso dovrei dire ex giocatore perché, all'epoca, militava nel Lyon con Miralem Pjanić. Se fosse stato ancora sotto la mia responsabilità, come nel 2007-2008, durante la mia prima stagione al Lille, avrei rifiutato, e lui d'altronde non me l'avrebbe certo proposto. Anche se nutro della stima nei confronti di tutti i miei giocatori, sono convinto che il mio ruolo di allenatore mi impedisca ogni forma di rapporto personale e amichevole con loro. Devo mettere la necessaria distanza tra me e l'effettivo per rispettare lo schema di lavoro che impongo a tutti. Per me è una regola aurea.

Curitiba si trova nel Sud del Brasile, nello stato del Paraná; in quel periodo non faceva molto caldo, lo ricordo bene. Con Michel siamo andati a vedere una partita di campionato tra la squadra locale e il Flamengo, dove giocava Ronaldinho. Poi, con le mie figlie, ho trovato un po' di sole più a nord, a Recife, dove ho trascorso la classica vacanza di mare. Abbiamo terminato il nostro periplo a Rio de Janeiro, dedicando al Pan di Zucchero, al Corcovado e a Copacabana tutto il tempo che meritavano.

All'epoca non immaginavo che il destino avrebbe nuovamente riunito me e Michel. Certo, eravamo rimasti in contatto e gli avevo addirittura consigliato di restare in Europa quando, nel 2013, se n'era andato dal Lyon. Piuttosto che esiliarsi in un club esotico, come peraltro avrebbe fatto poco dopo, gli avevo suggerito di accettare la proposta dello Schalke 04. L'obiettivo di Bastos erano i Mondiali del 2014, perciò avrebbe fatto meglio a giocare in un campionato competitivo per mettersi nella giusta luce in vista del grande evento organizzato nel suo paese natale. Non ho mai smesso di comunicare con lui via e-mail o SMS.

Quando mi ha informato di voler porre fine alla sua breve esperienza con la squadra dell'Al Ain, negli Emirati Arabi Uniti, ho parlato subito con i dirigenti della Roma. A inizio stagione avevo chiesto loro un attaccante sinistro per equilibrare la nostra linea offensiva, e lui aveva il profilo ideale per aiutare la squadra. Inoltre, era in grado di ricoprire anche il ruolo di terzino sinistro, fondamentale vista la lunga indisponibilità di Federico Balzaretti e l'infortunio di Dodo, per quanto meno grave. In quel settore ero particolarmente privo di risorse. Nonostante le sollecitazioni del Napoli, Bastos ha preferito raggiungermi a Roma, in prestito fino alla fine della stagione, con eventuale opzione di acquisto. Se quest'ultima si concretizzerà, il club dovrà pagare tre milioni e mezzo di euro, mettendolo sotto contratto per due anni. Finirà così? Dipende solo da Michel Bastos dimostrare le sue qualità e la sua capacità di adattarsi a un contesto nuovo, nel quale è giunto in condizioni non ottimali: si è rotto un braccio il 27 dicembre e gli è stato tolto il gesso poco prima del suo arrivo a Roma, a metà gennaio. Questo infortunio, che ha richiesto una terapia di riabilitazione, ha rallentato il suo inserimento nel gruppo. Ma ci sono tutti i presupposti per un nuovo matrimonio... professionale!

Porte aperte per Lippi!

Una bella mattina di febbraio ho visto Marcello Lippi arrivare all'improvviso nel centro sportivo di Trigoria. Non me l'aspettavo. Non ero stato avvertito della sua visita e, una volta terminato l'effetto sorpresa, sono stato felicissimo di conoscerlo. Era accompagnato dal nipote, un tifoso della Roma che desiderava vedere da vicino la sua squadra e i suoi giocatori preferiti. Non poteva sperare in una guida migliore di suo zio, davanti al quale, in Italia, si aprono tutte le porte. Non ha mai allenato la Roma, anzi, l'ha affrontata come avversaria quando era alla guida del Napoli, della Juventus e dell'Inter, ma è stato il commissario tecnico dei campioni del mondo del 2006, e quel giorno è venuto a trovarci proprio con l'intenzione di rivedere Francesco Totti e Daniele De Rossi, che avevano vissuto con lui l'avventura dei Mondiali in Germania.

Abbiamo ricevuto Marcello Lippi nel bar di Trigoria, senza particolare sfarzo ma con calore e bonomia. Aveva un braccio dolorante legato al collo da una fascia e ha scherzato con i suoi due giocatori, felicissimi di ritrovare una figura così importante nella loro carriera. La discussione è stata incentrata soprattutto sul rigore concesso agli Azzurri al novantatreesimo minuto della partita con l'Australia, agli ottavi di finale. Era toccato proprio a Francesco il temibile compito di battere il rigore, e trasformandolo in gol aveva permesso all'Italia di proseguire nella competizione. Bisogna ricordare che Totti si era infortunato prima dell'inizio dei Mondiali e che la scelta di mantenerlo in squadra non era scontata. Sentendoli parlare, mi sono reso conto di quanto quel risultato, ottenuto al prezzo di un dolore fisico, avesse contribuito a unire il gruppo e a dare a Francesco la serenità necessaria per le sfide decisive. Mi hanno ricordato che ai Mondiali del 1998 Laurent Blanc, con il suo golden gol contro il Paraguay, aveva regalato alla Francia l'ingresso nei quarti di finale. Strano che abbiano scelto proprio questo paragone. Forse, per evitare di irritarmi, hanno preferito non accennare alla sconfitta della Francia nella finale contro l'Italia e alla testata inferta a Materazzi da Zinedine Zidane, giocatore che Lippi conosce bene perché l'ha allenato alla Juventus. La conversazione ha preso una piega differente e ho percepito con chiarezza l'empatia che esisteva fra loro. Avevo la sensazione di trovarmi di fronte a un padre con i suoi due figli. Nello sguardo di Francesco e di Daniele potevo leggere il profondo rispetto che nutrivano verso Lippi. Può suonare strano, ma non si comportavano come al solito, quasi che la presenza di quell'uomo così carismatico modificasse il loro atteggiamento. Daniele me lo ha confermato poco dopo, a bordo campo, prima che cominciasse l'allenamento. «Marcello Lippi ha saputo rafforzare la coesione del gruppo in modo straordinario, restando sempre molto vicino ai giocatori, e penso che il nostro successo finale si debba in gran parte proprio a questo.» Rievocando davanti a me il percorso della Roma, Lippi ha usato parole che mi hanno toccato il cuore. Si è congratulato per il lavoro compiuto dall'inizio della stagione, aggiungendo un complimento che mi ha fatto particolarmente piacere: «La Roma che vedo manda un messaggio estremamente positivo all'estero. Gioca bene e mi sembra molto unita. Queste sono garanzie di successo». Ricevere da lui un simile elogio mi ha fatto sentire onorato e felice. Lippi ha precisato che grazie a Francesco e a Daniele, con i quali scambia regolarmente messaggi, sapeva che l'insieme dei giocatori era favorevole al mio progetto. «Continui così» mi ha detto «sta andando nella direzione giusta!» Ha menzionato anche lo scudetto del 2014 e la Juventus, per la quale, come si vede chiaramente, mantiene una predilezione particolare. «Il vostro percorso è formidabile e quello della Juventus eccezionale...» Non si è pronunciato sul futuro del campionato di serie A, ma so che seguirà ancora attentamente, sino alla fine, l'evoluzione delle due squadre.

Sono incontri come questo, del tutto inaspettato, che mi permettono di apprezzare ancora di più la mia permanenza in Italia. Ritengo infatti che parlare con un allenatore di quel calibro, anche solo per qualche minuto, rappresenti un privilegio non comune. Ho avuto la conferma che è possibile essere un professionista straordinario e al contempo un uomo umile. Al di là delle qualità che tutti gli riconoscono, è stato soprattutto questo a colpirmi: Marcello Lippi è una persona di grande semplicità, che non pone alcuna barriera tra sé e gli altri. I brevi momenti trascorsi insieme resteranno per me un ricordo prezioso.

Una forte ambizione

Ancora prima che mettessi piede a Roma, mi avevano assicurato che il clima e l'atmosfera erano insidiosi e particolarmente logoranti. Io, tuttavia, non ho mai voluto tenere conto di quello che mi veniva suggerito. Rispondo agli uccelli del malaugurio dicendo che la Roma è più forte e più esperta che a inizio stagione e non ha ancora raggiunto i suoi limiti. Aggiungo che il progetto di farla nuovamente entrare nell'élite del calcio è un'ambizione forte e naturale. E stiamo cercando di concretizzarla. Concludo ricordando che tutte le strade portano a Roma e che stiamo avanzando, passo dopo passo, per stordire i nostri avversari nel turbine dei nostri sogni. I miei e quelli di tutti i romanisti.

Curriculum di Rudi Garcia

Legenda

D1 = Première Division
D2 = Deuxième Division
L1 = Ligue 1
L2 = Ligue 2
N = Championnat National

RUDI GARCIA

Nato il 20 febbraio 1964 a Nemours (Seine-et-Marne)

GIOCATORE (CENTROCAMPISTA)

Percorso

AS Corbeil (1970-1979)
Viry-Châtillon (1979-1982)
Lille (1982-1988)
Caen (1989-1991)
Martigues (1991-1992)
Corbeil (1994-1996)

Carriera

1983-1984 (D1) Lille, 3 partite
1984-1985 (D1) Lille, 11 partite, 1 gol

1985-1986 (D1) Lille, 20 partite, 2 gol
1986-1987 (D1) Lille, 22 partite, 1 gol
1987-1988 (D1) Lille, 14 partite
1988-1989 (D1) Caen, 14 partite, 1 gol
1989-1990 (D1) Caen, 28 partite
1990-1991 (D1) Caen, 15 partite
1991-1992 (D2) Martigues, 13 partite

Bilancio

127 partite e 5 gol in Première Division
70 partite, 4 gol con il Lille
57 partite, 1 gol con il Caen
13 partite in Deuxième Division

Palmarès

Nessuno

ALLENATORE

Percorso

Corbeil (1994-1998)
Saint-Étienne (preparatore atletico, 1998-1999; viceallenatore, 1999-dicembre 2000; squadra A, gennaio-giugno 2001)
Dijon (2002-2007)
Le Mans (2007-2008)
Lille (2008-2013)
Roma (a partire da luglio 2013)

Carriera

2000-2001 (D1) Saint-Étienne (17° posto), 12 partite
2002-2003 (N) Dijon (4° posto), 38 partite
2003-2004 (N) Dijon (3° posto), 38 partite
2004-2005 (L2) Dijon (4° posto), 38 partite
2005-2006 (L2) Dijon (5° posto), 38 partite
2006-2007 (L2) Dijon (8° posto), 38 partite

2007-2008 (L1) Le Mans (9° posto), 38 partite
2008-2009 (L1) Lille (5° posto), 38 partite
2009-2010 (L1) Lille (4° posto), 38 partite
2010-2011 (L1) Lille (1° posto), 38 partite
2011-2012 (L1) Lille (3° posto), 38 partite
2012-2013 (L1) Lille (6° posto), 38 partite
2013-2014 (serie A) Roma (2° posto), 19 partite*
* Statistiche ferme al termine del girone di andata

Bilancio

240 partite in Première Division e Ligue 1
19 partite in serie A

Palmarès

Campionato francese 2011
Coppa di Francia 2011

Premi

Trofeo UNPF per il miglior allenatore, 2011
Pallone d'oro come miglior allenatore francese secondo la rivista «France Football», 2011 e 2013

COMPETIZIONI INTERNAZIONALI

Stagione 2009-2010 (Europa League)

28/7/2009 (3° turno preliminare): FC Sevojno (RUSSIA)-Lille 0-2
6/8/2009 (3° turno preliminare): Lille-FC Sevojno (RUSSIA) 2-0
20/8/2009 (turno preliminare): RC Genk (BELGIO)-Lille 1-2
27/8/2009 (turno preliminare): Lille-RC Genk (BELGIO) 4-2
17/9/2009 (fase a gironi): Lille-Valencia CF (SPAGNA) 1-1
1/10/2009 (fase a gironi): Slavia Praga (REPUBBLICA CECA)-Lille 1-5
22/10/2009 (fase a gironi): Lille-Genoa (ITALIA) 3-0
5/11/2009 (fase a gironi): Genoa (ITALIA)-Lille 3-2
2/12/2009 (fase a gironi): Valencia CF (SPAGNA)-Lille 3-1

17/12/2009 (fase a gironi): Lille-Slavia Praga (REPUBBLICA CECA) 3-1
18/2/2010 (sedicesimi di finale): Lille-Fenerbahçe (TURCHIA) 2-1
25/2/2010 (sedicesimi di finale): Fenerbahçe (TURCHIA)-Lille 1-1
11/3/2010 (ottavi di finale): Lille-Liverpool (REGNO UNITO) 1-0
18/3/2010 (ottavi di finale): Liverpool (REGNO UNITO)-Lille 3-0

Stagione 2010-2011 (Europa League)

19/8/2010 (turno preliminare): FC Vaslui (ROMANIA)-Lille 0-0
26/8/2010 (turno preliminare): Lille-FC Vaslui (ROMANIA) 2-0
16/9/2010 (fase a gironi): Lille-Sporting Lisbona (PORTOGALLO) 1-2
30/9/2010 (fase a gironi): La Gantoise (BELGIO)-Lille 1-1
21/10/2010 (fase a gironi): Lille-Levski Sofia (BULGARIA) 1-0
4/11/2010 (fase a gironi): Levski Sofia (BULGARIA)-Lille 2-2
1/12/2010 (fase a gironi): Sporting Lisbona (PORTOGALLO)-Lille 1-0
16/12/2010 (fase a gironi): Lille-La Gantoise (BELGIO) 3-0
17/2/2011 (sedicesimi di finale): Lille-PSV Eindhoven (OLANDA) 2-2
24/2/2011 (sedicesimi di finale): PSV Eindhoven (OLANDA)-Lille 3-1

Stagione 2011-2012 (Europa League)

14/9/2011 (fase a gironi): Lille-CSKA Mosca (RUSSIA) 2-2
27/9/2011 (fase a gironi): Trabzonspor (TURCHIA)-Lille 1-1
18/10/2011 (fase a gironi): Lille-FC Inter (ITALIA) 0-1
2/11/2011 (fase a gironi): Milan AC (ITALIA)-Lille 2-1
22/11/2011 (fase a gironi): CSKA Mosca (RUSSIA)-Lille 0-2
7/12/2011 (fase a gironi): Lille-Trabzonspor (TURCHIA) 0-0

Stagione 2012-2013 (Europa League)

21/8/2012 (turno preliminare): FC Copenhagen (DANIMARCA)-Lille 1-0
29/8/2012 (turno preliminare): Lille-FC Copenhagen (DANIMARCA) 2-0 ai tempi supplementari

19/9/2012 (fase a gironi): Lille-BATE Borisov (BIELORUSSIA) 1-3
2/10/2012 (fase a gironi): Valencia CF (SPAGNA)-Lille 2-0
23/10/2012 (fase a gironi): Lille-Bayern Monaco (GERMANIA) 0-1
7/11/2012 (fase a gironi): Bayern Monaco (GERMANIA)-Lille 6-1
20/11/2012 (fase a gironi): BATE Borisov (BIELORUSSIA)-Lille 0-2
5/12/2012 (fase a gironi): Lille-Valencia CF (SPAGNA) 0-1

Bilancio

38 partite, 15 vittorie, 9 pareggi, 14 sconfitte

FSC
www.fsc.org
MISTO
Carta da fonti gestite
in maniera responsabile
FSC® C115118

Arnoldo Mondadori Editore S.p.A.

Questo volume è stato stampato
presso ELCOGRAF S.p.A.
Stabilimento - Cles (TN)

Stampato in Italia - Printed in Italy